高职高专"十四五"规划学前教育专业新标准实践型示范教材

总主编　蔡迎旗

幼儿园社会教育

主　编 ◎ 廖　凤　欧　平
副主编 ◎ 高丽萍　巩亚楠　冯桃　牛晓冰　吕永丽
参编者 ◎ 廖　凤（湘南幼儿师范高等专科学校）
　　　　　欧　平（衡阳幼儿师范高等专科学校）
　　　　　高丽萍（苏州幼儿师范高等专科学校）
　　　　　巩亚楠（安阳幼儿师范高等专科学校）
　　　　　冯　桃（北京市朝阳区教育科学研究院）
　　　　　牛晓冰（郑州幼儿师范高等专科学校）
　　　　　吕永丽（安阳师范学院）
　　　　　张　慧（郑州幼儿师范高等专科学校幼儿园发展与管理中心）
　　　　　方佳林（湘南幼儿师范高等专科学校附属幼儿园）
　　　　　贺　兰（衡阳市人民政府机关一幼）
　　　　　司　凯（黄河水利委员会幼儿园）
　　　　　李佳景（北京市朝阳区丽景幼儿园）
　　　　　朱佳欣（杭州市滨江区奥体中心幼儿园）

华中科技大学出版社
http://press.hust.edu.cn
中国·武汉

图书在版编目(CIP)数据

幼儿园社会教育/廖凤,欧平主编.—武汉:华中科技大学出版社,2023.7(2025.1重印)
ISBN 978-7-5680-9435-1

Ⅰ.①幼… Ⅱ.①廖… ②欧… Ⅲ.①社会教育-学前教育-高等职业教育-教材 Ⅳ.①G611

中国国家版本馆 CIP 数据核字(2023)第 135839 号

幼儿园社会教育
廖 凤 欧 平 主编

You'eryuan Shehui Jiaoyu

丛书策划:周晓方　周清涛

策划编辑:李承诚　袁文娣

责任编辑:张汇娟　宋　焱

封面设计:廖亚萍

责任监印:周治超

出版发行:华中科技大学出版社(中国·武汉)　　电话:(027)81321913
　　　　　武汉市东湖新技术开发区华工科技园　　邮编:430223

录　　排:华中科技大学惠友文印中心

印　　刷:武汉科源印刷设计有限公司

开　　本:889mm×1194mm　1/16

印　　张:18

字　　数:453千字

版　　次:2025年1月第1版第3次印刷

定　　价:49.90元

本书若有印装质量问题,请向出版社营销中心调换

全国免费服务热线:400-6679-118　竭诚为您服务

版权所有　侵权必究

高职高专"十四五"规划学前教育专业新标准实践型示范教材

编写委员会

总主编

蔡迎旗　华中师范大学早期教育学院院长，教授，博士生导师
　　　　教育部高等学校幼儿园教师培养教学指导委员会委员
　　　　中国教育学会学前教育分会副会长
　　　　学前教育"国培计划"首批专家和学前教育师范类专业认证专家

副总主编

（按照姓氏拼音排序）

邓艳华	衡阳幼儿师范高等专科学校	徐丽蓉	江汉艺术职业学院
刘丽伟	华中师范大学	杨　龙	郑州幼儿师范高等专科学校
罗春慧	湖北幼儿师范高等专科学校	杨素苹	武汉城市职业学院
李　娜	湖北幼儿师范高等专科学校	杨冬伟	湖北工程职业学院
唐翊宣	广西幼儿师范高等专科学校	叶圣军	福建幼儿师范高等专科学校
王任梅	华中师范大学	尹国强	华中师范大学
王先达	福建幼儿师范高等专科学校		

编委

（按照姓氏拼音排序）

陈启新	三峡旅游职业技术学院	苏　洁	湖北幼儿师范高等专科学校
董艳娇	安阳师范学院	孙丹阳	铜仁幼儿师范高等专科学校
段　为	湖北艺术职业学院	谭学娟	江汉艺术职业学院
俸　雨	武汉商贸职业学院	田海杰	烟台幼儿师范高等专科学校
郝一双	湖北商贸学院	王　梨	常州幼儿师范高等专科学校
焦　静	福建幼儿师范高等专科学校	王任梅	华中师范大学
焦名海	深圳信息职业技术学院	王　雯	华中师范大学
李　卉	华中师范大学	王先达	福建幼儿师范高等专科学校
李志英	三峡旅游职业技术学院	王　淼	湖北商贸学院
廖　凤	湘南幼儿师范高等专科学校	闫振刚	郑州升达经贸管理学院
刘翠霞	湖北工程学院	杨　洋	三峡旅游职业技术学院
刘凤英	湘南幼儿师范高等专科学校	尹国强	华中师范大学
刘丽伟	华中师范大学	张　娜	华中师范大学
刘　艳	三峡旅游职业技术学院	郑艳清	湖北省幼儿师范高等专科学校
欧　平	衡阳幼儿师范高等专科学校	赵倩倩	湖北三峡职业技术学院

网络增值服务

使用说明

欢迎使用华中科技大学出版社医学资源网

1 教师使用流程

（1）登录网址：http://rwsk.hustp.com （注册时请选择教师用户）

注册 > 登录 > 完善个人信息 > 等待审核

（2）审核通过后，您可以在网站使用以下功能：

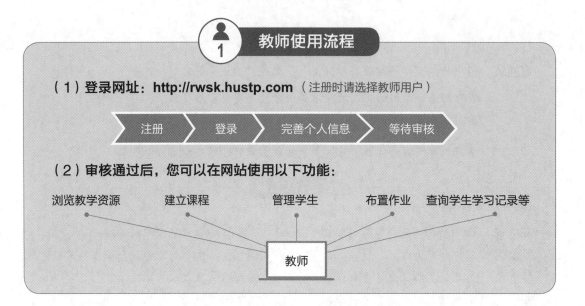

2 学员使用流程

（建议学员在PC端完成注册、登录、完善个人信息的操作）

（1）PC端学员操作步骤

① 登录网址：http://rwsk.hustp.com （注册时请选择普通用户）

注册 > 完善个人信息 > 登录

② 查看课程资源：（如有学习码，请在个人中心-学习码验证中先验证，再进行操作）

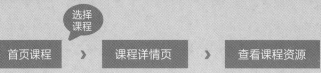

（2）手机端扫码操作步骤

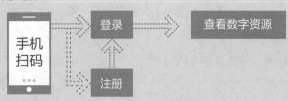

Abstract
内容提要

本书根据高职高专学生的认知发展规律，采用简洁的语言论述了幼儿园社会教育的概念与发展价值、幼儿社会性学习的特点及影响幼儿社会性发展的因素、幼儿园社会教育的目标与内容、幼儿园社会教育的方法与途径、幼儿园社会教育活动方案设计的步骤、幼儿园社会教育活动的评价。结合典型的幼儿园社会教育活动案例，呈现了幼儿园五类社会教育活动（自我意识教育活动、人际交往教育活动、社会环境教育活动、社会规则教育活动以及多元文化教育活动）的设计、组织与指导策略。这五个项目中，每个项目分为三大任务：任务一详细阐述了该项目活动的内涵、价值以及幼儿在该项目的发展特点；任务二明确了该项目活动的目标、内容、主题以及方案设计步骤；任务三指明了该项目活动的组织策略与指导要点。最后，梳理地方历史文化资源，阐述了幼儿园社会教育资源开发与利用的原则与途径。

总　序

人生百年,立于幼学。学前教育是我国学校教育制度的奠基、国民教育体系的重要组成部分和重要的社会公益事业,其关系到我国千万儿童的健康快乐成长和家庭的和谐幸福,故我国各级政府高度重视,社会各界高度关注。推动学前教育普及、普惠和高质量发展已成为我国学前教育事业改革与发展的未来路向。

幼儿园教师是决定幼儿园保育与教育质量的关键因素,是我国构建现代化、高质量的学前教育体系的根本保障。当前,我国学前教育事业发展的薄弱环节是幼儿园教师队伍的建设,当务之急是补足配齐幼儿园教师。而高质量的幼教师资来源于高水平的学前教师教育。为顺应我国学前教育事业发展的迫切需求,我国颁布了《教师教育课程标准(试行)》《幼儿园教师专业标准(试行)》《新时代幼儿园教师职业行为十项准则》《学前教育专业师范生教师职业能力标准(试行)》等多部法规,对我国幼儿园教师教育课程、幼儿园教师专业素养、职业道德与行为、职业能力与岗位适应等进行规范与引导,以努力提升我国学前教师教育的整体质量与水平。

当前,我国幼儿园教师起点学历已由中专提升为专科层次。在职幼儿园专任教师中专科及以上学历比例超过了90%,其中近八成是专科学历。高职高专在我国幼儿园教师人才培养中具有举足轻重的地位,是我国学前教师教育的主力军。

职业教育是我国国民教育体系和人力资源开发的重要组成部分,是培养多样化人才、传承技术技能、促进就业创业的重要途径。我国各级各类职业教育院校守正创新、锐意改革,大力提升职业教育办学质量和适应性,而职业教育课程与教材是提高职业教育办学质量和适应性的关键所在。华中科技大学出版社计划出版的"高职高专'十四五'规划学前教育专业新标准实践型示范教材",正好回应了我国学前教育事业发展之所急和职业教育事业发展之所需。本人受邀作为本套教材的总主编,深感荣幸且责任重大。经过跟出版社深度沟通、市场调研和全国学前专业相关院校教师专家的研讨,本套教材试图实现如下六个方面的创新与突破。

第一,坚持立德树人,创新教材理念。本套教材将以培养高素质专业化幼儿园教师为目标,坚持教材的思想性和先进性,把社会主义核心价值体系有机融入教材,精选对培养优秀幼儿园教师有重要价值的课程内容,将学前教育领域的前沿知识、教育改革和教育研究最新成果充实到教学内容中,加强中华优秀文化的渗透与融入,实现课程思政一体化,立德树人,德技并修。本教材注重引导学习者树立正确的儿童观、教师观、教育观和长期从教、终身从教信念,塑造未来教师的人格魅力;加强职业道德教育和职业态度与行为的养成;着力培养学习者的社会责任感、创新精神和实践能力。

第二,分层分类设计,优化教材体系。本套教材从"教育信念与责任、教育知识与能力、教育实践与体验"三个维度,按照国家《教师教育课程标准(试行)》对幼儿园教师教育课程的要求,设计了"人文素养与思政类、保教理论与实践类、教师技能与艺术类"共三个层次47本教材,分别着重培养学习者的人文科学素养与师德理念、幼儿园保育与教育职业能力以及幼儿园教师教育素养与艺术素养;强化教育实践环节,加强职业技能训练内容,编写教育见习、实习和研习手册,提供名师优秀教学案例;坚持育人为本,促使学习者"德、才、能、艺"全面发展,人才培养目标从促进就业、创业转变为促进人的全面发展和专业职业的可持续发展。

第三,"课、岗、证、赛"并重,精选教材内容。本套丛书所有教材的大纲与内容、拓展练习与教学资源库,均依据我国幼儿园教师职前和职后教育、幼儿园教师职业与岗位准则、幼儿园教师资格制度、幼儿园教师职业技能大奖赛等方面的相关法规,实现"课、岗、证、赛"一体化。每本教材坚持职前教育和职后培训贯通设计。在全面夯实学习者专业知识与能力的基础上,注重学习者职业道德与能力的培养和从业态度与行为的养成教育。另外,教材注重课前、课中与课后的整体设计,课前预习相关学习资源,课中精讲关键知识点,课后链接"课、岗、证、赛"相关练习,以利于学习者巩固所学内容并学以致用,提升学习者的专业与职业综合素质以及职业与岗位适应能力,实现终身学习和毕生发展。

第四,以生为本引导学习,完善教材体例。本套丛书从"教"与"学"两个角度设置教材体例,使其符合学习者的学习、内化直至实践应用的规律,具有启发引导性,也充分考虑了教材面向的主体——高职高专学生的学习特点,内容编排由浅入深,理论与实践并重,努力做到"教师好教,学生好学";注重培养学习者对学前教育学科知识的理解和感悟,设计模拟课堂、情境教学、案例分析、技能训练、教学竞赛等多样化的教学方式,增强学习者的学习兴趣,提高学习效率,使其实现学习能力、实践能力和创新能力的三重提升。

第五,数字技术强力支撑,丰富教材形式。本套教材注重将信息技术作为基础条件与支撑,构建丰富多彩、高质量的电子资源库,努力实现课程与教学资源的共建共享;实现"互联网+教育"和教材形态的多样化与电子化,将纸质媒介和电子媒介相结合,创设数字化的教育教学情境。教材中穿插大量数字资源二维码,引导学习者在课前和课后拓展学习海量专业知识,培养学习者的数字化教育能力和数字化学习能力,做新时代高素质的数字化教育者和学习者。针对幼儿园管理与保教的特点,本套丛书尤其注重提升学习者的信息素养和利用信息技术进行保育与教育、安全风险防控和质量管理的能力。

第六,"校、社、产、教"多元合作,确保教材质量。为确保丛书质量,特聘请全国开设学前教育专业的高职高专院校、本科高校推荐遴选教学经验丰富、有影响力的专家和一线骨干教师担任每本教材的主编和副主编,拟定丛书编写体例,给出丛书编写样章,同时参与审定大纲、样章,总体把控书稿的编写进度与品质。参与的作者分别来自高校、行业领域和实践一线,来源广泛而多元,实现"校、社、产、教"不同领域人员的协同创新与深度合作。

当然,以上六个方面只是本人作为总主编对这套丛书的美好期待与设想,这些想法是否真正得以实现和彰显,有赖于所有参编人员和编辑的共同努力,也有待广大读者的审读与评判。在本套丛书编写的过程中,我们参阅、借鉴和引用了国内外大量学术成果和教研教改案例。科研成果为丛书提供了学术滋养,而实践经验与案例展示了当前我国学前教育改革与发展的生动样态,在此一并表示感谢。书中如有疏漏和不妥之处,敬请各位读者批评指正。

最后,我谨代表本套丛书的所有编委和作者,衷心感谢本套丛书的策划者——华中科技大学出版社人文分社社长周晓方,周社长对学前教育充满热情和信心,对丛书的编写、出版和发行倾注了大量心血,还要感谢本套丛书的策划编辑袁文娣和其他各位编辑及相关工作人员。我们基于教材的首次合作渐趋默契和融洽。让我们携手共进,继续为我国学前儿童的福祉和学前教育事业的健康可持续发展奉献智慧与力量!

武汉桂子山·华中师范大学教育学院

2023 年 5 月

Preface 前言

幼儿园社会教育对幼儿的社会性发展以及行为习惯的养成起着举足轻重的作用,《幼儿园教育指导纲要(试行)》《3~6岁儿童学习与发展指南》《幼儿园入学准备教育指导要点》等一系列政策法规明确规定了社会教育的重要性、社会教育目标以及教育建议等,为幼儿园教师进行社会教育活动设计、组织与指导指明了方向。尤其是《学前教育专业师范生教师职业能力标准》中明确指出掌握幼儿社会领域教育的基本知识和方法,理解幼儿园各领域教育之间的联系,能在教育实践中综合运用各领域知识,实现各领域教育活动内容相互渗透是师范生必须具备的领域素养之一。

《幼儿园社会教育》基于幼儿园社会教育工作岗位需求、幼儿园教师资格考试需求以及国家相关文件重构教学内容,旨在引导学生了解幼儿园社会教育理论,完成幼儿园各类社会教育活动(自我意识教育活动、人际交往教育活动、社会环境教育活动、社会规则教育活动和多元文化教育活动)的设计,能够实施各类社会教育活动,并具备利用地方资源设计与实施社会教育活动的能力,具备细心、耐心、爱心的幼儿教师专业素养。

本书根据高职高专学生的认知发展规律,采用简洁生动的语言阐述了幼儿园社会教育的概念与发展价值、幼儿社会性学习的特点及影响幼儿社会性发展的因素、幼儿园社会教育的目标与内容、幼儿园社会教育的方法与途径、幼儿园社会教育活动方案设计的步骤、幼儿园社会教育活动的评价。结合典型的幼儿园社会教育活动案例，呈现了幼儿园五类社会教育活动的设计、组织与指导策略。这五个项目中，每个项目分为三大任务：任务一详细阐述了该项目活动的内涵、价值以及幼儿在该项目的发展特点；任务二明确了该项目活动的目标、内容、主题以及方案设计步骤；任务三指明了该项目活动的组织策略与指导要点。最后，梳理地方历史文化资源，阐述了幼儿园社会教育资源开发与利用的原则与途径。

本书既适合高等院校学前教育专业学生使用，又可供幼教工作者阅读，具有实践性强、课程思政有机融入、凸显综合性等特点。

(1)实践性强，对接学前教育专业岗位标准。通过幼儿园典型工作任务驱动、典型案例分析、观摩学习、实践演练等方式，提升学生的幼儿园社会教育活动设计、组织与指导能力。

(2)案例典型，有机融入课程思政。通过课程思政形成的教材的教学案例主要与幼儿园教师的工作内容有关。在案例导入、知识链接、项目训练上，不仅突出岗位性、专业性、实用性，提高学生专业技能，还注重培养学生良好的职业道德和职业素养。案例融入幼儿园主题活动，适应岗位需求。另外，顺应新形势需要，将时事政治、人物榜样、优秀传统文化、历史文化、革命文化、社会主义先进文化及法律法规等有机融入教材建设的各个方面，这也是学生素质教育和承担社会责任的需要。

(3)综合性，打造立体化教材内容。本教材将线下资源与线上资源相结合，多视角、多维度、多方位配合教学。线上资源提供幼儿园社会教育课件和视频、幼儿园社会教育活动视频、幼儿园社会教育典型案例、幼儿园教师资格考试相关习题、学前教育专业技能大赛相关素材以及拓展学习资源等，为学生自主学习创造有利的条件。

本书第一主编为湘南幼儿师范高等专科学校廖凤，第二主编为衡阳幼儿师范高等专科学校欧平，副主编为苏州幼儿师范高等专科学校高丽萍、安阳幼儿师范高等专科学校巩亚楠、北京市朝阳区教育科学研究院冯桃、郑州幼儿师范高等专科学校牛晓冰、安阳师范学院吕永丽，其他编写人员为湘南幼儿师范高等专科学校附属幼儿园方佳林、衡阳市人民政府机关一幼贺兰、郑州幼儿师范高等专科学校幼儿园发展与管理中心张慧、黄河水利委员会幼儿园司凯、北京市朝阳区丽景幼儿园李佳景、杭州市滨江区奥体中心幼儿园朱佳欣。具体编写分工为：项目一由高丽萍编写,项目二由吕永丽编写,项目三由欧平编写,项目四由廖凤编写,项目五由牛晓冰编写,项目六由冯桃编写,项目七由巩亚楠编写。全书由廖凤和欧平统稿。

此外,湘南幼儿师范高等专科学校附属幼儿园、衡阳市人民政府机关一幼、郑州幼儿师范高等专科学校幼儿园发展与管理中心、黄河水利委员会幼儿园、北京市朝阳区丽景幼儿园、杭州市滨江区奥体中心幼儿园等园所为本书提供了部分图片、案例资源,本书的编写也参考、引用了许多国内外同行的最新研究成果,在此一并致以深深的谢意。

由于编写人员的水平有限,书中的不足之处,恳请广大读者批评指正,以便本书日臻完善!

廖凤

2023 年 2 月

Contents 目 录

项目一 幼儿园社会教育概述 … 1

任务一 认识幼儿园社会教育 … 2
一、社会教育的概念 … 2
二、社会教育对幼儿发展的价值 … 4

任务二 了解幼儿社会性发展 … 6
一、幼儿社会学习的特点 … 6
二、影响幼儿社会性发展的因素 … 8

任务三 掌握幼儿园社会教育的目标与内容 … 14
一、社会教育的目标 … 15
二、社会教育的内容 … 19

任务四 选择幼儿园社会教育的方法与途径 … 23
一、社会教育的方法 … 23
二、社会教育的途径 … 26

任务五 设计幼儿园社会教育活动方案的步骤 … 28
一、活动意图的设计 … 28
二、活动名称的设计 … 28
三、活动目标的设计 … 28

　　　　　　四、活动准备的设计　　　　　　　　　　　　　　30

　　　　　　五、活动过程的设计　　　　　　　　　　　　　　31

　　　　　　六、活动延伸的设计　　　　　　　　　　　　　　34

　　任务六　掌握幼儿园社会教育活动的评价　　　　　　　　34

　　　　　　一、社会教育活动方案的评价　　　　　　　　　　34

　　　　　　二、社会教育活动组织与指导的评价　　　　　　　38

项目二　幼儿园自我意识教育活动　　　　　　　　　　　　47

　　任务一　认识幼儿自我意识教育　　　　　　　　　　　　48

　　　　　　一、幼儿自我意识教育的内涵　　　　　　　　　　48

　　　　　　二、幼儿自我意识教育的价值　　　　　　　　　　51

　　　　　　三、幼儿自我意识发展的特点　　　　　　　　　　53

　　任务二　设计幼儿园自我意识教育活动方案　　　　　　　54

　　　　　　一、明确自我意识教育活动目标　　　　　　　　　55

　　　　　　二、选择自我意识教育活动内容　　　　　　　　　56

　　　　　　三、分析自我意识教育活动主题　　　　　　　　　58

　　　　　　四、设计自我意识教育活动方案　　　　　　　　　64

　　　　　　五、自我意识教育活动案例　　　　　　　　　　　66

　　任务三　组织与指导幼儿园自我意识教育活动　　　　　　76

　　　　　　一、自我意识教育活动组织策略　　　　　　　　　76

　　　　　　二、不同年龄班自我意识教育活动指导要点　　　78

项目三　幼儿园人际交往教育活动　　　　　　　　　　　　85

　　任务一　认识幼儿人际交往教育　　　　　　　　　　　　86

　　　　　　一、幼儿人际交往教育的内涵　　　　　　　　　　86

　　　　　　二、幼儿人际交往教育的价值　　　　　　　　　　88

		三、幼儿人际交往发展的特点	89
任务二		设计幼儿园人际交往教育活动方案	92
		一、明确人际交往教育活动目标	92
		二、选择人际交往教育活动内容	94
		三、分析人际交往教育活动主题	99
		四、设计人际交往教育活动方案	101
		五、人际交往教育活动案例	102
任务三		组织与指导幼儿园人际交往教育活动	113
		一、人际交往教育活动组织策略	113
		二、不同年龄班人际交往教育活动指导要点	116

项目四　幼儿园社会环境教育活动　　122

任务一	认识幼儿社会环境教育	123
	一、幼儿社会环境教育的内涵	123
	二、幼儿社会环境教育的价值	124
	三、幼儿社会环境认知发展的特点	126
任务二	设计幼儿园社会环境教育活动方案	129
	一、明确社会环境教育活动目标	129
	二、选择社会环境教育活动内容	131
	三、分析社会环境教育活动主题	137
	四、设计社会环境教育活动方案	142
	五、社会环境教育活动案例	144
任务三	组织与指导幼儿园社会环境教育活动	155
	一、社会环境教育活动组织策略	155
	二、不同年龄班社会环境教育活动指导要点	158

项目五　幼儿园社会规则教育活动　　166

任务一　认识幼儿社会规则教育　　167
一、幼儿社会规则教育的内涵　　167
二、幼儿社会规则教育的价值　　168
三、幼儿社会规则意识发展的特点　　170

任务二　设计幼儿园社会规则教育活动方案　　171
一、明确社会规则教育活动目标　　171
二、选择社会规则教育活动内容　　172
三、分析社会规则教育活动主题　　176
四、设计社会规则教育活动方案　　178
五、社会规则教育活动案例　　179

任务三　组织与指导幼儿园社会规则教育活动　　189
一、社会规则教育活动组织策略　　189
二、不同年龄班社会规则教育活动指导要点　　193

项目六　幼儿园多元文化教育活动　　200

任务一　认识幼儿多元文化教育　　201
一、幼儿多元文化教育的内涵　　201
二、幼儿多元文化教育的价值　　202
三、幼儿多元文化教育的原则　　203

任务二　设计幼儿园多元文化教育活动方案　　204
一、明确多元文化教育活动目标　　204
二、选择多元文化教育活动内容　　205
三、分析多元文化教育活动主题　　212
四、设计多元文化教育活动方案　　214

　　　　五、多元文化教育活动案例　216

　任务三　组织与指导幼儿园多元文化教育活动　225
　　　　一、多元文化教育活动组织策略　225
　　　　二、不同年龄班多元文化教育活动指导要点　227

项目七　幼儿园社会教育资源的开发与利用　236

　任务一　认识幼儿园社会教育资源　237
　　　　一、幼儿园社会教育资源的内涵　237
　　　　二、开发与利用幼儿园社会教育资源的意义　238
　　　　三、开发与利用幼儿园社会教育资源的原则　240

　任务二　开发与利用幼儿园社会教育资源的途径　243
　　　　一、合理开发与利用家庭教育资源　243
　　　　二、合理开发与利用社区教育资源　248
　　　　三、整合社区、家庭资源，系统制订社会教育工作计划　253

参考文献　257

数字资源目录

拓展阅读	"幼儿社会教育对教师素养的要求"	6
拓展阅读	"学前儿童社会性发展的特点"	14
专家精讲	"幼儿园社会教育的目标"	19
专家精讲	"幼儿园社会教育方法——移情训练法"	24
专家精讲	"幼儿园社会教育方法——角色扮演法"	25
拓展阅读	"瑞吉欧"的教育实践与启示	27
专家精讲	"幼儿园社会教育目标的设计"	30
拓展阅读	《幼儿园教育指导纲要(试行)》教育评价的要求;社会领域幼儿行为的观察评价内容	44
参考答案	项目一思考与练习	45
专家精讲	"幼儿自我意识的内涵"	50
专家精讲	"幼儿自我意识教育的价值"	53
拓展阅读	"点红实验"	54
拓展阅读	大班自我意识教育活动"认识我自己"	57
活动视频	小班自我意识教育活动"找朋友"	68
活动视频	中班自我意识教育活动"今日我值日"	75
参考答案	项目二思考与练习	83
专家精讲	"幼儿人际交往教育的价值"	89
拓展阅读	"合格父母的十条标准"	95
活动视频	小班人际交往教育活动"学会打招呼"	104
活动视频	中班人际交往教育活动"合作真快乐"	107
专家精讲	"人际交往教育活动组织策略"	116
参考答案	项目三思考与练习	120
拓展阅读	大班社会环境教育活动"钱币世界"	135

拓展阅读	中班社会活动"爸爸妈妈的工作"	135
专家精讲	"设计社会环境教育活动方案"	144
拓展阅读	中班社会活动　春游踏春	157
专家精讲	"社会环境教育活动组织策略"	158
活动视频	小班社会环境教育活动"小兔的玩具店"	158
活动视频	中班社会环境教育活动"变废为宝我能行"	159
活动视频	大班社会环境活动"城市美容师"	160
参考答案	项目四思考与练习	164
活动视频	中班社会规则教育活动"我会懂规则"	168
专家精讲	"幼儿社会规则教育的价值"	170
拓展阅读	"幼儿接受社会规范发展的过程和水平"	171
拓展阅读	皮亚杰道德认知发展理论和科尔伯格的道德判断发展"三水平六阶段"理论	174
专家精讲	"选择社会规则教育内容的依据"	174
活动视频	中班社会规则教育活动"兔子先生去散步"	183
案例分析	大班社会规则教育活动"光盘行动"	185
活动视频	大班社会规则教育活动"做个诚实的孩子"	189
观点评析	"当了裁判　坏了规则"	196
参考答案	项目五思考与练习	199
拓展阅读	大班多元文化教育活动　我们的升旗仪式	209
活动视频	"中国传统文化艺术教育活动"	210
拓展阅读	"多元文化教育主题活动案例"	214
活动视频	中班多元文化教育活动"中国的首都——北京"	220
活动视频	大班多元文化教育活动"胡同文化海报设计"	222

活动视频	大班多元文化教育活动"了不起的中国"	224
专家精讲	"幼儿多元文化教育活动组织策略"	227
参考答案	项目六思考与练习	235
专家精讲	"开发与利用社会教育资源的原则"	243
拓展阅读	"神兽爸道团"湘湖行活动方案	248
拓展视频	安阳市北关区区直幼儿园——甲骨文为主题的幼儿园	253
活动视频	小班社会活动"节约用水我知道"	255
参考答案	项目七思考与练习	256

项目一 幼儿园社会教育概述

◇ **学习目标**

素养目标：明确幼儿社会教育的价值，养成科学的儿童观、教育观、评价观。

知识目标：理解幼儿社会教育的概念、意义及评价，了解幼儿社会性学习的特点及影响因素，掌握《纲要》《指南》中幼儿社会教育的目标和内容，知道幼儿园社会教育活动方案设计的一般思路。

能力目标：能够依据所学知识具体分析幼儿社会性发展的特点，会选择不同年龄段幼儿社会教育内容，能将幼儿社会教育方法与途径应用于教育活动设计。

◇ **情境导入**

大壮放下了他的旅行包①

一连几天早晨，3岁的大壮进入幼儿园时总是哭闹。大壮早已度过了入园焦虑期，不知为什么他突然哭闹起来。小朋友们开始进午餐了，可是大壮却连餐桌都不愿意靠近。为了安慰大壮，老师将他抱进了办公室。大壮哭着说"我要爸爸妈妈……要爸爸开着大汽车来接我……我要睡觉的包"，当老师帮他将他的旅行包拿来放在他身边时，他终于停止了哭闹，并且跟老师一起看图还讲起了故事。第二天入园时，大壮又是哭着要爸爸来接，要给爸爸打电话。老师拨通了大壮爸爸的电话，进行了简短的沟通，之后让大壮听电话。不知爸爸在电话里说了什么，接下来的一天里，大壮放弃了要"爸爸的大汽车"，但不管走到哪里都拖着他的旅行包。园长李老师和其他老师并没有去关注大壮的安慰物——旅行包，也不要求大壮把包放下，而是尽量让他走到哪里都随身带着旅行包，并引领他去注意生活中其他物品和其他人，促使他与其他物品和人产生联系……

---

① 资料来源：纪录片《成长的秘密之旅行包与红枕头》，选用时略有改动。

过了几天，大壮的情绪越来越稳定，吃饭也格外听话。大壮的旅行包也有空闲的时候了，被其他小朋友当作了"玩具"。午睡后，老师帮大壮将被子装进他的旅行包……可是这一次，大壮却把包扔到了办公室，然后跑去看电视了。从这一天开始，大壮终于放下旅行包，轻松地加入了小朋友的游戏里。

案例中，大壮最初不适应幼儿园生活，离不开家庭情感安慰物——旅行包，之后在教师的关怀、同伴的影响和幼儿园的教育中逐渐融进了幼儿园这个大家庭，适应了幼儿园生活。幼儿社会教育就是帮助幼儿积极地适应社会生活的教育。

接下来，通过本项目的学习，我们将对幼儿社会教育形成初步的认识。

任务一　认识幼儿园社会教育

幼儿园社会教育是幼儿园教育的重要组成部分，《幼儿园教育指导纲要（试行）》将社会教育作为幼儿园五大教育领域活动之一，充分肯定了幼儿社会教育的重要性及价值。作为幼儿园教师，要实施幼儿社会教育课程及其活动，首先需要明确幼儿社会教育的概念及其对于幼儿发展的价值。

一　社会教育的概念

（一）幼儿园社会教育的核心概念

要想真正了解幼儿园社会教育的内涵，必须掌握个性、社会性和社会化这三个概念。

1. 个性

个性主要是指在生物基础上受社会条件制约而形成的独特而稳定的、具有调控能力的、具有倾向性的各种心理特征的总和。个性结构是多层次、多侧面的，由复杂的心理特征结合构成的整体。幼儿个性发展的心理结构主要包括自我调控、个性倾向性和个性心理特征等三个系统，是在个体社会化过程中形成和发展起来的。

自我调控系统主要是指自我意识（即人对自己以及自己与客观世界关系的一种意识），对个体心理和行为的调节、控制作用，使人的活动具有目的性、自觉性、计划性和能动性。自我意识包括自我认知、自我情感体验和自我调控三个方面。个性倾向性系统主要包括需要、动机、兴趣、理想、信念、价值观、人生观和世界观。个性心理特征系统主要包括性格、气质和能力。幼儿期是个性形成与发展的关键期。

苏联心理学家达维多娃曾用一个故事形象地描述了四种基本气质类型的人在同一情景中的不同行为表现。四个不同气质类型的人到剧院看戏,但是都迟到了。多血质的人立刻明白了,检票员不会放他进入剧场,但楼厅容易通过,就跑到楼上去了;胆汁质的人会和检票员争吵,企图闯入剧院,他辩解说,剧院里的钟快了,他不会影响别人,并企图推开检票员进入剧院;抑郁质的人会说,"我运气不好,偶尔看一次戏,就这样倒霉",接着就回家了;黏液质的人看到不让他进入剧场,就想,"第一场总不会太精彩,我在小卖部再等一会儿,幕间休息再进去"。

2. 社会性

社会性是指社会中的个体在社会化过程中为适应社会所表现出来的心理和行为特征。广义上可以理解为人在社会生活过程中所形成的全部社会特征的总和,是与个体的生物性相对而言的。狭义的社会性可以理解为个体在其生物性基础上形成和发展起来的适应社会环境、与人交往、竞争和合作,以及影响他人和团体的心理特征和行为方式,例如,儿童遵守规则、交往能力、利他行为、合群性等。本教材是从狭义方面来理解社会性的。

幼儿社会性的形成和发展是在个体的社会生活中,通过接受教育和社会影响而逐步习得的,其社会性的形成和发展是一个终身的历程,在不同的年龄阶段中有着不同的任务和内容,社会性的品质和发展的关键期也不同。但总的来说,儿童期是社会性发展的上升时期,学前期更是社会性发展的关键时期。

3. 社会化

个体出生后就被置于一个复杂的社会环境中,社会会使用各种方法对个体施加影响,使其成为一个符合该社会要求的成员,使他懂得什么是正确的、是被社会所提倡和鼓励的,什么是错误的、是被社会所禁止和反对的。个体是通过活动与周围的社会生活条件发生关系的,而社会、教育对个体的要求也是通过个体的活动提出的。与此同时,个体也随时随地地对当前的社会环境以其自身的独特方式作出种种反应,反作用于环境,从而表现出个体本身的积极主动性。这个过程就是社会化的过程,即个体在一定的社会环境影响下,通过与环境的相互作用,不断地掌握社会规范,正确处理人际关系,学习社会角色与道德规范,朝着社会要求的方向不断发展并逐渐达到这种要求的过程。在学前教育中,通常所说的儿童社会化,是指儿童在一定社会条件下逐步独立地掌握社会规范,正确处理人际关系,从而适应社会生活的心理发展过程。

(二) 幼儿园社会教育的内涵表述

《3～6岁儿童学习与发展指南》中提到,"幼儿社会领域的学习与发展过程是其社会性不断完善并奠定健全人格基础的过程",其实质在于促进儿童社会化,形成良好的社会性和个性。[①] 该文件具体表述了幼儿社会教育的目标和要求以及幼儿社会学习的价值与建议。

---

① 李季湄,冯晓霞.《3～6岁儿童学习与发展指南》解读 [M]. 北京:人民教育出版社,2013.

幼儿社会教育的本质属性，概括起来，具有以下几点内涵：一是幼儿社会教育是为了幼儿的社会性发展和更好地适应社会生活；二是幼儿社会教育的主要内容是有关幼儿从事社会生活所必需的关键经验和知识，主要有社会认知、社会情感和社会行为等；三是幼儿社会教育是多途径的、多施教主体的专门的教育活动过程。

综合《幼儿园工作规程》《幼儿园教育指导纲要（试行）》及《3~6岁儿童学习与发展指南》有关要求，我们尝试将幼儿社会教育定义为：以发展幼儿社会性、促进其良好社会性品质的形成为主要目标，以增进幼儿的社会认知、激发社会情感、培养社会行为技能为主要内容，遵循幼儿社会性与品德发展规律与特点的基础上，由教师、家长及相关教育人员通过多种途径创设的教育活动。

二 社会教育对幼儿发展的价值

幼儿期是社会性发展的一个重要时期，幼儿社会教育的意义不仅体现在促进幼儿的发展上，同时也体现在促进社会的发展上。

（一）促进幼儿发展

幼儿社会教育的直接作用是促进幼儿社会化和幼儿完整发展。《幼儿园工作规程》明确指出："幼儿园的任务是实行保育和教育相结合原则，对幼儿实施体、智、德、美诸方面全面发展的教育，促进其身心和谐发展。"

1. 促进幼儿的社会化，提高幼儿社会性发展水平

如前所述，社会化是从"自然人"向"社会人"的转化过程，虽然幼儿不是纯"自然人"，但其社会性的发展水平较低，也面临着诸多适应社会生活的问题，例如，幼儿园日常生活适应，学习活动适应，与同伴、教师的交往适应等。这就需要幼儿对幼儿园的生活和活动规则进行学习和内化，要学会与同伴和教师交往的方法等。幼儿需要不断地进行社会化来提高自己的社会性发展水平，以此来适应当前的社会生活，并为将来适应小学生活做积极的准备。

幼儿社会化需要教育的积极引导。他们对环境的影响处于不自觉的被动接受状态。如果缺乏了有效的教育引导，不但会造成幼儿社会化的过程缓慢，而且还有可能因为缺乏正确的引导而产生消极的社会化过程，形成不利于社会稳定和发展的反社会性。所以，我们要研究幼儿社会性发展的规律及特点，据此创设适合幼儿社会化的教育环境，安排有利于幼儿社会化的教育活动，排除不利因素，综合运用多种教育资源、途径和方法，对幼儿施加积极的教育影响，促进其社会化发展的过程，使其社会性发展水平不断提高，从而成为初步适应社会生活的人，为幼儿成为未来社会合格公民打下良好的基础。

2. 培育健全人格，促进幼儿完整发展，为幸福人生奠基

幼儿社会化是一个由生物人转化为社会人的过程，幼儿社会教育是促进人的完整发展的过程。

何谓人的完整发展？包含三层意思：从发展内容看，包括体、智、德、美的全面发展；从心理结构看，包括认知、情感、意志的统整发展；从过程时间看，贯穿于终身的完整发展。

社会生活的复杂性决定着适应社会生活的难度与复杂程度。要适应社会生活，必须要有整体素质的高水平发展，而且要依据社会生活的发展变迁，不断提高自身素质。社会教育教人以人为本，关注人的整体发展和终身发展，为人生幸福做准备。

（二）促进社会的发展

幼儿园社会教育的间接作用是培养合格公民，促进社会和谐稳定以及弘扬社会优秀文化，推动人类社会发展。

1. 培养幼儿的公民意识，促进社会和谐稳定

现代社会，社会教育担负着培养合格公民的重任。将社会教育的核心任务定位于公民的培养，也是国内外教育界的一种共识。在美国，社会课被认为"是一门提升公民能力的社会科学与人文科学的整合课程"，新西兰则倡导通过社会课程教育"帮助幼儿掌握有关人类的知识和学习过程，以成为新西兰社会有文化、自信、有责任感的公民"。[①]

学前阶段的公民教育的核心是培养幼儿对团体事务的一种参与和关心意识，学会合作与协商解决问题。

2. 促进文化认同，实现社会文化的传承与发展

文化认同是人们在一个民族共同体中长期共同生活所形成的对本民族最有意义的事物的肯定性体认，其核心是对一个民族的基本价值的认同；文化认同是凝聚这个民族共同体的精神纽带，是这个民族共同体生命延续的精神基础。对于幼儿来说，这是建立价值归属感的深层次基础。

一个公民是承载了一定文化传统，并积极参与现实生活的人。这决定了幼儿社会教育对公民的培养，既要注重优秀传统文化的继承，也要引导孩子有参与现代全球化生活的眼光。也可以说，幼儿社会教育不仅可以造就具有特定文化特质的人，还可以促进幼儿从"社会人"到"合格的社会公民"。社会教育的目标和内容本身就是在特定文化的影响下形成的。社会教育通过引导幼儿了解、体验、感知"社区人文景观""民间艺术""文化精品"等，使幼儿感受自己民族文化的魅力，热爱自己民族的文化，更好地适应自己的民族文化。

具体来说，幼儿社会教育促进文化认同，实现社会文化的传承与发展，表现在：

第一，幼儿社会教育通过引导幼儿掌握我国优秀的传统文化内容来实现文化传承。这些内容包括文字、语言、艺术、各种风俗习惯与各类蕴含丰富传统文化内容的教育材料。

第二，幼儿社会教育还通过引导幼儿了解多元文化、创造新文化来实现文化的发展。了解多元文化主要是通过不同途径的多元文化教育来实现的。有不少幼儿园在实践中通过校园环境、一日生

---

① 丁尧清. 学校社会课程的演变与分析［M］. 广州：广东教育出版社，2005：6.

活、领域教学与重大节日等多种途径，将不同文化的要素与内容渗透于教育之中，加深幼儿对民族文化与其他民族文化的了解，提升幼儿与不同文化的人的交往与沟通能力。文化的创造主要表现在引导幼儿根据当下与未来社会健康发展的需要，确立积极健康的文化意识，如环境保护意识。不少幼儿园也将这一内容作为教育的重要组成部分，渗透于各年龄段的教育中，这对我国环境保护文化的建立发挥着重要的推动作用。

教师素养对于促进幼儿社会性发展具有重要影响。

拓展阅读
"幼儿社会教育对教师素养的要求"

任务二　了解幼儿社会性发展

一　幼儿社会学习的特点[①]

幼儿社会学习的发展是一个在人际交往和社会互动中进行的复杂过程，家庭和幼儿园的生活、同伴间的游戏、社区环境与文化、大众传媒等都是幼儿社会学习的背景和载体。在人际交往和社会互动过程中，幼儿往往通过以下方式进行着社会学习。

（一）模仿

有意或无意模仿他人（榜样）行为是幼儿社会学习的基本方式之一。模仿的对象可以是行动类的，也可以是态度类的；模仿的榜样可以是现实生活中的真人真事，也可以是电视、图书、故事中的虚构形象。一位家长讲述了下面的小故事：

在家人眼里，小雅虽然只有3岁半，但已经像个小淑女了。

一天下午，妈妈正在把一些用过的塑料袋折叠成小三角，准备收好再用。这时，小雅走过来，先把自己的三个娃娃摆在沙发上坐好，然后对妈妈说："妈妈！我们来玩上课的游戏吧！你也坐到

---

① 李季湄，冯晓霞.《3～6岁儿童学习与发展指南》解读［M］.北京：人民教育出版社，2013：94-99.

沙发上当小朋友吧！"妈妈边答应，边走到沙发上坐下，但手里还在折着最后一个塑料袋。

"你是怎么回事！没听见我说上课了吗？"突然一个凶巴巴的声音传过来，妈妈吓了一跳，抬头一看，小雅正瞪着眼睛看着自己。她不由自主地赶快把塑料袋放到一边。

"你！请把嘴闭上！"小雅的脸转向一个娃娃。

"没听见啊！说他，是不是也说你啊！"

"小雅这是怎么啦？这都从哪学的啊？"妈妈真是弄不明白。

这是一个典型的模仿学习实例。遗憾的是为幼儿提供这种"榜样"的却是承担着幼儿社会学习指导任务的教师。

（二）同化

社会同化，是指个体的态度和行为受他人影响而逐渐变得与其相似的现象，即"近朱者赤、近墨者黑"。同化效应是指外部环境对个体潜移默化的塑造。例如，周围人都彬彬有礼时，幼儿自然而然地礼貌待人。同化中有模仿的成分，但更强调的是团体行为和情感态度对个体的感染和熏陶。下面是一位实习生的笔记：

一周过去了。晚上睡觉前，同学们不由自主地谈起自己的实习感受。小惠的实习园是某著名高校的附属幼儿园，她觉得这个幼儿园孩子们都很聪明，知道很多事情。"今天我给他们讲了一个仙鹤的故事，竟然有孩子告诉我'仙鹤就是丹顶鹤，是一种涉禽，是国家一级保护动物！'天哪！我都不知道，真汗颜！"萌萌也在这个园实习，"活动区活动的时候，总有孩子拿着一本书让我给他们读"。这个园孩子知道的东西多，可能是因为这个园的老师和家长知识都很丰富，园里的图书很多。

我实习的幼儿园给我最深的印象就是热情、亲切。第一天进班，我是骑自行车去的。因为天气有点热，我出汗了。刚进活动室，宋老师就递过来一条毛巾让我擦擦汗，还说："先歇歇，不着急，孩子们还没来呢！"第一次组织活动，我还是有点紧张，但孩子们都很配合。集体活动结束后，有一个孩子还端着一杯水来让我喝，太感动了！这个园的老师和孩子们太体贴了，每天走进这个园都像回家一样！我把自己的感受讲给她们几个听，她们还挺羡慕。因为她们实习的园"比较理性，有点小傲气，老师和小朋友都这样"。

不同园的幼儿在不同园风的熏陶下，表现出了不同的风格，这就是环境的同化作用。

（三）强化

在社会学习过程中，幼儿的行为往往会产生不同的结果，并伴随不同的情感体验。这些结果和体验会对其行为产生一定的影响。也就是说，幼儿会根据结果和情感体验的性质来调整自己的行为。改变幼儿行为的结果可以是直接的，即自己亲身感受（如自己经常分享玩具而被同伴鼓励），可以是间接的（如看到同伴因帮助别人而受到赞赏）；可以来自外部（如成人的表扬或批评），也可以是来自内部的自我强化（如同伴一起游戏时的快乐，做了好事之后的自我满足感）。

一般而言，外在奖励固然能诱发行为，但只有幼儿内在的自尊和自我满足才是最有效的，否则，奖励会变成贿赂和交换，产生不良后果。

这是一个小班"娃娃家"角色游戏活动，在教师引导下，幼儿经过了自由选择主题、角色，进入了角色表演后，教师一声"下班了"，孩子们围坐在教师身边，游戏进入了最后的讲评环节。

教师："娃娃家爸爸'小厨师'今天烧了什么菜？"（很多幼儿举手）

教师请了一个男孩子，他说："面条和辣椒。"

教师："好，奖励你一朵小红花。"

男孩子笑嘻嘻跑到老师那里，将"小红花"贴在了手上，得意地给旁边的小朋友看，很多孩子在下面纷纷喊叫："老师我也烧了面条和辣椒……"接着老师又奖励了两个扮演妈妈的孩子，孩子们就更起劲地喊："我要小红花……"

（四）体验

体验作为一种活动，是主体在亲历某件事情的过程中产生的真切感受，从而形成某种态度和认识的过程；作为活动的结果，体验是主体在亲身参与实践的过程中，对其中所隐含的道理和意义形成的独特感受和领悟。这种感受和领悟是最直接的，极具个人特征而且是深刻的。

体验是幼儿重要的学习方式，是认识和态度形成的基础。各领域的学习尤其是情感态度方面的学习都离不开相应的体验。例如，在社会规则的学习中，模仿、同化和强化都可能让幼儿表现出符合规则的行为，但"知其然不知其所以然"是不利于幼儿自律的。因此，理解规则的意义非常必要。但对幼儿来说，对规则意义的理解往往不光靠说教，更需要以实际体验为基础。

班里新开了一个活动区，里面放了一些新玩具。孩子们都被吸引过来，一下子挤进了十几个人。不一会儿，争吵声和告状声就传了出来。

"老师，您看看吧！这里边人太多了！都没法玩了！"

"那该怎么办呢？"老师问。

"不能一下子进来那么多人！这里边最多只能进5个人。"

"先来的先玩，后来的得有人出去了才能进来！"

"我们做几个挂牌放在活动区门口，谁先来就拿一个牌子挂在脖子上，没有牌子的就不能再进来了！"

孩子们体验到没有规则的不方便，理解了规则的必要性，在老师的启发下自己商议制定了规则并自觉地遵守。

二 影响幼儿社会性发展的因素

儿童社会性发展受多种因素影响，这些因素不仅包括内部因素，也包括外部因素。内部因素主要指幼儿个体因素，如生理特征、气质类型、认知水平、个体能动性；外部环境因素则包括家庭、幼儿园、社会环境。

（一）幼儿个体因素

1. 生理特征

有研究表明，生理特征如发育、相貌、肤色、体型、年龄、性别等是影响儿童社会化的潜在基础和自然前提。如一个乖巧、漂亮的幼儿往往可能更会吸引他人更多的关注和好感，因此幼儿可能会变得更自信。幼儿同样具有这种倾向。幼儿预期好看的同伴会拥有友爱、乐于助人等积极特征，外貌没有吸引力的幼儿则被预期为攻击性强、孤僻和小气等。从这个意义上讲，外貌具有社会价值和意义，是影响幼儿个性发展的因素之一。①

> **案例导入**
>
> 童童是一名中班的幼儿，他聪明、勤快、性格开朗，就是有一点——他是班里最胖的孩子，这使他在户外体育活动分组的时候找不到搭档。有一次户外活动之后，童童就一直撅着嘴不高兴，老师问他："童童，你怎么了？"童童委屈地说："多多他说我太胖了，不愿意和我一组玩秋千。他说他要是推我就得累坏了。"
>
> 案例分析：在案例中，童童因为身体体态过胖的原因而在游戏时遭到了同伴的拒绝和排斥，人际交往存在一定的"危机"，自尊心也被同伴的态度伤害了。教师要在日常教学中注意：避免关注外表的评价和取向，并通过教育让幼儿认识到每个人不同的外形特征及其作用，把劣势变优势。如童童虽然胖可是力气大，在力量型的户外活动中，教师可以帮助童童找到自己的优势，也让其他幼儿看到童童的优势，促进童童的人际交往。

2. 气质类型

气质是一个人所特有的心理活动的特征。气质作为社会性发展的最初基础，主要通过三个方面影响儿童社会性发展。②

第一，对儿童社会认知的影响。研究发现，多血质和胆汁质的幼儿在解决问题速度以及灵活性方面明显高于抑郁质和粘液质的幼儿。多血质和胆汁质的幼儿的情绪情感的感受性较强，意志力和控制力较弱，他们对社会知识和规则的学习速度较快，但较难从事细致持久的智力活动；而粘液质和抑郁质的幼儿情绪情感的感受性较弱，自控和自省能力较强，虽然在学习速度上较慢，但比较适

---

① 刘晶波，等. 幼儿园社会领域教育精要：关键经验与活动指导［M］. 北京：教育科学出版社，2015：16.
② 邢莉莉，等. 幼儿社会教育与活动指导［M］. 武汉：武汉大学出版社，2015：62.

合从事细致和持久的智力活动。不同气质类型儿童的认知差异会影响教师、家长、同伴对其评价，同时也会影响儿童对自我和他人的认识和评价，进而间接影响儿童的社会性发展。

第二，对儿童社会交往的影响。研究表明，在同伴交往中，不同气质类型的幼儿表现出不同的交往态度和行为（见图1-1），自然其社会性发展水平不一样。胆汁质和多血质的幼儿交往态度积极、喜欢参与活动，交往范围较广但交往对象经常变化，维持性差；胆汁质的幼儿脾气急躁，在交往中更容易出现攻击性行为和交往冲突；粘液质的幼儿稳重、温和，不善交际，也不易出现交往冲突，人际关系较好；抑郁质的幼儿孤僻胆小、被动交际，交际范围小，不易出现交往冲突和攻击性行为，人际关系较窄。

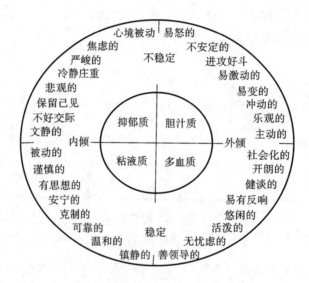

图1-1 不同气质对儿童社会交往的影响

第三，对儿童利他行为的影响[①]。利他行为一般是指预先并没有明确奖赏、不是为了某种利益而执行的行动，利他行为是最终产生合理的积极行动的社会行为之一。林崇德等人研究表明：在实验室中幼儿气质与利他行为有密切相关。喜欢社交的儿童表现出更多的利他行为；不爱社交的儿童没有表现出更多的利他行为，可能是由于有更重要的事情让他们感兴趣，也可能是由于他们平时与人接触少，缺乏经验，或者是没有注意到陌生人的需要。

3. 认知水平

认知水平对幼儿社会性发展的影响主要体现在两个方面：一是幼儿接受和处理社会性信息的能力会受其认知水平的影响，这是因为幼儿的社会性认知具有认知的普遍规律和特点；二是幼儿思维的自我中心特点对幼儿参与社会生活有重要影响。皮亚杰的认知水平阶段以及道德认知阶段的对应关系也可充分说明，幼儿认知发展水平是儿童道德发展水平的关键因素。[②]

---

① 刘晶波，等. 幼儿园社会领域教育精要：关键经验与活动指导 [M]. 北京：教育科学出版社，2015：18.
② 邢莉莉，等. 幼儿社会教育与活动指导 [M]. 武汉：武汉大学出版社，2015：63.

4. 个体能动性

个体能动性是人的发展的内在动力。幼儿对社会环境不是被动、机械地接受，而是通过发挥能动性来适应生活。幼儿主观能动性主要与其需要、兴趣和自我意识有关。幼儿从环境刺激当中选择说明，幼儿主观能动性主要取决于幼儿的需要和兴趣，同时也受自我意识的调节。例如，当幼儿不想午睡，而想去玩滑梯，他可能会向教师请求，尽力争取去玩滑梯的机会。而当教师告诉他"不可以"时，他可能会做出改变，转而请求去图书角看书。幼儿的需要和兴趣不是一成不变的，教养者要满足其合理需要，培养其高级的需要和良好的兴趣。例如，5～6岁的幼儿为了得到成人的表扬，而有意识地控制或调整自己的行为，而且不需要成人提示。又如，有些大班幼儿在教师离开时也能进行自我控制，按照教师的要求做游戏，并能持续一段时间。

（二）外部环境因素

任何人都是在一定的环境中生长的，儿童社会性的发展离不开其所生活的环境。影响儿童社会性发展的环境因素，主要包括家庭、幼儿园和社会环境。

1. 家庭因素

家庭是儿童最初的生活场所，它给幼儿提供了最持久的人际关系纽带。家庭对幼儿的影响取决于家庭中的各种因素，主要包括家庭结构和父母教养方式。

1）家庭结构

当前，家庭的结构类型包括核心家庭、主干家庭、单亲家庭（或离异家庭）以及留守儿童家庭等。我国学者吴凤岗的研究结果表明，两代人家庭的幼儿在独立性、自制力、敢为性、合群性、聪慧性、情绪特征、自尊心、文明礼貌及行为习惯等九个方面均好于三代人家庭的幼儿。陈会昌等人的研究表明：与完整家庭子女相比，离异家庭子女与同伴关系、与父母关系较差，自我评价过高，自我控制能力较低，在情绪、品德、性格、学习等方面表现出问题的人数比例较高。

2）父母教养方式[①]

最早研究父母教养方式的是美国著名心理学家戴安娜·鲍姆林德（Diana Baumrind），她将父母教养方式分为四种：权威型、专制型、溺爱型和忽视型。

第一，权威型父母对儿童的态度积极肯定，热情地对儿童的要求、愿望和行为进行反应，尊重儿童的意见和观点，鼓励他们表达自己的想法并参与讨论；他们对儿童提出明确的要求，并坚定地实施规则，对儿童的不良行为表示不满，而对其良好行为表现表示支持和肯定，鼓励儿童获得成就、独立和探索的行为。这种高控制、情感上偏于接纳和温暖的教养方式，对儿童的心理发展带来许多积极的影响；这种教养方式下的儿童多数独立性较强，善于自我控制和解决问题，自尊感和自信心较强，喜欢与人交往，对人友好，有很强的认知能力和社交能力。

---

① 张岩莉，等. 幼儿社会教育［M］. 2版. 上海：复旦大学出版社，2016：31.

第二，专制型属高控制教养方式，但在情感态度方面，父母倾向于拒绝和漠视儿童。这种类型的父母对儿童时常表现出缺乏热情的、否定的情感反应，很少考虑儿童自身的愿望和要求；父母往往要求儿童无条件地遵循有关的规则，但却又缺少对规则的解释，他们常常对儿童违反规则的行为表示愤怒，甚至采用严厉的惩罚措施。这种教养方式下的儿童大多缺乏主动性，容易胆小、怯懦、畏缩、抑郁，有自卑感，自信心较低，容易情绪化，不善与人交往。

第三，溺爱型父母对儿童充满积极肯定的情感，但是缺乏控制。他们甚至不对儿童提出任何的要求，而让其自己随意控制、协调自己的一切行为，对儿童违反要求的做法采取忽视或接受的态度，很少发怒或训斥、纠正儿童。这种教养方式下的儿童往往具有较高的冲动性和攻击性，缺乏责任感，不太顺从，行为缺乏自制，自信心较低。

第四，忽视型父母对儿童既缺乏爱的情感和积极反应，又缺乏行为的要求和控制。亲子间交往很少，父母对儿童缺乏基本的关注，对儿童的任何行为反应都缺乏反馈，且容易流露厌烦、不愿理睬的态度。在这种教养方式下的儿童也容易具有较强的冲动性和攻击性，不顺从，且很少替别人考虑，对人缺乏热情与关心，这类儿童在青少年时期更有可能出现行为问题。

案例导入

明明今年大班了，但还没学会自己用筷子吃饭。有一次，明明自己想用筷子吃饭，他握着筷子伸到了碗里还没夹起菜来，就一下子着急起来，大喊大叫，还把筷子扔在地上。妈妈闻声赶紧跑过来，捡起筷子放一边，开始喂明明吃饭……

案例分析：明明妈妈30多岁才生的他，非常不易，所以对他宠爱有加，凡事都替他做，明明到了大班还让妈妈穿衣服、喂饭，生活自理能力较差。明明的妈妈属于溺爱型，这使明明很容易冲动，缺乏自信，所以，明明用了一下筷子没有夹到菜就表现得很不耐烦。独生子女家庭和父母的晚育有时也会导致父母对孩子的溺爱。但是正确的家庭教养方式对幼儿的成长非常重要。家长应该把握好"爱的程度"，让孩子形成独立的性格以及自我控制的能力。

2. 幼儿园环境因素

《纲要》中指出："环境是重要的教育资源，应通过环境的创设和利用，有效地促进幼儿的发展。"幼儿园环境包括物质环境和心理环境。

1）幼儿园物质环境对儿童社会性发展的影响

国内外许多学者研究发现：整洁、优雅的环境，恰当的空间组织方式会使儿童情绪安定、亲社会性行为增多，并有助于儿童积极地认知和探索；而肮脏、无序的环境，则会使儿童浮躁、违规行为、攻击行为增多；活动空间的大小会影响儿童的人际交往，如果活动空间过小，则儿童发生争执、打闹的机会越多,活动空间过大,则儿童的交往机会就会减少,不利于相互合作与交流;此外,活动材料的种类、样式、数量配置关系以及陈列方式等,也与幼儿的发展有密切的关系。不同种类的活动材料会引发不同的行为。例如,类似于枪、炮、棍状的玩具容易使儿童的攻击行为增多,而积木、积塑等玩具则有利于儿童的交流、合作、协商等行为的产生。

2) 幼儿园心理环境对儿童社会性发展的影响

幼儿园的心理环境主要指幼儿园的人际关系及一般的心理气氛等,体现在教师与幼儿、幼儿与幼儿、教师与教师间的相互作用、交往方式等方面。它虽然是无形的,却直接影响着幼儿的情感、交往行为和个性的发展。

第一,教师是影响儿童社会性发展的重要因素。儿童往往把教师当成自己学习的榜样,不知不觉地去模仿教师的言行、举动,通过对教师的观察、模仿等进行着大量的社会学习。教师的言谈举止、情感态度、人生观、价值观等,都会作为直接的示范对儿童的行为、情感、态度等产生潜移默化的、广泛深远的影响。儿童年龄越小,受教师的影响越大。

第二,同伴交往在促进儿童社会性发展方面具有独特作用。与亲子交往相比较,同伴交往中同伴反馈更真实、自然和即时(见表1-1)。儿童积极、友好的行为,如分享、微笑等,能马上引发另一儿童的积极反应,得到肯定性的反馈;而消极、不友好行为则正好相反,如抢夺、打人等会马上引发其他儿童的反感,或引起相应的行为。儿童正是在与同伴的交往中通过不断地调整、修正自己的行为方式,掌握、巩固较为适宜的交往方式。

表1-1 儿童在亲子交往与同伴交往中的不同表现

项目	亲子交往	同伴交往
交往的发起、维持	往往由成人发起、维持	往往由儿童发起、维持
信号的发出、行为反应	成人可以进行猜测	必须更富于表现性
对方的反馈	明确、具有指导性	模糊、缺乏指导性
对对方反馈的反应	—	特别关注对方的态度和反应

3. 社会环境因素

这里所讲的社会环境因素主要包括社区环境、大众传媒。

社区环境影响着生活其中的儿童的社会性发展。如城乡社区的不同可能导致儿童在交往时的表现不同,楼房结构不同的社区也可能对儿童社会性产生影响。高层建筑相对封闭,造成了与同伴或与其他人的交往不足,而在平房区则增加了儿童的交往机会;学校附近的社区、商业区的小区、车站附近的小区及医院附近的社区在儿童读书学习、经商意识、出门旅行、健康疾病等不同侧面对儿童有影响。另外,儿童所在的社区人员素质、社区配套设施、教育资源、商业网络、建筑特色、文化建设、管理特点等,都对儿童的社会性发展有影响。

大众传媒是传播信息的载体。儿童一出生就处在大众传媒的包围之中，它作为一种社会环境，甚至作为生存环境的一部分，对儿童的社会性发展具有独特的重要影响。随着电影、电视、广播、唱片、报纸、杂志、计算机、网络以及影像资料的普及，传媒对儿童的影响越来越大。其中，电视是最重要的一种传播媒体，也是最具争论性的一环。健康的电视节目可以给儿童带来积极影响，能丰富知识、开阔视野，认识各种社会角色和关系，学习交往技能等。相反，一些电视节目内容不适合儿童，会带来消极影响（见图1-2）。成人需要控制儿童看电视的时间和电视内容。

图1-2　看电视对儿童的影响

社会性发展的特点，对儿童健全人格、心理健康、智力发展都具有重要影响。

拓展阅读
"学前儿童社会性发展的特点"

任务三　掌握幼儿园社会教育的目标与内容

"凡事预则立，不预则废"，目标是一切工作的出发点和落脚点，要培养什么样的人是幼儿社会教育活动的基础。我国幼儿园社会教育主要以《幼儿园教育指导纲要（试行）》（以下简称《纲要》）和《3～6岁儿童学习与发展指南》（以下简称《指南》）中关于社会教育的目标要求为指导，旨在为幼儿提供有计划的社会学习活动，以发展幼儿社会性为目标，促进幼儿自我意识的形成，发展其人际交往能力，丰富其社会认知，激发其社会情感，引导其社会行为，增进其对社会和世界的理解和适应能力。

一 社会教育的目标

（一）幼儿园社会教育目标制定的依据

"现代课程论之父"泰勒认为，课程目标制定的依据源于学习者、当代社会生活和学科发展的需求。社会教育目标是幼儿教育总目标的一部分，其制定也应立足《纲要》和《指南》，考虑幼儿社会性发展、当代社会对幼儿社会教育的要求，以及幼儿社会教育学科发展的需求，以以下几点为依据：

1. 《纲要》和《指南》的精神要求[①]

《纲要》将社会领域作为幼儿园教育的五大领域之一，以社会需要、儿童发展以及学科等因素为依据，明确提出了社会领域的教育目标。

《指南》又进一步明确指出：幼儿社会领域的学习与发展过程是其社会性不断完善并奠定健全人格基础的过程。人际交往和社会适应是幼儿社会学习的主要内容，也是其社会性发展的基本途径。良好的社会性发展对幼儿身心健康和其他各方面的发展都具有重要影响。

《纲要》是《指南》实施方向的航标灯，而《指南》是《纲要》转化为实践的桥梁。两者之间具有共同的教育观、儿童观、发展观，这些共同的理念和方针是我们开展社会教育的基本依据和指导思想。

2. 幼儿社会性发展的需要

现代幼教改革，一直都强调"以幼儿为本"的思想。在学前阶段，幼儿的社会性发展有哪些潜力，能达到什么程度，所需要的条件是否具备等，对确立社会教育目标有直接影响。制定社会教育目标，必须掌握幼儿社会性发展的特点和需求。此外，受到遗传、家庭、环境及幼儿个性特点的影响，幼儿各不相同，制定具体活动目标时，要经常观察幼儿，以便了解其社会性的发展水平。如果"心中无幼儿"，制定目标就会过高或过低，不但无法促进幼儿社会性的发展，还可能阻碍其发展，降低幼儿社会教育的质量。

3. 当代社会对幼儿社会教育的要求

一个国家的政治、经济和社会文化水平，决定了这个国家需要什么样的人才。幼儿社会教育应关注社会的发展、社会的未来乃至世界的未来，目标制定反映社会的要求和愿望。在我国现阶段，随着经济发展、全球科技革命日新月异，人们的很多观点在发生变化，不良思想可能给幼儿社会性发展带来有害影响。因此，幼儿园必须调整社会教育的目标，如强调合作与分享、乐于助人、爱护

---

① 张明红. 幼儿社会教育与活动指导[M]. 上海：华东师范大学出版社，2020：44.

环境等优良品质，将社会的要求融入社会教育中。"地球村""地球公民"等名词反映了人类间的相互联系、共存，需引导幼儿了解这个世界、理解这个世界，进而更好地适应世界。

4. 幼儿社会教育学科发展的需求

课程目标的制定还要考虑学科发展的需要，把握学科本身的知识体系。在制定课程目标的时候，必须考虑学科专家的建议，这样才能使课程目标的制定更具有操作性、更为科学化。幼儿社会教育的内容涉及众多学科，如历史学、社会学、经济学等，每一学科的基本目标、知识体系都可能对幼儿园社会教育目标的制定产生影响。

总之，幼儿园社会教育目标制定需考虑以上因素，融会贯通，共同促进幼儿发展成为一个"完整的人"。

（二）幼儿社会教育目标的结构

幼儿社会教育的目标结构，从纵向角度来看，一般可以分为总目标、年龄阶段目标和社会教育具体活动目标三个层次（如图1-3）；从横向角度来看，一般可分为社会性认知目标、社会情感与态度目标、社会行为技能目标三类。下面主要从纵向角度，对社会领域目标进行分析。

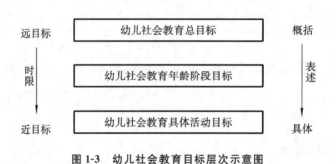

图1-3　幼儿社会教育目标层次示意图

1. 幼儿社会教育总目标

总目标是确定幼儿社会教育其他层次目标的依据和基础，是对《幼儿园工作规程》中有关幼儿情感——社会性发展目标的阐述，是幼儿社会教育目标最概括的表述。

《幼儿园工作规程》（2016）第五条幼儿园保育和教育的主要目标中体现的社会教育的目标：

萌发幼儿爱祖国、爱家乡、爱集体、爱劳动、爱科学的情感，培养诚实、自信、友爱、勇敢、勤学、好问、爱护公物、克服困难、讲礼貌、守纪律等良好的品德行为和习惯，以及活泼开朗的性格。

《纲要》（2001）第二部分教育目标与内容要求中社会领域的目标：

①能主动地参与各项活动，有自信心；

②乐意与人交往，学习互助、合作和分享，有同情心；

③理解并遵守日常生活中基本的社会行为规则；

④能努力做好力所能及的事，不怕困难，有初步的责任感；

⑤爱父母长辈、老师和同伴，爱集体、爱家乡、爱祖国。

《纲要》所确定的社会领域总目标旨在增强儿童的自尊、自信，培养幼儿关心他人、对人友好的态度和行为，促进幼儿个性健康发展。

《指南》（2012）从两个子领域七个方面表述社会领域的目标：

子领域：人际交往	子领域：社会适应
目标一：愿意与人交往	目标一：喜欢并适应群体生活
目标二：能与同伴友好相处	目标二：遵守基本的行为规范
目标三：具有自尊、自信、自主的表现	目标三：具有初步的归属感
目标四：关心尊重他人	

《指南》目标的核心价值在于引导幼儿学会共同生活、形成和谐的社会关系，促进其社会性不断完善并打下健全的人格基础。

2. 幼儿社会教育年龄阶段目标

幼儿社会教育年龄阶段目标服从于总目标，是总目标的具体化，反映了儿童社会性发展目标的年龄差异性和连续性。

年龄阶段目标的主要特点就是将社会教育目标分化为不同的要求，形成对每一个年龄段幼儿逐步提高要求的具体目标，引导幼儿逐步达到社会教育的总目标，而且不同年龄段的目标之间应该是连续的、衔接的。例如，同样是培养幼儿与同伴交往的能力，但是不同年龄段的要求是不一样的。小班时，只要求能与同伴友好相处，主动礼貌地问候小朋友；而到中班时，希望幼儿逐渐喜欢和同伴游戏，关心弱小同伴；到大班时的目标则是能够主动带年幼的同伴共同游戏，体验大带小的快乐，愿意与众多的同伴合作游戏。具体表述如下：

小班社会教育目标：
- 引导幼儿初步了解自己身体主要部位的主要特征和功能，初步懂得自我保护；
- 引导幼儿知道自己是幼儿园的小朋友，初步萌发幼儿的独立性和最基本的自我控制能力；
- 引导幼儿逐步熟悉集体生活环境，认识集体中的同伴与成人，初步了解他们与自己的关系，使幼儿初步适应集体生活；
- 使幼儿保持愉快的情绪，不好哭、不怕生，愿意与他人交往，鼓励幼儿积极参与集体生活；
- 引导幼儿初步掌握日常生活中常用的礼貌用语，使幼儿初步能有礼貌地同他人交往，见了老师和长辈会问好；
- 使幼儿初步了解和掌握基本的卫生要求，逐步养成卫生习惯；
- 使幼儿初步懂得主要的交通安全常识；
- 培养幼儿初步的学习习惯，引导幼儿遵守最基本的学习活动规则；

- 激发幼儿从事简单的自我服务劳动的兴趣，引导幼儿初步了解父母和老师的劳动；
- 教育幼儿初步懂得不提无理要求，不无故发脾气；
- 引导幼儿与同伴共同生活，不争夺或独占玩具。

中班社会教育目标：

- 使幼儿能初步认识自己与他人的异同；
- 使幼儿能初步了解自己与他人的情绪，初步懂得同情和关心他人；
- 萌发幼儿最基本的自我控制能力，引导幼儿初步懂得不损害同伴；
- 引导幼儿初步了解周围主要的社会机构、设施，初步知道它们与人们生活的关系，萌发幼儿最初的爱家乡的情感；
- 引导幼儿初步了解重大的节日，并使幼儿感受节日的快乐；
- 初步激发幼儿与他人交往的愿望，引导幼儿在与同伴成人交往中，能初步准确地使用礼貌用语；
- 引导幼儿初步懂得与他人合作，初步懂得分享和谦让；
- 引导幼儿了解周围成人的劳动，鼓励幼儿学做一些力所能及的事，初步养成爱劳动、爱惜劳动成果的习惯；
- 鼓励幼儿大胆表达自己的见解，使幼儿初步能克服困难，完成任务，鼓励幼儿能有始有终地做一件事；
- 引导幼儿初步学会评价自己与同伴，引导幼儿初步承认错误，改正缺点；
- 引导幼儿初步养成诚实、守纪律等良好的品德行为；
- 引导幼儿初步感知民间艺术及我国的传统文化精品。

大班社会教育目标：

- 使幼儿初步了解自己的成长及成人为此付出的劳动，激发幼儿爱父母和老师及其他长辈的情感；
- 引导幼儿初步学会控制自己的情绪和行为，初步学会紧急情况下的应变方法；
- 引导幼儿了解自己所在的集体，初步懂得应对集体做有益的事，培养幼儿初步的集体荣誉感和责任感；
- 引导幼儿主动、准确地使用礼貌用语，能以恰当的方式与他人交往，和同伴友好相处；
- 引导幼儿主动照顾、关心小班和中班的小朋友；
- 引导幼儿了解周围的社会生活，让幼儿初步了解社会机构、社会成员和他们的劳动及其与人们生活的关系，萌发幼儿尊敬、热爱劳动者的情感；
- 引导幼儿初步了解我国的民族及丰富的物产，萌发爱祖国的情感；
- 引导幼儿初步了解国家间的友好往来，萌发爱好和平的情感；
- 引导幼儿初步学会分辨是非，初步懂得应向好的榜样学习，萌发初步的爱憎感；

- 使幼儿初步遵守各项规章制度，初步会以规章制度对照自己与他人的行为，引导幼儿喜欢从事力所能及的劳动，初步懂得爱惜劳动成果，爱惜公物；
- 引导幼儿初步感知家乡的自然和人文景观，初步了解我国主要的自认人文景观，萌发对民族文化的喜爱及保护自然社会环境的初步意识；
- 引导幼儿初步感知世界著名的人文景观及优秀艺术精品，萌发对世界文化的兴趣。

此外，《指南》中从人际交往和社会适应两大维度对幼儿年龄阶段目标做了介绍与分析。

3. 幼儿社会教育具体活动目标

幼儿社会教育具体活动目标是总目标和年龄阶段目标的具体化，一般由教师自己制定，需要经常观察儿童，以便真正地了解幼儿的社会性发展水平，从而制定出科学的、合理可行的具有操作性的社会教育目标。可以说，活动目标的设计基本上考查了教师对幼儿社会性发展特点、学习特点及兴趣、学习准备性等方面的观察及分析能力。

专家精讲
"幼儿园社会教育的目标"

二 社会教育的内容

幼儿园社会教育的内容是实现社会教育目标的重要载体和保证。《幼儿园工作规程》第二十八条明确指出："教育活动内容应当根据教育目标、幼儿的实际水平和兴趣确定，以循序渐进为原则，有计划地选择和组织。"

（一）幼儿园社会教育内容选择的依据

幼儿园社会教育的直接作用是促进幼儿社会化和幼儿完整发展。《幼儿园工作规程》明确指出：幼儿园的任务是按照保育和教育相结合原则，对幼儿实施体、智、德、美诸方面全面发展的教育，促进其身心和谐发展。

1. 符合幼儿社会领域教育目标要求

社会领域教育目标是根据社会需要和儿童发展规律制定出来的，它是幼儿社会教育活动的出发点和归宿。幼儿社会教育内容的选择必须以社会领域教育目标为首要依据，力争能最有效地实现社会教育目标。《纲要》和《指南》中的目标是社会教育内容选择的首要依据，在选择社会教育内容的过程中,应努力避免对教育目标的遗漏、偏倾及无效重复,而应力争使所选的教育内容能最有效地实现教育目标。

2. 符合社会与文化发展需要

社会教育内容的选择应反映社会和文化的现实。从儿童的学习来看,儿童是在参与和了解社会生活的过程中来增进他们的社会认知、发展社会情感、完善社会行为的。他们对社会机构、社会成员、社会现象和社会文化的感知、理解,也都是通过具体的社会生活加以把握的。社会教育是一门关于人和社会、文化的课程。

社会教育内容的选择应反映社会的发展与变化。获得应对社会变化的能力是儿童社会学习的重要目标。我们生活的社会是不断发展变化的社会,社会成员的价值观和社会理想、社会成员之间的关系、社区中各种物化的社会产品、人们的行为方式和生活方式等,都在发生或大或小的变化。选择幼儿社会教育内容,必须充分了解和反映社会生活的变化,使课程内容真正成为反映时代、反映社会的内容,起到引导儿童主动适应变化着的社会的作用。

3. 符合儿童身心发展特点和需要

儿童身心发展特点和需要是社会领域教育内容选择的内在依据。社会生活的复杂性决定着适应社会生活的难度与复杂程度。要适应社会生活,必须要有整体素质的高水平发展,而且要依据社会生活的发展变迁,不断提高自身素质。社会教育教人以人为本,关注人的整体发展和终身发展,为人生幸福做准备。社会领域教育内容选择应立足幼儿现有的生活经验和学习能力,结合儿童认知发展的特点,关注幼儿社会性发展的个体差异。

4. 符合社会领域相关学科知识特点

每一个学科领域都有自己的功能与特性。幼儿社会教育主要涉及人、社会与文化,侧重幼儿情感态度的熏陶与养成。与社会教育相关的学科主要有社会学、伦理学、地理学、经济学、文化学、心理学、历史学、政治学、人类学等。需要根据儿童身心发展水平,选择那些最基础的、具有启蒙性的内容进入幼儿园的课程。

(二)幼儿园社会教育内容的总体要求和具体表现

1. 幼儿园社会教育内容的总体要求

《纲要》对幼儿社会领域的教育内容提出了八条纲领性要求:

(1)引导幼儿参加各种集体活动,体验与教师、同伴等共同生活的乐趣,帮助他们正确认识自己和他人,养成对他人、社会亲近、合作的态度,学习初步的人际交往技能。

(2)为每个幼儿提供表现自己长处和获得成功的机会,增强其自尊心和自信心。

(3)提供自由活动的机会,支持幼儿自主地选择、计划活动,鼓励他们通过多方面的努力解决问题,不轻易放弃克服困难的尝试。

(4)在共同的生活和活动中,以多种方式引导幼儿认识、体验并理解基本的社会行为规则,学习自律和尊重他人。

（5）教育幼儿爱护玩具和其他物品，爱护公物和公共环境。

（6）与家庭、社区合作，引导幼儿了解自己的亲人以及与自己生活有关的各行各业人们的劳动，培养其对劳动者的热爱和对劳动成果的尊重。

（7）充分利用社会资源，引导幼儿实际感受祖国文化的丰富与优秀，感受家乡的变化和发展，激发幼儿爱家乡、爱祖国的情感。

（8）适当向幼儿介绍我国各民族和世界其他国家、民族的文化，使其感知人类文化的多样性和差异性，培养理解、尊重、平等的态度。

这八条纲领性描述指出，幼儿社会教育内容包含个人、家庭、幼儿园和社会等生活空间，要在这些生活空间中促进幼儿认知、情感和行为技能的发展。

2. 幼儿园社会教育内容的具体表现[①]

幼儿园社会教育内容以社会教育目标为先导和依据，因此，教育者在选择内容时必须有目标意识。依据社会教育目标，幼儿园社会教育内容可以从人际关系、社会环境、社会规则、社会文化来描述，其中人际关系的内容进一步分为自我意识和人际交往两部分。

1）自我意识

自我意识指幼儿对自我及自我与周围关系的认识，主要包括自我认知、自我评价和自我行为调控三个方面的内容。核心问题有：我是谁？我与别人的相同与不同是什么？我在别人心目中的印象和地位如何？我如何看我自己？别人眼中的我是怎样的？我高兴、悲伤、愤怒、害怕时会怎样？我遇到困难与挑战时会怎样？

2）人际交往

人际交往主要涉及人与人之间的关系，对各类不同社会成员的认知，对社会中不同他人之情感的认知，以及相互交往的行为技能的培养与练习。主要包括与同伴的交往和与成人的交往，如知道同伴的姓名、年龄、性别、简单的外部和内心特征以及与他们相处的技能与态度，知道父母、长辈、老师等其他相关人员的姓名、职业、生活、与自己的关系以及和他们交往的技能等。核心问题有：他是谁？他与我有什么关系？我要怎么与他相处？我可以怎么帮助他？

3）社会环境

社会环境是由物质要素（包括人的要素）和文化要素组成的综合体。对幼儿而言，社会环境主要界定在物质环境层面上。各种社会机构、社会设施、社会事件及与其相关的社会成员是这部分讨论的重点和中心。核心问题有：家/幼儿园/社区/公共场所的环境是什么样的？这些环境中的人的职业角色和行为准则是什么？家乡的特产、名胜古迹有哪些？我认识祖国的国旗、国歌、国徽等。

4）社会规则

社会规则是指与社会要求相符的从事社会活动、处理社会关系等必须依循的要求。社会规则既

---

① 胡娟，高曲，李慧. 幼儿社会教育与活动指导［M］. 长沙：湖南师范大学出版社，2020：61-62.

包括生活规则、学习规则、集体规则、公共规则等一般的社会要求，也有道德要求和道德规则。这部分内容更多地涉及人的观念、情感及行为习惯。核心问题有：活动中的规则是什么？为什么要遵守规则？如何遵守规则？

5）社会文化

社会文化又可称多元文化，是社会中稳定的价值取向、行为方式及精神风貌等多种表现形式。它涉及被社会认定的价值观、人们的生活方式、风俗习惯，涉及各种物质及精神的文化形式，如建筑、绘画及文学作品等。相对于社会环境来说，社会文化更强调精神与价值，更关注历史的因素。核心问题有：我国有哪些传统节日、传统习俗？其他国家和民族有哪些文化特征？

表1-2列出了幼儿园社会教育内容在活动设计中常见的话题。

表1-2　社会教育活动中的常见话题（《幼儿园渗透式领域课程》）

社会教育内容		常见话题
人际关系	自我意识	小班：《自我介绍》《宝宝有双能干的手》《我的小伙伴》《我喜欢的玩具》 中班：《我升中班了》《我该怎么办》《不是我的错》 大班：《我是哥哥姐姐》《我也有长处》《失败不可怕》
	社会交往	小班：《我会打招呼》《老师爱我我爱她》《我来帮助你》《合作力量大》 中班：《合作会更好》《关心帮助人》《谁对谁不对》 大班：《我会交朋友》《朋友的长处》《和弟弟妹妹一起玩》
社会环境		小班：《快乐小班》《幼儿园里走一走》《舒适的家》《参观商店》 中班：《我的家乡》《超市真方便》《各种各样的包装袋》《城市美容师》 大班：《家乡的变化》《我是环保小卫士》《我做小记者》《身边的警察》《神秘的消防队》《参观小学》
社会规范		小班：《我的标记朋友》《我帮玩具找到家》《红灯绿灯会说话》《我们一起玩》 中班：《有趣的标志》《你谦我让》《整理图书》 大班：《生活中的标志》《当文明小乘客》《做守信用的孩子》
社会文化		小班：《快快乐乐过新年》《快快乐乐过"六一"》 中班：《我为祖国过生日》《香香的月饼》《特别的京剧》《属相的故事》 大班：《少数民族》《快乐重阳节》《中国茶》《十二生肖》《元宵花灯会》《百变粽子》

专家精讲
"幼儿园社会教育内容选择的原则"

任务四　选择幼儿园社会教育的方法与途径

一　社会教育的方法

教育方法是教师完成教育任务，实现教育目标所采取的策略和手段。幼儿园社会教育内容的广泛性和影响社会教育因素的多样性，决定了幼儿园社会教育的方法也是多种多样的。幼儿园社会教育的方法既有常规方法，如语言引导为主的方法（讲解法、讨论法、谈话法），以直接感知体验为主的方法（参观法、演示法、行为练习法），也有适用于幼儿园社会领域教育的特殊方法。下面主要介绍几种社会教育特殊方法：

（一）榜样示范法

榜样示范法是指教师运用历史名人、英雄人物、时代楷模的高尚思想、模范行为、优异成就来影响幼儿的思想、情感和行为的方法。榜样学习是美国心理学家班杜拉首次提出的。儿童模仿性强，对生动、具体、形象的典型易于接受。

教师在运用榜样示范法时应注意：

第一，选择合适的学习榜样。教师所选的榜样应是贴近幼儿实际的典型人物或事例，主要有三种：第一种是同伴，这是幼儿榜样的主要来源；第二种是教师本人，因为教师在幼儿心中具有较高的地位，是幼儿模仿学习的重要榜样；第三种是英雄模范人物，英雄模范人物的事迹具有较高的教育价值，能激发幼儿的敬佩之情。

第二，有步骤地引导幼儿学习榜样人物。如在学习"孔融让梨"的活动中，可以先通过谈话、讲解等方法让幼儿了解孔融让梨的事迹，然后让幼儿模仿孔融的行为，最后，提升幼儿向孔融学习的情感。

（二）移情训练法

移情训练法是指教师有目的、有计划地通过故事、情景表演及日常交谈等形式，帮助幼儿理解、体验、分享他人的情绪情感，使幼儿在今后生活中能对他人类似的情绪情感产生习惯性的理解和分享的一种方法。

教师在使用移情训练法时应注意：

第一，教师要依据幼儿社会性情感发展的需要，充分利用幼儿的自我中心，选择能够符合幼儿年龄与认知发展需要的情绪、情感。

第二，要充分利用幼儿的已有体验以唤起情感共鸣。移情训练的基点是唤起幼儿已有的类似体验，使幼儿已有的体验与当前情境相关联，以唤起情感共鸣，从而理解和分享。

第三，移情训练中选择移情对象应变换身份、性别，以利于训练幼儿对各种不同人物的移情，扩大移情对象的范围，使幼儿形成泛化的且不受移情对象与自己关系影响的移情。

第四，情感共鸣要与良好行为习惯的培育相结合。移情训练重在对幼儿进行良好行为的教育，引导幼儿用自己的实际行动去关心他人，不能仅仅停留在对情绪的理解和分享上。

第五，移情训练法应与角色扮演法、行为练习法等有机结合起来运用才能取得良好的教育效果。

专家精讲
"幼儿园社会教育方法——移情训练法"

（三）角色扮演法

角色扮演法就是教师根据教育教学目标，创设现实社会中的某种情景，引导幼儿扮演其中相应的社会角色或模拟社会组织中现实的人物，使幼儿表现与这一角色一致且符合这一角色规范的社会行为，并在此过程中感受角色间的关系，感知和理解他人的感受、行为经验，从而掌握自己承担的角色所应遵循的社会行为规范和道德要求。

经常使用到的角色扮演包括三种形式[①]：

1. 情境扮演

情境扮演是幼儿园社会教育活动的一种重要组织形式。教师在幼儿不能亲身参与活动时，可以采用情境表演的方式来再现生活场景，引导幼儿思考和解决问题。

如为帮助幼儿了解餐厅进餐时的文明行为，教师可以在班级创设一个小餐厅，指导几名幼儿分别扮演家庭中的不同成员再现进餐的场景，通过观察，帮助幼儿理解不同人员进餐行为的对错，巩固正确的行为理念。

---

① 邵巧云，李倩，栗艺文. 幼儿园社会教育与活动指导[M]. 北京：北京师范大学出版社，2017：78.

2. 剧本扮演

剧本扮演是指让幼儿通过扮演儿歌、故事中的不同角色，体验不同的情感，以鼓励幼儿积极的情感体验，使之把握正确的、积极的行为方式。

如教师为帮助幼儿形成专心做事的良好品质，给孩子们讲了《小猫钓鱼》的故事，并带领幼儿分别扮演猫妈妈、小猫、蝴蝶和蜻蜓，通过故事情节的表演，强化孩子做事要专心的意识。

3. 角色互换表演

角色互换表演是指让幼儿在一个表演中尝试扮演两个角色，体验两种不同的情绪。

如在教幼儿学习礼貌用语的活动中，教师设置生活情景，小羊不小心把小兔碰倒了，请幼儿分别扮演小羊和小兔，用相应的语言及行为进行表现，然后再进行角色互换。通过这样的方式，让幼儿分别体验两种情绪及应对问题的策略，丰富幼儿的认知。

运用角色扮演法时应注意：

第一，教师应选择幼儿熟悉、理解且喜欢的角色来让幼儿扮演，以使幼儿具备相应的经验储备和情境理解力，如警察、医生、护士、爸爸、妈妈、收银员等。

第二，要选择正面人物，因为幼儿爱模仿，所以扮演的角色应是正面人物，切忌经常让某几个幼儿扮演反面人物，这样易形成负面的刻板印象，影响这些幼儿在群体中的形象。

第三，选择的角色要有层次性和针对性，要根据教育目标和幼儿的社会性发展水平来确定角色，小班选择的角色比较简单，如爸爸、妈妈等，中大班选择的角色可以复杂一些，如理发师、售票员、司机等。

第四，充分发挥幼儿的主动性、积极性和创造性。教师要尊重幼儿选择角色、变化角色和创造角色的愿望，教师只可指导活动，不应经常分配角色。

第五，在角色扮演中，教师可以以平等的角色身份参与到幼儿的扮演活动中，这有助于幼儿角色扮演的顺利进行。

专家精讲
"幼儿园社会教育方法——角色扮演法"

（四）行为练习法

行为练习法是指组织幼儿按照正确的社会行为规范去进行实践的方法。行为练习的形式多样，既有教师组织的多种实践活动，如做值日生、劳动等；也有在日常生活情境中教师组织的幼儿行为练习，如来园和离园活动中练习礼貌行为，练习文明用餐的行为；还可以在教师人为创设的情景中练习分享、请求、商量等交往技能。

案例导入

乖宝宝[1]

小班的小朋友刚入园，还没有形成良好的行为习惯，最突出的是有些孩子在班级活动时，总是喜欢"咚咚咚"地跑来跑去，取放玩具时也大手大脚的，不懂得"轻拿轻放"的道理。为此，教师引导幼儿学习儿歌"轻轻——走路轻轻学小猫，开门关门静悄悄。说话不学乌鸦叫，我们都是乖宝宝"，并带领幼儿一边唱儿歌，一边学儿歌里面不同小动物轻轻的动作。

案例来源：河北省安新县县直机关幼儿园　陈爱玲。

运用行为练习法需要注意：

第一，教师要让幼儿明确行为练习的内容和要求。

第二，行为练习的方式要多样化，避免简单枯燥，以引起幼儿练习的兴趣和愿望，引导幼儿发挥主动性。行为练习并不是一个机械模仿的过程，如果能在情境中加以自然引导是最好的方式。

第三，鉴于幼儿社会学习具有反复性的特点，行为练习的要求应前后一致、长期坚持，使幼儿养成习惯，持之以恒，以使其行为得以巩固。

第四，活动中应给每个幼儿练习的机会，练习时间充分，要让幼儿真正在练习中体验到快乐，达到练习的目的。

二 社会教育的途径

《纲要》社会领域的指导要点中已经明确指出："幼儿与成人、同伴之间的共同生活、交往、探索、游戏等，是其社会学习的重要途径"，"幼儿社会态度和社会情感的培养尤应渗透在多种活动和一日生活的各个环节之中"。对幼儿进行社会教育的途径是多方面的，主要包括专门的社会教育活动、随机渗透的社会教育活动以及幼儿园、家庭和社区合作共育活动三大途径。

（一）专门的社会教育活动

专门的社会教育活动是指教师根据社会教育目的和要求，根据幼儿的年龄特点，通过主题教育活动、区域游戏活动，设计具有针对性、操作性的教育内容，选择适宜的教育方式方法，有针对性

---

[1] 邵巧云，李倩，栗艺文. 幼儿园社会教育与活动指导[M]. 北京：北京师范大学出版社，2017：79.

地增进幼儿的社会认知、激发幼儿的社会情感，引导幼儿的社会行为。

例如，在"我长大了"主题活动中，孩子们通过照片、衣服、鞋子的比较知道"我长大了"；在"大手牵小手"大带小活动中进一步明确责任意识、角色意识等；也可以通过角色游戏、表演游戏、户外集体游戏等形式，让幼儿在游戏中认识不同的社会角色、社会环境，了解不同的社会规则，提高交往技能，产生正确的社会行为，形成良好的社会情感。

（二）随机渗透的社会教育活动

随机渗透的社会教育活动是指教师抓住偶发事件或情景，随时随地对幼儿进行社会教育的活动。生活无小事，处处是教育。《纲要》指导要点中不仅体现出正面教育的思想，也渗透着生活教育的理念，尤其社会领域教育更多地发生于日常生活中，借助日常生活而进行。

例如，入园和离园时，幼儿主动向老师、父母问好、告别，培养文明礼貌的好习惯；进餐时，可以教育幼儿不挑食、不偏食，懂得珍惜粮食，形成尊重他人劳动的良好态度；饮水与盥洗时，让幼儿懂得水资源的珍贵，形成节约用水的意识；饭后散步时，让幼儿感受周围的自然景物和社会环境，培养幼儿热爱家乡、热爱生活的情感等。

（三）幼儿园、家庭和社区合作共育活动

《纲要》和《指南》都指出，幼儿的社会性发展需要幼儿园、家庭和社区协调一致，形成教育合力，才能发挥出最大的教育效果。

家园合作是教师和家长共同学习的平台，为家长提供一个学习了解幼教知识的机会，也是帮助教师改进教育方法的过程。家园一致的教育方式可以减少幼儿的困惑和不安，增强对教师和家长的信心。此外，教师和家长要树立大教育观，充分认识到幼儿社会教育不等于幼儿园社会教育，而应以幼儿园为中心，扩展到家庭和社区，充分利用社区资源，组建由幼儿园、家庭和社区共同组成的"教育社会"，三者相互信任、密切合作，使幼儿教育成为社区生活的一部分。幼儿社会教育的最终目的是帮助孩子适应社会，培养符合社会需要的人才。幼儿园应充分利用社区中的各种资源来扩展幼儿的学习空间，从而帮助幼儿走向社区，在社会中学习，并最终融入社会。

著名的意大利瑞吉欧教育体系就是充分利用广大的社区资源，以幼儿为中心，组建"教育社会"。

拓展阅读
"瑞吉欧"的教育实践与启示

任务五　设计幼儿园社会教育活动方案的步骤

为了实现教育目标，使社会教育活动更有目的性和计划性，需要教师对教育活动进行设计。幼儿园社会教育活动方案包括活动意图、活动名称、活动目标、活动准备、活动过程及活动延伸的设计。

一、活动意图的设计

幼儿园社会教育活动的设计，应当依据教育部颁发的《纲要》和《指南》的目标、内容要求，并参照当地幼儿教育文件中的社会领域方面的细则要求，明确活动方案的设计目的和意图，同时还要考虑活动内容是否符合幼儿的兴趣和经验，是否有可利用的资源，是否具有促进幼儿发展的价值等。

二、活动名称的设计

活动名称是教育活动的名字，能比较概括地反映出教育活动的内容、发展目标。活动名称设计主要有两个要求：

（1）在活动名称中，一定要写清该活动属于哪个领域和年龄段，如"中班社会活动'大家一起玩'""大班社会活动'我要上小学了'"；

（2）活动名称的设计没有特殊的要求，在命名时应尽量符合儿童化的特点，如"小班社会活动'红灯绿灯眨眼睛'"。

三、活动目标的设计

教育活动目标是幼儿园目标体系中最为具体的目标，需要教师根据社会领域总目标、分类目标、年龄阶段目标，及本班幼儿的社会性发展状况具体拟定。在设计时需要注意以下要求：

（一）目标内容要全面

活动目标的内容要全面，要从认知维度、能力维度、情感维度三方面去考虑幼儿发展目标的落实，当然具体活动，目标会有所侧重，有的是潜在的、隐性的，即活动目标不一定都包含三个方面，每一个目标也未必只包含一个维度的内容。例如：中班活动"我们的国旗"目标的设计，可依据总目标中"激发幼儿爱家乡、爱祖国、爱劳动的情感……"，及分类目标中"引导幼儿认知我国的国名、国旗、国歌、国徽……激发幼儿初步爱祖国的情感"，初步制定为"知道我国的国旗是五星红旗，萌发初步的尊重国旗、热爱祖国的情感"。这里主要表述为社会认知和社会情感的目标，社会行为目标是潜在的，即通过类似主题的活动，幼儿在生活中能做到尊重国旗，升旗时要立正、不讲话，向国旗行注目礼等。这个活动的目标就是幼儿能掌握有关的社会认知，从而激发出初步的社会情感。①

（二）目标设计要符合幼儿的年龄特点，难易适中

目标的制定应根据幼儿的年龄特点，要求不能太高，易流于形式，也不能太低，不利于幼儿的发展。例如：大班活动目标——学习准确使用"谢谢""你好""再见"等礼貌用语，目标的要求过于简单；小班活动目标——了解有关台湾的基本知识，了解台湾是我国不可分割的一部分，目标的要求难度过高。

（三）目标设计要具体明确，重点突出，具可操作性

具体教学活动中，目标的表述要避免模糊笼统，如"引导幼儿观察周围生活中常见的标志"，目标笼统，重点不突出，可以改为"引导幼儿观察生活中常见的交通标志"；"培养幼儿的社会交往能力"，目标笼统，不具有可操作性，可以改为"知道使用'请''谢谢''再见'等礼貌用语"；又如"培养幼儿自我保护意识"的提法十分宽泛，可以用在多个教学活动中，如果改成"知道不能随便跟陌生人走"就具体而明确了。

（四）目标表述角度一致

活动目标的表述可以从教师的角度出发，也可以从幼儿的角度出发。为了更好地体现幼儿学习的主体性，目标表述应尽可能从幼儿角度出发。如中班社会领域活动"我要升大班了"的目标：让幼儿了解大班儿童的生活、学习情况；激发幼儿向大班哥哥姐姐学习，争做大班小朋友。这是从教师角度表述的目标，体现了教师期望通过教育活动帮助幼儿获得的学习结果目标。如果将目标改

---

① 胡娟，高曲，李慧. 幼儿社会教育与活动指导［M］. 长沙：湖南师范大学出版社，2020：10.

为：了解大班幼儿的生活、学习情况；产生向大班哥哥姐姐学习的愿望，争做大班小朋友。这就是从幼儿角度来表述目标，体现教师期望通过教育活动帮助幼儿获得的学习结果。

（五）目标要体现社会领域特征

活动目标应该体现领域的特质，社会领域活动目标应该体现社会领域特质。如中班社会活动"朋友，你好"的目标：初步理解小老鼠、大老虎的情感及其变化过程，尝试用完整的语言表达自己的认识；通过猜测、倾听、想象等方式，加深对故事内容的理解；懂得友谊必须建立在真诚、平等的基础上才能长久。教师本想借助于绘本故事来让孩子感受和体验交好朋友的方法和乐趣，懂得与同伴相处的方法，但活动目标却更多体现了语言领域的特质。可以将目标修改为：感受和体验交好朋友的方法和乐趣，懂得要友好地与同伴相处；初步理解"公正"的含义，知道在受到不公平待遇时要说出自己的道理；懂得友谊必须建立在真诚、平等基础上才能长久。

（六）目标数量适中

一般情况下，目标以三条最为合适。目标制定得太少，说明对"认知""情感态度""社会行为能力"等维度的挖掘不够，活动的价值较低。目标制定得太多，易出现书写条理不清晰的问题，并且会导致因目标过多而使核心目标不明确，从而难以在一次活动中实现的问题。

专家精讲
"幼儿园社会教育目标的设计"

四 活动准备的设计

（一）物质准备

教师需要围绕活动目标和内容，根据自己的设想准备好物质材料，如录音机、幻灯片、电脑、图片、录像等。活动准备中的有些材料是现成的，有些则需要教师准备，有的情境表演准备需要教师事先安排好，保证能为活动所用。

（二）经验准备

幼儿是在对原有知识进行同化和顺应中构建新经验的，所以经验准备尤为重要。实施活动之前可以在生活中进行渗透或请家长带孩子事先体验，使幼儿对教育活动的内容有所了解和熟悉。如小班社会活动"我会打招呼"，幼儿有跟家人、老师打招呼的经历；让幼儿学习交通规则，需要幼儿在活动前有观察马路上的行人、车辆、信号灯的经验，等等。

（三）环境准备

著名教育家蒙台梭利说："在教育上，环境所扮演的角色相当重要，因为孩子从环境中吸收所有的东西，并将其融入自己的生命之中。"环境准备包括温馨、舒适的活动氛围，幼儿的座位设计，与社会教育内容相关的主题墙、活动区、走廊、空中吊饰的设计等。

五 活动过程的设计

活动目标确定后，教师在活动设计中要思考可以通过哪些具体的活动内容和活动形式来达成目标。活动过程一般包括开始部分、基本部分、结束部分。

（一）开始部分

活动的开始部分，也即活动导入，主要激发幼儿对学习的兴趣与求知欲，吸引幼儿注意，使幼儿在轻松、自主、有趣、愉快的氛围中开展活动，时间一般控制在3～5分钟。导入部分的组织方式可以是运用材料，如引导幼儿看图片、欣赏视频资料；也可以借助动作和语言创设导入情境，如猜谜语、讲故事、提问题、做游戏、情景表演等。表1-3呈现了不同导入形式的具体做法。

表1-3

导入形式	具体做法
设疑开始 （猜一猜）	问题可以由教师直接提出，也可以以谜语、儿歌的形式间接提出。这种形式有助于激发幼儿积极思维和探究的欲望。 如小班社会活动"出生的秘密"① 通过提问导入："我们都有一个家，家里都有哪些人呢？宝宝们知道我们是从哪里来的吗？"
图示开始 （看一看）	教师可以利用彩图、标本实物来导出活动。

---

① 第十四届"当代杯"全国幼儿教师职业技能大赛一等奖教案，宋云锦，小班社会活动"出生的秘密"。

续表

导入形式	具体做法
故事开始 （听一听）	让幼儿听一段短小的故事，是社会教育常用的一种方法。但有其局限性，往往与幼儿生活有一定距离，幼儿对故事理解程度受多种因素影响，同时注意调动幼儿主动性。 如中班社会活动"有用的标志"① 就是通过故事导入的："今天，老师给你们带来了一个小故事，名字叫作《兔子先生去散步》，这位兔子先生在散步的过程中遇到了很多的标志，接下来就让我们跟着兔子先生一起去听一听、看一看吧！"
情境表演 （看一看）	创设一定的情景或利用情景来进行模拟表演，把幼儿带到教育活动中。
游戏开始 （玩一玩）	以游戏的形式开始，在游戏中渗透社会教育。 如大班社会活动"我们一起来合作"② 则采用了游戏的导入方式："教师出示 ppt 上的 8 种常见水果。'你们喜欢吃水果吗？小朋友们快来看，说一说，画面上都有哪些水果？一共有几种？现在，我们一起来玩一个水果游戏吧！请小朋友记住水果排列的顺序，时间只有30秒哦，30秒后每组小朋友把你们排列的顺序记在白板上，你们有信心挑战成功吗？'"
谈话导入	以已有的知识经验或幼儿熟悉的事物进入主题，引发新的学习内容，易于被幼儿接受。 如大班社会活动"家乡行"③ 采用了谈话导入："宝贝们，我们都生活在东台，东台有许多美丽的地方，看看这是哪儿？（播放课件：海春轩塔）这个地方认识吗？（播放课件：董永七仙女文化园）再看看这里又是什么地方？（播放课件：黄海森林公园）我们家乡有名的景点你们都认识呀，真是爱家乡的好孩子。去过没有？有的小朋友去过，有的小朋友没有去过，不要紧，今天就让崔老师做导游，带领你们来个东台一日游，好吗？我们第一站就去黄海森林公园。"

（二）基本部分

基本部分是教师引导幼儿感知学习的过程。设计基本部分教师应考虑以下几个问题：这个活动大体分为几个步骤；每个步骤采用何种方式，要完成哪些内容；哪个步骤是重点或难点，应如何突破；每个步骤时间如何分配；每个步骤如何进行，该说什么，有什么要求，怎么做小结等。

---
① 第十二届"当代杯"全国幼儿教师职业技能大赛一等奖教案，李先静，中班社会活动"有用的标志"。
② 第十四届"当代杯"全国幼儿教师职业技能大赛一等奖教案，张旎，大班社会活动"我们一起来合作"。
③ 第十四届"当代杯"全国幼儿教师职业技能大赛一等奖教案，崔佳佳，大班社会活动"家乡行"。

基本部分常见的环节有：教师创设情境，幼儿感知理解；幼儿交流讨论，共同探寻答案；教师提供实践机会，幼儿获得体验。基本部分使用的教学方法与想要达成的目标密切相关：要达到知识维度的目标可选用讲解、谈话、演示等方法；要达到行为能力维度的目标可以运用榜样示范、行为练习反馈等方法；要达到情感维度的目标可以运用体验、角色扮演等方法。

中班社会活动"有用的标志"的活动过程分为三个基本环节：环节一由故事《兔子先生去散步》情境导入，引出活动主题；环节二结合课件，引导幼儿认识、理解、交流讨论兔子先生散步时所遇见标志的意思；环节三将文学作品回归生活，引导幼儿认识生活中常见的标志及其重要性，创设情境，提供幼儿实践体验的机会，有助于幼儿感知理解，实现活动目标。

（三）结束部分

社会教育活动的结束部分可以是多种形式的，可以让幼儿在轻松愉快的情绪中自然结束活动，引导幼儿自然过渡到下一活动；可以采用总结式结束，注意语言简洁，对幼儿活动中的表现及积极态度进行评价；也可以给幼儿留下思考或提出后续要求，使本次活动目标能更好地向游戏、生活、家庭延伸。

（1）小班社会活动"打招呼真快乐"[①] 通过游戏来结束活动。

环节四：做游戏。

听歌曲《打招呼》，拍手行走，体验打招呼的快乐。

1. 引导幼儿与同伴游戏。

2. 引导幼儿邀请客人、教师游戏。

（2）中班社会活动"大家一起守规则"[②] 是在结束环节，教师适当总结后自然过渡到休息环节。

环节五：教师总结。

我们的生活中到处都有规则。遵守游戏规则能使我们玩得更愉快，遵守交通规则能让我们的出行更安全，希望大家都能做个遵守规则的好孩子。好啦，现在我来提一个规则，请小朋友安安静静地去小便、洗手、喝水，看看谁能够遵守我们现在的规则。

（3）大班社会活动"合作快乐"[③] 的结束环节则运用了总结和游戏相结合的方式。

环节四：结束环节。

1. 总结合作的重要性：今天我们通过游戏，学会了与同伴合作的技巧和解决困难的办法。胜利了、成功了真快乐！

2. 集体游戏：幼儿组合成一条"大龙舟"，一起"划"出活动室。

---

① 第十四届"当代杯"全国幼儿教师职业技能大赛一等奖教案，刘洪梅，小班社会活动"打招呼真快乐"。
② 第十四届"当代杯"全国幼儿教师职业技能大赛一等奖教案，张瑞乔，中班社会活动"大家一起守规则"。
③ 第十四届"当代杯"全国幼儿教师职业技能大赛一等奖教案，姚晓云，大班社会活动"合作快乐"。

六　活动延伸的设计

活动延伸的形式可以是家园共育、领域渗透、环境创设、区角活动、游戏等，使教育内容渗透到一日生活中，使幼儿受教育的时间能够持续，使教育的目的能够更好地实现。如在学习"我会打电话"之后，教师可以在"娃娃家"摆放一部玩具电话，让幼儿在自主游戏过程中继续练习拨打电话；如学习了"常见的生活标志"后，可以引导幼儿收集日常生活和游戏中的标志，有能力的幼儿可以自己设计游戏中常用的标志，让幼儿感受标志及其规则的重要性。

任务六　掌握幼儿园社会教育活动的评价

《纲要》指出：幼儿园教育评价是了解教育目的的适宜性、有效性，调整和改进工作，促进每一个幼儿发展，提高教育质量的必要手段。幼儿园社会教育评价是指评价者依据幼儿社会教育目标和社会性发展目标，采用科学的评价技术和方法对幼儿社会性及社会教育活动做出客观科学的价值判断的过程，在根本上是一种发展性评价。

对幼儿园社会教育活动的评价既要考虑活动方案本身的设计，也应关注教师和幼儿在活动组织实施中的情况，也即从理论和实践两个层面进行评价：一是评价社会教育活动方案的设计，二是评价社会教育活动组织与指导。

一　社会教育活动方案的评价

社会教育活动进行之前，教师需要对活动内容进行准备，设计活动方案。社会教育活动方案评价，具体来说，可以从以下几个方面进行：

（一）活动名称的评价

活动名称是否能比较概括地反映出教育活动的内容、发展目标；名称撰写是否完整，比如是否写清楚年龄段、领域；是否符合幼儿的特点，如"小班社会活动'红灯绿灯眨眼睛'"。

（二）活动目标的评价

幼儿园社会教育活动目标涉及幼儿的社会认知、社会情感和社会行为习惯三个方面。对于活动目标的评价主要包括：活动目标是否完整，是否分解到位，是否以幼儿社会性发展水平为依据，是否明确本次活动的重难点，是否易于操作和检验。

> **案例导入**
>
> ### 幼儿人际交往活动目标的定位
>
> 某老师在制定不同年龄幼儿交往活动目标时是如下定位的：
>
> 小班：喜欢和小朋友一起游戏，有经常一起玩的小伙伴；喜欢和长辈交谈，有事愿意告诉长辈。
>
> 中班：愿意和小朋友一起游戏；愿意与熟悉的长辈一起活动；有高兴的或有趣的事愿意与大家分享。
>
> 大班：有自己的好朋友，也喜欢结交新朋友；有问题愿意向别人请教。
>
> 案例分析：案例中人际交往目标的定位侧重交往意愿，小班的目标表述中用的是"喜欢""经常"等词汇，而中班的定位侧重的是愿意，显然目标定位出现了错位，即小班交往目标定位高于中班。完整的活动目标还需要包括交往知识和交往技能，并结合活动主题，进行细化分解。

（三）活动内容的评价

《纲要》指出，幼儿园教育活动内容的选择要求："（一）既适合幼儿的现有水平，又有一定的挑战性。（二）既符合幼儿的现实需要，又有利于其长远发展。（三）既贴近幼儿的生活来选择幼儿感兴趣的事物和问题，又有助于拓展幼儿的经验和视野。"因此，社会教育活动内容的评价需基于《纲要》精神，要考虑：教师所选择的内容是否符合幼儿社会性发展需要；是否符合本班幼儿的年龄特点、社会性发展实际状况；内容难易程度是否兼顾个体差异，是否为幼儿必需的，符合其认知水平；内容趣味性如何，幼儿是否感兴趣、愿意接受；内容是否符合地域和文化特点，贴近幼儿的真实生活。

（四）活动准备的评价

社会教育活动的准备应围绕活动目标和内容，并充分考虑到幼儿的年龄特点和生活经验，主要包括物质准备、知识经验准备以及环境创设准备。因此，活动准备评价，可以从幼儿和教师两个角度进行。

> **案例导入**
>
> ### 端午节
>
> 年轻的徐老师根据传统节日"端午节",选择了一首童谣,想通过童谣引导幼儿了解端午节的风俗习惯。童谣的内容是这样的"五月五,过端午,划龙舟,敲大鼓,一、二、三四五"。同班的王老师看了后,觉得自己所在幼儿园身处北方,幼儿很少看到龙舟,端午节也没有龙舟竞赛的习惯,所以就提醒徐老师换了童谣的内容。
>
> 案例来源:河北省保定市青年路幼儿园　李芳。

从幼儿角度看,要有评价知识经验准备。如幼儿有关本次活动的经验丰富程度,是否引导幼儿提前了解相关的知识;如是否提早向幼儿介绍相关情境和展现某一问题,引起幼儿对某一现象的关注与好奇。

从教师角度看,评价物质准备和环境创设准备,为幼儿创设一个确保其健康、安全、井然有序并富有挑战性的环境,如各种教具、玩具等学习材料是否充分,是否有符合活动主题的环境布置。小班人际交往教育活动"我是小记者"中,教师提前做好的准备有:

(1) 与社区取得联系,共同做好准备工作;
(2) 儿童人手一只自制的小记者话筒和采访记录本;
(3) 一段采访的情景表演。

案例分析:活动前准备得充分与否是社会教育活动能否顺利进行的关键。本次活动中,教师准备还是充分的,包括物质准备,如小记者话筒、记录本,还有幼儿经验准备,如观看关于采访的情景表演,同时也与社区取得联系和支持,做好必要的安全保障工作,保证活动顺利进行。

(五) 活动方法的评价

幼儿社会教育是以幼儿社会性发展为中心的教育,其内容必然紧紧围绕幼儿的现实生活,一般采用亲临社会环境为直接手段,以游戏方式在做中学,通过幼儿主动地体验与活动获得成长与发展。评价活动方法需考虑是否调动幼儿学习的积极性,方法是否多样,是否结合活动主题灵活运用。

例如,小班交往活动"我会打招呼"中,教师灵活运用了故事讲述法、情境演示法、行为练习法,通过讲故事来吸引幼儿的注意力,增强趣味性,引导幼儿感受故事中小兔子是如何跟兔妈妈、老师打招呼的;请助教老师模拟角色进行情境演示,让幼儿直观感受打招呼的方式以及打招呼带来的好处;教师设计问题情境,让幼儿练习巩固打招呼的方法。

（六）活动环节的评价

活动环节是活动方案的重要组成部分，评价活动环节主要考虑是否符合环节书写的基本要求，如环节标题是否分点写、层次清楚；各环节是否环环相扣、循序渐进，如前面活动是否为后面的活动打好基础，后面的活动是否有助于前面环节内容得以提升和延续等；各环节是否对应活动目标；各环节是否写清楚教学方法、要求和步骤，重点环节有无小结。

案例导入

小班交往活动"我会打招呼"的活动过程设计

一、出示图片，讲故事

1. 导入语：小朋友们早上好，你们应该怎么回答我？

2. 学习与亲近的人打招呼。

（1）教师：今天我请来了一只非常有礼貌的兔子，它每天早晨醒来都会看见妈妈笑眯眯地坐在床边看着自己，它会说什么？那还会做些什么动作呢？她妈妈又会怎么回答呢？（引导幼儿说出"妈妈早上好，小兔早上好"。）

（2）（打开图片）小兔看见妈妈高兴地说"妈妈早上好"，说完还来亲妈妈，兔妈妈高兴地说"小兔早上好"。

（3）小结：兔妈妈是小兔最爱的人，是小兔的家人，所以小兔会用亲妈妈来打招呼。

3. 学习与长辈及尊敬的人打招呼。

（1）教师：小兔和妈妈在教室门口遇到了公鸡老师，小兔会怎么和公鸡老师打招呼呢？那公鸡老师呢？

（2）（打开图片）小兔边鞠躬边说："公鸡老师，早上好。"公鸡老师高兴地说："小兔早上好。"

（3）小结：公鸡老师是小兔最尊敬的人，所以会用鞠躬来打招呼。

二、学习与同伴打招呼的方法

1. 提问导入：小兔走进活动室看见自己的好朋友，它会怎么说呢？

2. 迁移经验，鼓励幼儿主动与成人、同伴打招呼。

教师：今天老师还请来了一个哥哥和一个姐姐，看看他们是怎么打招呼的。

（引导幼儿说出看到的打招呼方法。）

3. 请幼儿与好朋友打招呼。

（拍下幼儿与好朋友打招呼的照片）

4. 分享幼儿打招呼的方法。

教师：这是谁在打招呼？请说说你是怎么和好朋友打招呼的。（再向被打招呼的幼儿提问）向你打招呼，你开心吗？你是怎么想怎么做的？

三、提升打招呼的能力

1. 出示幼儿园其他工作人员照片。

教师：这是谁？我们应该怎么和他打招呼？

2. 出示各行各业人员的图片。

教师：我们要不要和他们打招呼？

3. 总结：不管遇到我们认识或不认识的人，都需要热情地称呼对方，再有礼貌地和对方打招呼。这样，我们可以交到很多朋友，大家都会喜欢有礼貌的朋友。

4. 延伸：现在我们要回活动室了，应该和这些老师们说什么？

案例分析：小班交往活动"我会打招呼"分为三个主要环节：第一个环节是用提问、故事引出图片，引导幼儿主动说出打招呼的语言，为后面两个环节做铺垫；第二个环节是通过照片和教师情境模拟，学会不同情境下多种打招呼的方法，属于过渡环节；第三个环节是迁移经验、练习巩固，提升与不同人打招呼的能力。三个环节层层深入，环环相扣。

二 社会教育活动组织与指导的评价

社会教育活动组织与指导的评价是从实践角度评价教师的"教"和幼儿的"学"。社会教育活动过程具有动态性、情境性和生成性等特点，是体现活动质量、展示教师教育能力的重要环节，对教育活动过程进行科学正确的评价具有重要的意义。评价者在对社会教育活动组织与指导进行评价时，需亲临现场观察评价，从教师的"教"和幼儿的"学"两方面来评价。

（一）对教师"教"的评价

《幼儿园教师专业标准（试行）》对幼儿教师作了明确的要求，我们可以以此为依据，从教师指导行为（专业能力）和教师基本素质（专业理念和专业知识）两方面进行评价。其中，教师指导行为评价是指直接针对教师教学过程的各个步骤进行评价，即教师专业能力的评价。具体来说，对教师"教"的评价可从以下几方面进行：

1. 活动过程组织开展的适宜性

活动过程组织的评价是社会教育活动评价的最重要内容，也是活动质量和教师教育能力的体现。评价者在评价活动组织过程时，首先要考虑活动过程是否完整，是否包括导入部分、基本过程、结束部分三个基本环节，再逐一进行评价，具体如下：

导入部分形式是否合理新颖、能吸引幼儿注意。在基本过程中，各个教育环节的存在是否有其必要性，是否还缺少什么环节；各个环节的排列顺序是否恰当；各个环节的时间分布是否合理；各个环节采用的教法和学法是否恰当，是否存在可替换的或更好的方法；整个活动开展是否有层次性、条理性，是否遵循由易到难、循序渐进的原则等。结束部分，是否进行总结，是否引导幼儿总结，效果如何；是否有拓展延伸活动，以及延伸的指向与本活动之间的关系程度如何等。

2. 活动指导语要清晰、准确

教师对特定活动内容的讲述、解释是否适宜、准确，都会影响幼儿的学习。讲解的适宜性不是用所占时间来衡量的，而是以是否有利于幼儿进一步的学习和是否能促进幼儿思考来衡量的。讲解不清晰、低层次的或重复的讲解都是不合适的。因此，教师的语言要清晰、简练、层次分明，在提一系列要求时，内容不能过多，只有这样，才会保证与幼儿交流的质量，提高活动组织效果。

案例导入

案例 A 搭桥墩游戏

为了培养幼儿的合作精神，马老师让幼儿共同来搭建小桥。马老师提出游戏规则：六个小朋友一组，每组幼儿搭建三个不同形状、不同大小的石墩，并在石墩上做上自己的标记；老师计时，哪个小组最先搭好小桥，则为获胜。

案例 B "活口逃生" 游戏

为培养幼儿的协调合作精神，王老师设计了一个"活口逃生"游戏。

王老师出示装有六个小球的细口瓶，并提出要求：请六个小朋友每人抓住一个系着小球的绳子，想办法让每个小球都能顺利通过瓶口，比比哪组小朋友用的时间最短、行动最迅速。

案例来源：河北省保定市青年路幼儿园　李芳。

案例 A 中，幼儿活动要求包括合作的方法、记录的要求、操作的要求等，教师用不到一分钟就讲完了，结果在幼儿操作的过程中发现大多数孩子没有听懂，教师只能一个一个地再说一遍。由此可以看出，教师的这些要求是无效的。案例 B 中，王老师的要求就比较简单、清晰，便于幼儿理解，更适于操作。

3. 活动中互动的适宜性

活动组织实施过程中时教师应为幼儿提供互动参与的机会，包括是否能使幼儿注意力集中、思维活跃，是否有适宜的幼儿与同伴、成人、与材料互动的计划。教师在与幼儿互动时是否面向全体幼儿，是否尊重幼儿的个体差异，并根据实际情况作出恰当反馈。具体地说，包括对幼儿的现实需要、兴趣、活动参与度、遇到的具体问题等方面的关注与回应。教师在组织活动时应该充分利用自身素质，通过目光交流、语言提示、各种动作等来调整幼儿的注意力和学习兴趣。

4. 教学策略手段的适宜性

教师面对特定的教学问题情境，尤其是面对幼儿的学习状况所采用的旨在激励、指导、传授、帮助、启发的方法、手段是否合理、恰当有效；是否针对教学目标，寓教育于游戏中，确保幼儿的主体性；是否能在活动中引导幼儿积极思考，给予幼儿充分发挥主动性、参与性和操作性的机会。比如教师在运用提问法启发引导幼儿时，尽量避免提只需幼儿用"好、是、对"就能回答的问题，提问一定要讲究开放性，给予幼儿思考的空间，引导幼儿说出不同的答案。在运用讨论法时，是否考虑幼儿的年龄特点，引导幼儿参与小组讨论、两两讨论。当幼儿进行两两讨论时，要让幼儿转过身体，面对面看着同伴的眼睛，注意倾听；开展小组讨论时，小组成员是否知道轮流说话，按顺序说话，别人说话时需注意倾听等，这些都是检验教学策略适宜性的具体因素。

5. 教师基本素质评价

这是指对教师专业发展所需的相关素质进行评价，包括专业理念和专业知识。专业理念体现在对幼儿的态度与行为、幼儿保育和教育的态度与行为、个人修养与行为；专业知识体现在幼儿发展知识、幼儿保育和教育知识、通识性知识。①

在具体的社会教育活动组织中评价教师所需的基本素质，体现在：是否有社会教育相关知识的储备；是否具有一定的自然科学和人文社会科学知识；是否掌握幼儿园社会领域教育的特点与社会教育活动组织的能力；是否尊重幼儿人格，平等对待每一个幼儿，不讽刺、挖苦、歧视幼儿，信任幼儿，尊重个体差异，主动了解和满足有益于幼儿身心发展的不同需求等；是否注重保教结合，培育幼儿良好的意志品质，帮助幼儿形成良好的社会行为习惯；是否富有爱心、责任心、耐心和细心，乐观向上有亲和力，善于自我调节情绪，语言具有亲和力，简练规范、生动，易于幼儿理解，举止文明礼貌；是否掌握不同年龄幼儿身心发展特点、规律和促进幼儿全面发展的策略与方法，了解幼儿在社会发展水平方面的个体差异，掌握对应的策略与方法；是否熟悉幼儿园社会教育的目标、任务、内容、要求和基本原则；教态是否自然大方；教具制作是否恰当、实用，演示操作是否准确熟练；是否有较强的沟通能力与教育机智等。

---

① 《幼儿园教师专业标准（试行）》。

案例导入

大班社会教育活动 "生活中的标志" 活动过程[①]

导入部分：通过游戏"开汽车"的形式，引发幼儿的思考，激发幼儿的学习兴趣。引导幼儿思考："老师没有说话，你们为什么一会停车，一会开车呢？红绿灯告诉我们什么？"

基本过程：首先，组织幼儿自由交流，认识标志。教师采用小小解说员的形式对幼儿进行教学。先引导幼儿观看《标志图片展览》，让幼儿说出自己不认识的标志："请收集此图片的幼儿当小小解说员，讲解收集的标志上面画的是什么？表示什么意思？你在什么地方见过这种标志？"接下来，组织幼儿自由讨论："你还在哪儿见过这些标志？为什么设这些标志呢？"（鼓励和支持幼儿自由讨论，发表自己的见解）幼儿通过观察、讨论，对标志的意义和在生活中的作用有了进一步的了解，丰富幼儿已有的社会经验。

其次，激发幼儿为幼儿园设计标志的愿望。幼儿园是幼儿生活中特别熟悉的地方，借助幼儿已有的生活经验让他们为幼儿园设计标志，既巩固了幼儿对标志的认识和理解，又发展了幼儿动手动脑及创造想象的能力。教师采用讨论法，并逐一出示幼儿生活的一些场景，如幼儿的寝室、盥洗室等，引导幼儿观察这些图片，并提问："这是什么地方？应该设计什么标志？"引导幼儿发现自己身边存在的问题，激发幼儿的想象力及设计标志的意愿，为幼儿下一步学习做好铺垫。

最后，组织幼儿当设计师，为幼儿园设计标志："小朋友们，今天老师请你们当设计师，给咱们的幼儿园设计标志，为我们幼儿园的小朋友和老师提供方便。"然后让幼儿用水彩笔和画纸设计标志。活动结束时，请个别幼儿讲一讲自己设计的是什么标志，要把它贴在哪里。

案例分析：在该活动过程中，教师把幼儿放在活动的主体地位，以提问的方式引发幼儿思考，通过角色扮演的方法让幼儿了解标志的意义和作用，调动了幼儿参与的积极性，并创造平等、宽松的讨论气氛。请幼儿找出幼儿园中需要做标志的地方，鼓励他们动手设计标志来规范自己和同伴的社会行为，在看、听、画、讲中发展了幼儿的观察力，同时也培养了幼儿发现问题、解决问题的能力。

（二）对幼儿 "学" 的评价

社会教育活动最终目的是促进幼儿社会性的发展，提高幼儿适应社会的能力。教师与幼儿的双

[①] 张岩莉. 幼儿社会教育［M］. 2 版. 上海：复旦大学出版社，2016：105.

主体角色是教育活动评价要素中的一个重要方面,教师是教育活动过程中的实施主体,从教师出发的评价只是一个方面,幼儿是教育活动过程中的学习主体,因此,评价必须关注幼儿如何"学",关注幼儿在学习活动中多方面潜能的发展过程,体现"以学评教"。主要包括以下方面:

1. 幼儿活动参与程度评价

这是在活动进行过程中教师或评价者及时了解幼儿参与活动状况的评价,有利于教师及时发现组织教学活动时幼儿的自主性发挥情况,及时改进教育方法,激发幼儿的活动积极性、主动性。幼儿参与程度的评价包括幼儿在学习、探索及表达、表现活动中的积极性、主动性,注意力集中情况、思维活跃程度等。

2. 幼儿活动效果情况评价

对幼儿在活动过程中社会认知、社会情感、社会行为技能等方面的发展情况进行评价,包括是否掌握相关社会知识,是否与同伴积极友好互动并产生积极情感,是否对学习、探索性活动具有坚持性等。

> **案例导入**
>
> ### 案例 A 某幼儿园教师教学活动评价项目
>
> 一、教学目标内容(20分)
>
> 1. 能注重幼儿的全面发展和良好行为习惯的培养。
> 2. 目标明确、具体,符合幼儿实际。
> 3. 能结合主题选择幼儿感兴趣的内容。
> 4. 内容具有针对性,难度适中。
>
> 二、教学过程与方法(40分)
>
> 1. 活动组织有序,层次清晰,重点突出,时间安排合理。
> 2. 能充分发挥幼儿的主动性、参与性和操作性。课堂气氛活跃,幼儿学得轻松。
> 3. 既面向全体,又注重个别差异,尊重幼儿发展的差异性。
> 4. 注意观察幼儿,并根据实际情况做出恰当反馈。
> 5. 方法手段合理、恰当有效,能针对教学目标,确保幼儿的主体性,有较好的效果。
>
> 三、教师基本素质(20分)
>
> 1. 教态亲切、自然,既尊重幼儿,又严格要求。
> 2. 语言简练、规范、生动,富有感染力,易于幼儿理解。
> 3. 教具制作恰当、实用,演示操作准确熟练。
> 4. 有较强的沟通能力与教学机智。

四、教学态度（20分）

1. 幼儿态度积极，情绪良好，注意力集中，思维活跃。
2. 幼儿的能力得到发展，目标达成度高。

在教学方面有特色或特长者，可酌情加1～5分。

案例B　幼儿园社会教育活动实施过程评价

评价指标	评价要素	评价等级			评分
		一	二	三	
过程环节	1. 围绕目标组织教育活动，突出社会领域教育的特点。				
	2. 各个环节排列顺序恰当。				
	3. 各个环节时间分布合理。				
	4. 采用的教法、学法恰当，为每个幼儿提供能够获得体验和感受的活动机会与条件。				
活动材料的提供	1. 材料的提供具有教育意义。				
	2. 结构适宜，用于改造的材料具有丰富的变化的可能。				
	3. 提供的原型具有代表性，有利于幼儿的探索、发现和创新。				
教师行为	1. 注重幼儿的体验和感受活动过程，进行及时指导，使幼儿获得社会性发展。				
	2. 用自身感染力与幼儿之间形成有效的师幼互动。				
	3. 及时捕捉教育契机，随时调整教育策略。				
	4. 充分发挥幼儿的主体性，调动幼儿活动积极性，使其在活动中获得有益的学习经验。				
幼儿社会学习	1. 对教育活动的参与度高，表现出良好的学习习惯。				
	2. 在教育活动中情绪饱满，积极参与师幼互动，主动构建自身社会经验。				

拓展阅读
《幼儿园教育指导纲要（试行）》教育评价的要求；
社会领域幼儿行为的观察评价内容

◇ 项目小结

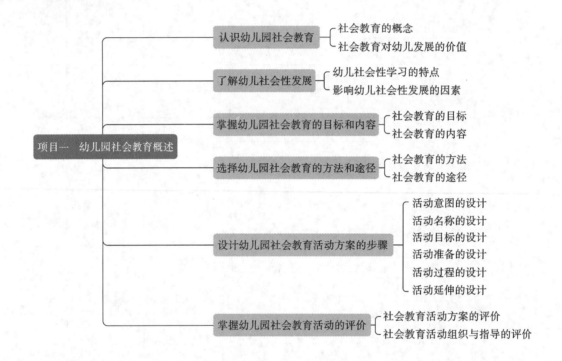

思考与练习

1. 单选选择题

（1）导致"狼孩"心理发展滞后的主要因素是（　　）。（选自2022年上半年幼儿园教师资格考试笔试保教知识与能力真题）

    A. 遗传有缺陷　　　B. 生理成熟迟滞　　　C. 自然环境恶劣　　　D. 社会环境缺乏

（2）儿童经常看电视上的暴力镜头，其攻击性行为会明显增加，这是因为电视的暴力内容对幼儿攻击行为的习惯起到（　　）。（选自2022年下半年幼儿园教师资格考试笔试保教知识与能力真题）

    A. 定势作用　　　B. 惩罚作用　　　C. 依赖作用　　　D. 榜样作用

(3) 下列的社会领域目标，不属于《指南》中人际交往的子目标的是（　　）。

A．愿意与人交往　　　　　　　　B．能与同伴友好相处

C．遵守基本的行为规范　　　　　　D．具有自尊、自信、自主的表现

2．论述题

（1）试述《纲要》中关于幼儿园社会教育目标的规定，并结合实际分析自己对这一目标的理解。

（2）结合实际，谈谈幼儿园社会教育的途径和方法。

3．材料分析题

（1）三岁半的蒙蒙，很喜欢和小伙伴一起玩耍，可奶奶却说："你还小，出去玩会被别的孩子欺负的，就在家玩多好。"有时，邻居家的小朋友想到家里来找蒙蒙玩，大人常嫌他添乱，而替蒙蒙婉言谢绝。于是蒙蒙就只能在家独自玩耍……（选自2022年下半年幼儿园教师资格考试笔试保教知识与能力真题）

试运用同伴对幼儿发展的作用的相关知识，对蒙蒙家长的做法进行评析。

（2）在自由活动的时候，明明和君君为了争抢一个皮球而闹得不可开交，李老师见状，连忙过去大声喝止道："抢什么，这个球谁也别玩了！"她一边说着，一边把皮球收了起来。两个孩子便悻悻然地走开了……

请结合以上材料分析李老师的处理方式如何，并说明理由。如果是你，你会如何处理这种状况？

参考答案
项目一思考与练习

实践与实训

实训一：选择一套幼儿园教材，整理其中关于社会教育方面的主题、活动内容及目标，结合《纲要》和《指南》，分析其内容是否全面，目标是否合适。

目的：掌握幼儿园社会教育的目标和内容，并能结合实际案例分析。

要求： 以小组为单位，可以从小班、中班、大班任选一个年龄段，梳理教材中的主题、内容和目标，并举例分析说明其适宜性。

形式： 小组合作。

实训二： 利用见习机会，观摩一次幼儿园社会教育活动，并进行评价。

目的： 掌握幼儿园社会教育活动评价的内容和要求，并能在实践中进行评价。

要求： 撰写活动记录，结合所学，从方案设计和组织实施两个方面进行分析、评价。

形式： 实地观察与分析。

项目二　幼儿园自我意识教育活动

◇ **学习目标**

素养目标：树立科学的幼儿自我意识观念，理解幼儿自我意识教育价值的独特性，引导幼儿树立基本的自信心，以科学的态度感受幼儿的世界，关爱幼儿。

知识目标：掌握幼儿自我意识的基本概念、发展特点以及自我意识教育的目标，掌握幼儿园自我意识教育活动方案设计要点。

能力目标：能够组织与指导科学、适宜的幼儿园自我意识教育活动；在今后岗位中，能培养幼儿自信心，引导幼儿科学地认识自己、评价自己、调控自己。

◇ **情境导入**

果果的爸爸是公司的一名高管，在家里果果经常模仿爸爸工作时的模样，习惯性地跷着二郎腿坐在椅子上，并时常模仿爸爸的口吻说话："我今天不想听歌，你来给我讲个故事吧！"爸爸也发现了果果的言行举止，觉得果果天生具有领导能力，逢人便说："我家果果从小就有做老板的潜质！"在幼儿园里，果果经常会和在家里一样，经常命令、呵斥小朋友。有时甚至会告诉老师："我不想绘画，我想听讲故事，你来给我讲个故事吧！"老师很早就观察到果果的行为举止，借此机会批评了果果，引导果果要用积极、平等、友爱的态度来对待其他小朋友和老师，从此果果在幼儿园里的表现和其他的小朋友一样。但是爸爸还是希望果果能够不同于其他的小朋友，于是果果在家里是爸爸妈妈的"小老板"，在幼儿园是一个积极、平等、友爱的小朋友。

你认为果果与不同对象互动过程中出现不同的行为的主要原因是什么？

你认为果果出现的这些行为属于问题行为吗？

如果你是果果的老师，你会跟果果家长沟通果果的教育问题吗？

作为教师该如何调动教育资源展开教育活动？学完本项目你就知道了。

任务一 认识幼儿自我意识教育

每个人从出生起就是一个独立的个体，又是一个社会人。作为人类除了要认识客观存在的世界，如环境、宇宙、社会，还要认识自己。伟大的教育家苏格拉底曾经说过，"认识你自己"，也就是自己认识自己，也就是自我意识的觉醒。自我意识的发展是一个循序渐进的比较复杂的过程，它受到客观条件的制约，如身心发展条件、社会环境、文化现状等的影响，也受到主观自我教育活动的影响。自我意识也称为自我，是心理学中的一个概念。幼儿自我意识并不是与生俱来的，也不单是生物成熟的结果，个体的自我意识是在与周围环境相互作用过程中形成并发展起来的，属于人格心理学中的一部分。《纲要》社会领域目标中指出："为每个幼儿提供表现自己长处和获得成功的机会，增强其自尊心和自信心。"① 《指南》中指出："关注幼儿的感受，保护其自尊心和自信心。"② 可见，促进幼儿自我意识的发展具有重要的教育价值。

  幼儿自我意识教育的内涵

（一）幼儿自我意识的内涵

1. 自我意识

自我意识是意识的一种形式，简称为自我，是人格心理学中的一个基本概念。所谓的自我意识也就是自己认识自己的一切，包括认识自己的生理状况，如身高、体重、体态等；认识自己的心理特征，如兴趣、爱好、能力、性格、气质等；认识自己与其他人之间的关系，如自己与周围人相处的关系、自己在集体中的地位与作用等。总而言之，自我意识就是自己对自己所属的所有的生理状况、心理特征以及人际状况的认识、体验与控制。也就是作为主观的"我"对客观的"我"的认知，是对自己身心活动的认知。

2. 幼儿自我意识

幼儿自我意识是指幼儿对自己身心特征的认识，具体包括以下三个方面：第一，对自己生理特征的认识，如身高、体重、相貌等；第二，对自己心理特征的认识，如兴趣、爱好、性格等；第三，对自己与他人关系的认识，比如自己与教师的关系、自己与同伴的关系、自己在班集体中的

---

① 中华人民共和国教育部. 幼儿园教育指导纲要（试行）[M]. 北京：北京师范大学出版社，2001.
② 中华人民共和国教育部. 3~6岁儿童学习与发展指南[M]. 北京：首都师范大学出版社，2012.

位置与作用等。这三个方面是个体在社会生活中应具备的自我认识的内容。幼儿自我认识不仅反映了幼儿对自己在社会和环境中所处的地位的认识，而且反映了评价者自身的价值观念。

3. 自我意识的结构

根据以上自我意识的概念，可以看出自我是一个多因素、多层次的整体机构，它既包括生理的、心理的因素，又包含社会的、精神的因素。因此，自我意识的内容和形式也必然是多种多样的。

（1）从内容上来看，自我意识大致包括三个方面：生理自我、心理自我、社会自我。

生理自我是最原始的形态，是指个人对自己的身体外貌、衣着装束、言谈举止、家庭环境和家庭成员以及所有物的认识与评价。

心理自我即精神自我，是指个体对自己的智力、情感与人格特质以及所持有的价值取向和宗教信仰等的认识与评价。

社会自我是指在人际交往中个体对自己所承担的角色、权利、义务、责任等，以及自己在群体中的地位、声望和价值等的认识与评价。见表 2-1。

表 2-1　自我的结构①

自我	自我认识	自我情感体验	自我控制
生理自我	对自己的身体外貌、衣着装束、言行举止、家庭环境和家庭成员以及所有物的认识与评价。	自豪感或自卑感	追求身体的外表、物质欲望的满足，维持家庭的利益等。
心理自我	对自己的智力、情感与人格特征以及所持有的价值取向和宗教信仰等的认识与评价。	自豪感或自卑感	追求信仰，注意行为，符合社会规范要求、智慧与能力的发展。
社会自我	对自己所承担的角色、权利、义务、责任等，以及自己在群体中的地位、声望和价值等的认识与评价。	自豪感或自卑感	追求名誉地位，与他人竞争，争取得到他人的好感等。

（2）从形式上看，自我意识表现为认知的、情感的、意志的三种形式，分别称为自我认识、自我体验和自我调节。

自我认识属于自我的认知成分，主要是指个体对自己身心特征和活动状态的认知和评价，包括自我感觉、自我形象、自我概念、自我分析、自我评价等。其中，自我概念和自我评价是自我认识的主要方面，集中反映着个体自我认识乃至整个自我意识的发展水平。

---

① 时蓉华. 现代社会心理学 [M]. 3 版. 上海：华东师范大学出版社，2013：30.

自我体验属于自我意识的情感部分，是伴随着自我认识产生的内在感受，反映为对自己的满意状况。它主要涉及"我是否喜欢自己""我是否满意自己"等，基本是一种自我感受，包括自尊感、自卑感、自豪感、自信和内疚等。其中，自尊感是自我体验中最主要的方面，也影响着自我认识和自我调节的两个方面。

自我调节属于自我的意志成分，是一个人对自己的心理与行为的主动支配和掌控，是指一个人不受外界因素的困扰，能自觉调节自己的情感冲动和行为。它主要涉及"我如何成为自己理想的那种人""我怎么样才能成为一个更有自信的人"，包括自主自立、自我监督、自我控制、自我教育等，实际上是通过自我调节，使自己的行为适合于周围的情景，其中自我控制是自我调控的主要方面。

自我认识是自我体验和自我调节的基础，自我体验能强化自我调节的结果，又会强化、校正和丰富自我认识。以上三者互相联系，有机组合，完整统一，成为一个人个性的核心内容。

专家精讲
"幼儿自我意识的内涵"

（二）幼儿园自我意识教育活动

果果已经5岁了，她知道自己是幼儿园里的大姐姐了。当她碰到小班弟弟妹妹上楼梯时，都会先让弟弟妹妹过。老师表扬了果果，果果说："我是大姐姐了，就应该让着弟弟妹妹。"果果认识到自己已经是大姐姐了，于是就产生了"大姐姐"要谦让的价值观念。

人的先天素质，只是自我意识发生和发展的前提，而起决定作用的是人的社会交往和社会活动。因此，要重视各种社会活动对幼儿自我意识发展的作用，同时还要注意创设各种良好的社会交往环境，以更好地促进幼儿自我意识的发展。

幼儿园自我意识教育活动是指通过有目的、有计划、有组织的幼儿园教育活动，引导幼儿对自己的身体外貌、衣着装束、言谈举止、家庭环境和家庭成员以及所有物的认识与评价，达到生理上的基本认知；同时引导幼儿对自己的智力、情感与人格特质以及所持有的价值取向和宗教信仰等的认识与评价；进一步引导幼儿向更高层次的人际交往上发展，使幼儿能够理解人际交往中幼儿对自己所承担的角色、权利、义务、责任等，以及自己在群体中的地位、声望和价值等的认识与评价。幼儿园开展的自我意识社会教育活动应当循序渐进，由易到难，符合幼儿认知的基本特征。幼儿园开展的活动如"介绍我自己""我有我主张""你好我也好"等都体现了幼儿园自我意识教育的内容。

二 幼儿自我意识教育的价值

幼儿教育的最终目标是幼儿自我教育能力的形成，自我意识是自我教育的前提，是实现自我教育的关键。幼儿期是儿童自我意识发生发展的起始阶段，自我意识在这个阶段产生，并逐渐引导人按照群体规则和社会规范要求自己，最终成为独立的人。在这一阶段，幼儿自我意识的发展，首先表现在逐渐完善的自我认识上，并在此基础上发展出自我评价与自我控制能力。因此，自我意识对幼儿的发展具有非常重要的价值。

（一）有助于幼儿正确地评价自己

自我意识能帮助幼儿通过认识别人和评价别人来认识自己、评价自己。幼儿的自我意识是在和周围环境（人）的相互作用下，特别是在成人的教育影响下产生和发展起来的。在日常生活中，当幼儿做出良好的行为时，成人就有愉快的表现，并用"好""乖""棒"等积极词语加以正面强化。当幼儿做出不良行为时，成人就有不愉快的表现，并用"不好""不乖""不棒"等词语加以负面强化。经过一段时间的训练之后，幼儿就能够逐渐对自己和别人的社会行为作出判断和评价。如对于小班的幼儿，教师强化"分享"行为，当幼儿做出分享行为时，教师就会用积极、肯定的语言或行动来肯定幼儿；当幼儿拒绝分享行为时，教师就会加以指导。随着强化次数的增加，幼儿的分享行为越来越多。我们来看以下案例：

在小班自我意识教育活动"我的爸爸妈妈"中，教师通过故事引导幼儿简单介绍自己的爸爸妈妈，介绍内容主要包括爸爸妈妈的性别、年龄、长相特征等；对于中班自我意识教育活动"我的爸爸妈妈"，教师主要引导幼儿进一步了解爸爸妈妈，从外部特征、职业、爱好、性格等方面介绍，引导中班幼儿对人物的认识从关注外部、局部，到关注内在、整体。要体现幼儿评价的客观性，通过对爸爸妈妈的介绍，有利于引导幼儿正确地认识与评价，从而客观地评价自己。

（二）有助于幼儿调节自己的心理与行为

自我意识能对幼儿的心理活动和行为起调节作用，帮助幼儿形成各种道德行为。人们以往的行为、活动或者从事某项活动时的心理反应，会以记忆的形式保存在人的头脑之中，并能够在遇到类似的活动时重新回忆起当时的心理反应，通过当时的心理反应再现来调节当下的活动，这就是人的自我意识的调节作用。如愿意将食物、玩具等物品分享给其他人，并不是幼儿一出生就会分享，而是分享行为的多次强化才使得幼儿愿意与人分享。在教师有意的教育活动的引导之下，幼儿的诸多不良行为都会得到修正。如"互换玩具""我不生气""快乐每一天""我是值日生""你好我也好"等活动，在一定的程度上能够引导幼儿正确地看待自己、看待他人、看待事物，从而调节自己的心理与行为。

4岁的乐乐总是不愿意跟其他小朋友分享自己爱吃的食物，但是当乐乐看到其他小朋友有自己爱吃的食物，乐乐总是想从别的小朋友那里得到想吃的食物。老师告诉乐乐："如果你想要从别的小朋友那里得到爱吃的食物，那你也要学会分享自己的食物。"之后，乐乐就会有意识地与其他的小朋友分享自己的食物，也会主动地跟其他小朋友交流、交往，建立良好的友谊关系。

（三）有助于促进幼儿独立性的发展

自我意识能促进幼儿独立性的发展，提高幼儿生活自理能力。我国著名教育家陈鹤琴先生提出，"凡是儿童自己能做的，应当让他自己做"。婴儿自1岁左右起，自我意识萌芽，开始出现独立的幻想，不愿意再依附成人的意志，2~3岁的儿童什么事情都想参与，而且越来越强烈地渴望独立进行各种活动，这就是幼儿的独立性的自我意识的一种表现。因此成人要依据儿童发展的顺序性，积极为儿童创造有利于独立性发展的条件，培养儿童自信心。我们来看以下案例：

爸爸妈妈经常对3岁的果果强调："小朋友长大要自己学会穿衣服、学会穿鞋子、学会吃饭、学会上厕所。"果果就有意识地培养自己独立的能力，还会经常"教育"其他小朋友要学会自己的事情自己做，果果在幼儿园中总是比其他的小朋友动手能力和生活自理能力要强一些，所以上幼儿园的时候她很有威严，也很受小朋友们的欢迎。

（四）有助于幼儿建立良好的社会关系

小班幼儿的自我意识强烈的表现是以自我为中心，物权意识比较强烈，具有鲜明的独占意识，不愿意去了解别人，更无法去了解和评价别人，小班幼儿的评价主要是以自己的"好恶"为评价标准，这不利于幼儿建立良好的人际关系。随着幼儿自我意识的发展，幼儿开始能够逐渐地意识到"公共物品""公共环境"等属于公有物品，愿意与其他小朋友共享，有助于缓和人际关系。等到幼儿再大一些能够意识到"分享不是失去，而是另一种得到"，幼儿开始主动地与人交好，共享自己的物品，有助于幼儿建立良好的人际关系，从而促进幼儿健康的心理发展。如主题活动"幼儿园是我家，你我都要爱护它"，不仅能够促进幼儿对幼儿园环境的保护，而且可以调动幼儿积极的责任感，促进幼儿更高级情感的发展。

3岁的琪琪跑到老师那边，很气愤地告诉老师："李老师，林林不给我分享玩具！"刘老师过来观察了一会儿，发现玩具是林林先拿到的，琪琪看到后很想玩，但是不懂得玩具需要大家轮流来玩，而是简单地对林林说："我也要玩这个玩具，给我玩。"当遭到了林林的拒绝后，便恼羞成怒地去跟老师告状了。

（五）有助于幼儿综合素质的提升

幼儿园的教育是全面的、启蒙性的，《纲要》把学前教育划分为健康、语言、社会、科学、艺术等五大领域，各领域的内容相互渗透，从不同的角度促进幼儿情感、态度、知识与能力的发展。幼儿自我意识的良好发展作为社会领域的一部分，对幼儿情感、态度、知识与能力的发展具有重要的作用，同时幼儿自我意识作为幼儿教育的一部分，对其他领域的发展也有着一定的作用。幼儿园教育应尊重幼儿的人格与权利，尊重幼儿身心发展和学习的特点，幼儿自我意识应有助于人们对幼儿心理上的进一步了解与探讨。正是幼儿自我意识教育对幼儿的发展具有积极的作用，所以在幼儿教育过程中更要加强幼儿自我意识的培养，帮助幼儿形成正确的自我意识。

在社会活动中，教师给幼儿讲述了绘本故事《皇帝的新装》，接着教师引导幼儿讨论"皇帝"这一形象特质，促进幼儿更加深刻地理解故事。在活动过程中，教师引导幼儿通过游戏角色扮演来体会绘本中主角的内心感受，让幼儿理解正确地认识自己的重要性，不要人云亦云，也不要欺骗别人，找到自己在群体中的地位和角色，做一个诚实的好孩子。

这一活动过程，既促进幼儿的情感、态度的发展，通过讨论和思考，也提升了幼儿的知识与技能，同时通过角色扮演帮助幼儿深刻地理解角色，形成正确的自我意识。

专家精讲
"幼儿自我意识教育的价值"

幼儿自我意识发展的特点

个体的自我意识并非与生俱来，也不单单是生物成熟的结果，个体的自我是在与周围环境的相互作用过程中形成和发展的，不同年龄阶段幼儿的自我意识发展特点各有所异，幼儿在出生前三年个体意识就已经逐渐产生。

到了小班之后，表现出强烈的自我意识，强调以"自我"为中心，不愿与他人分享，不理解也无法理解他人的想法。因此，现实中大多数的小班幼儿交往往往以自我为中心，用自己的想法或者看法来代表别人的想法和看法。具体表现：物权意识不清，总爱抢占别人的东西；缺乏同情心，不能够用他人的观点来看待事物。这些都是小班幼儿自我意识的特点和典型表现。

小班幼儿常常评价自己"我是好孩子"，但当你问他，"你的什么表现能说明你是好孩子啊？"，他们往往不清楚，或者会说，"老师说我是好孩子"，"我的妈妈说我是好孩子"，等等。这说明小班幼儿往往自我感觉良好，自我评价较高，以自我为中心进行评价，而且小班幼儿的评价往往以老师、家长等成人对他的评价为参考，尚不具备客观的、准确的评价能力。

中班幼儿的自我意识发展大大提高，从对自己生理上的逐渐认知到心理上的逐渐认知，再到社会角色的逐渐认知，都有明显的提升。中班儿童的自我意识的发展明显表现在他们对自我有某种看法（如我是一个漂亮的小女生），而这些自我意识基本上来自成人的评价的心理反应，随着儿童年龄的增长，儿童不再完成相信成人对自己的评价，如果成人对儿童的评价不恰当、不准确，儿童也会进行一定的申辩。

中班幼儿如果评价自己为"我是好孩子"时，当你问他"你的什么表现能说明你是好孩子啊？"，他们往往会说，"因为我自己能够独立地穿衣服，所以我是一个好孩子"，"因为我可以自己吃饭，所以我是好孩子"，"因为我可以帮助其他的小朋友，所以我是好孩子"。由此可见，中班的幼儿对自己的评价逐渐脱离于成人对自己的评价，往往评价过高，且仍以自我为中心。

大班幼儿已经具有了认识自我的基本能力，这时幼儿的自我评价不再仅仅是自己的性别、外貌、年龄等外部特征，有些幼儿还能够对自己的内心、内在品质做出一定的评价，但这也不属于真正的对自己内在品质的评价。如大班幼儿会说，"我很善良，当我看到流浪猫时，我会帮助它们"。幼儿口中的"我很善良"就是对内在品质的一种简要评价，虽然不全面，但也是幼儿"社会自我"的发展倾向。对于即将进入小学的幼儿来说，应该学会遵守规则，具备与人友好交往等良好的社会品质。

大班幼儿如果评价自己为"我是好孩子"时，当你问他"你的什么表现能说明你是好孩子啊？"，他们往往会说，"因为在我完成某项任务时，遇到了某项困难，我想到了用某种方法来解决它，所以我是一个好孩子"，"因为我很诚实，所以我是个好孩子"，"因为我能够画一幅完整的画，所以我是好孩子"，"因为我经常帮助老师做事情，所以我是好孩子"，等等。由此可见，大班幼儿在评价自己时逐渐客观，评价逐渐更有依据，更注重内在品质的评价。

拓展阅读
"点红实验"

任务二　设计幼儿园自我意识教育活动方案

《指南》指出，幼儿要不断地学习如何看待自己、对待他人，这是幼儿不断发展适应社会生活的能力。幼儿园教育的目标就是幼儿园教育活动要达到的预期结果，是教育者希望通过教育活动所达到的效果，目标是活动设计的导向。幼儿园自我意识教育活动目标是幼儿园意识教育活动内容的导向，基本分为总目标与年龄阶段目标。

一、明确自我意识教育活动目标

幼儿园自我意识教育活动目标是对幼儿园自我教育活动预期结果的期盼，它是幼儿园社会领域课程目标的下位目标。幼儿园自我意识教育活动总目标是社会教育所期望的幼儿园自我意识教育的最终结果，是各年龄阶段自我意识教育层次目标的依据和基础。

（一）幼儿自我意识教育活动总目标

（1）引导幼儿初步了解有关自己成长的最基本的知识；
（2）初步培养幼儿的自信心、自尊心及独立性，以及最基本的自我控制和应变能力；
（3）引导幼儿正确认识自己，能够进行准确的自我评价；
（4）学会用恰当的方法表达自己的爱好、需求、情绪和情感。

（二）幼儿自我意识教育活动各年龄阶段目标

1. 小班幼儿自我意识教育活动目标

自我认识：认识自己，知道自己的姓名、年龄、性别，知道自己与别人不同，知道自己与家庭成员的关系；

自我体验：了解自己的情绪，初步感知成人对自己的关爱，能用语言表达自己的需要和情感，具有初步的自信心；

自我调节：学会自己选择活动内容，遇到困难、挫折，不害怕，会寻求帮助，学会做自己能做的事，初步学会合理表达自己的情绪。

2. 中班幼儿自我意识教育活动目标

自我认识：认识自己与别人的不同，初步学会简单地评价自己和他人的行为；

自我体验：具有初步的自尊心和责任感，有同情心，愿意为有需要的人提供帮助；

自我调节：能主动表达自己的想法和感受，具有基本控制自己情绪和行为的能力，遇到困难能努力克服。

3. 大班幼儿自我意识教育活动目标

自我认识：勇于承认自己的缺点，能努力去改变，学会评价自己和他人的行为；

自我体验：具有一定的自尊心和自信心，具有较强的责任感；

自我调节：初步学会明辨是非，懂得应当学习好榜样，远离不良行为，能够比较自觉地控制自己的情绪和行为，学会独立解决日常生活中自己能够解决的困难。

（三）《指南》中体现自我意识的目标

《指南》社会领域中体现的幼儿园自我意识教育活动总目标及年龄阶段目标主要如表 2-2 所示。①

表 2-2 具有自尊、自信、自主的表现

3～4 岁	4～5 岁	5～6 岁
1. 能根据自己的兴趣选择游戏或其它（他）活动。 2. 为自己的好行为或活动成果感到高兴。 3. 自己能做的事情愿意自己做。 4. 喜欢承担一些小任务。	1. 能按自己的想法进行游戏或其他活动。 2. 知道自己的一些优点和长处，并对此感到满意。 3. 自己的事情尽量自己做，不愿意依赖别人。 4. 敢于尝试有一定难度的活动和任务。	1. 能主动发起活动或在活动中出主意、想办法。 2. 做了好事或取得了成功后还想做得更好。 3. 自己的事情自己做，不会的愿意学。 4. 主动承担任务，遇到困难能够坚持而不轻易求助。 5. 与别人的看法不同时，敢于坚持自己的意见并说出理由。

二 选择自我意识教育活动内容

根据自我意识内涵可知，自我的结构是一个系统，是由知、情、意三方面构成的高级反映形式。"知"是自我认识，属于自我的认知部分，主要是指个体对自己的身心特征和活动状态的评价，自我概念和自我评价是自我认识的两个方面。"情"是自我体验，主要是指个体对自己所持有的一种态度，包括自我感受、自尊感、自信心、羞耻心、自豪感、自卑感等。"意"即自我调节，属于自我的意志成分，主要是指个体对自己的思想、情感和行为的调节和控制，自我控制是自我调节的主要方面。

（一）自我认识的教育

幼儿自我认识是自我意识的一个方面，是指幼儿对自己身心特征的认识。幼儿自我认识不仅反

---

① 中华人民共和国教育部. 3～6 岁儿童学习与发展指南 [M]. 北京：首都师范大学出版社，2008.

映了幼儿对自己在社会和环境中所处的地位的认识,而且反映了评价者自身的价值观念。相关活动如图 2-1、图 2-2 所示。

3岁的乐乐在参加老师开展的"认识自己"的活动时,向其他的小朋友们介绍自己时说:"大家好,我叫乐乐,我今年3岁半,我是个男生。"而4岁的浩浩向大家介绍自己时却说:"大家好,我叫浩浩,今年4岁,我是个小男生,我最喜欢画画,画画使我快乐,希望大家能够喜欢我。"

图 2-1　帮助弟弟完成任务

(郑州幼儿师范高等专科学校附属郑新路幼儿园提供)

图 2-2　大班幼儿跟小班幼儿共同游戏

(郑州幼儿师范高等专科学校附属郑新路幼儿园提供)

拓展阅读
大班自我意识教育活动"认识我自己"

(二) 自我体验的教育

幼儿自我体验是指个体对自己怀有的一种情感体验,主要包括自信心、自尊心、责任感、成就感、自豪感、挫折感、羞耻心、内疚感等活动。《纲要》在社会领域中提出了"能主动地参与各项活动,有自信心"的教育目标,提出"为每个幼儿提供表现自己长处和获得成功的机会,增强其自尊心和自信心"的教育内容与要求。同时,从幼儿心理发展的角度来说,幼儿期是自我意识和个性开始形成的重要时期,因此,有意识地培养幼儿的自信心是很必要的。相关活动如图 2-3、图 2-4 所示。

自信心是在个体与周围环境的相互作用中,特别是在与人的交往中逐渐发展起来的,受后天环境和教育的影响。国内外研究表明,对幼儿实施有计划、有目的的影响是培养幼儿自信心的重要途径。因此幼儿教师要营造良好的幼儿园环境和班级环境,利用家园合作,有针对性地设计教育活动,培养幼儿的自信心。

图 2-3　拔河比赛

（郑州幼儿师范高等专科学校附属郑新路幼儿园提供）

图 2-4　骑自行车比赛

（郑州幼儿师范高等专科学校附属郑新路幼儿园提供）

幼儿教师在请幼儿展示绘画作品时，幼儿画得不是很好，在展示介绍时声音很小、时断时续，但教师仍然面带微笑，时不时地给予鼓励，能够让幼儿坚持把自己的想法全部表达出来。这样的幼儿园环境使幼儿放松，也鼓励幼儿有机会、勇敢地表现自己，帮助幼儿树立自信心。

（三）自我调节的教育

幼儿自我调节主要是指个体对自身言语和行为的调节和控制，一般表现在两个方面：一是自我发动，例如"我应该……""我坚持……""必须……"，它主要是针对一些对个体来说具有难度的事情而发动的，如应该自己穿衣服，必须使用礼貌用语，勇于承担各项任务等；二是自我制止，例如"我不能……""我不该……"，它主要是针对一些社会公民道德规范或行为规则所不允许的内容而进行的制止，如不能抢夺别人的食物，不该乱扔垃圾，不能随地大小便等。

自我控制是人们自我发展和自我实现的基本前提和根本保证，会直接影响个体在学习活动、人际交往和个性品质等方面的发展，幼儿自我控制能力的培养有利于幼儿自我意识的发展。相关活动如图 2-5 所示。

例如，现在多媒体已经深刻地融入我们每一个人生活当中，成人离不开多媒体，幼儿也对多媒体有一定的依赖，这在一定程度上会影响幼儿的身心健康发展。幼儿教师和家长应当采取一定的措施，促进幼儿对多媒体的正确使用。如经常鼓励幼儿说出"我坚持 3 个小时再看视频"，"我应该学会自己的事情自己做"，等等，在一定程度上能够鼓励幼儿正确地使用电子产品，做更好的自己。

三　分析自我意识教育活动主题

幼儿园自我意识教育活动可以通过幼儿园最常见主题活动的形式来开展。幼儿园自我意识教育

图 2-5 不浪费一颗花生

(郑州幼儿师范高等专科学校附属郑新路幼儿园提供)

主题活动即指在组织上以自我意识教育为中心，在内容上可能包含或融合社会、语言、科学、健康、艺术等学习领域，促进幼儿社会情感、社会认知和社会能力多方面的发展。

在确定幼儿园自我意识教育主题之前，我们要明确不等同年龄阶段的幼儿其社会自我意识教育主题是有所区别的，主要通过明确主题来源、制定主题总目标、编制主题网络图，然后根据主题的内容为幼儿选择、设计活动方案。

（一）明确主题来源

幼儿园社会领域自我意识教育活动是以幼儿自我意识教育内容为基础展开设计的，主题往往来源于幼儿自我意识发展的内容，同时要考虑幼儿社会发展的规律、年龄特征和已有经验。如"认识你自己""我的爸爸妈妈""我会收纳""找朋友"等，以幼儿自我认识、自我控制、自我评价为中心，把与这个相关的内容组织在一起。虽然以自我意识为主题，但在实际的组织与实施过程中，会涉及健康、语言、艺术和科学领域。

幼儿社会性的发展遵循规则意识原则、正面教育原则、行为练习原则、环境熏陶原则以及一贯性原则，以下是小、中、大班可以选择的自我意识教育主题参考表（见表 2-3）。

表 2-3　自我意识教育适宜主题选择案例

班　　级	适宜的主题
小班	认识你自己，介绍你自己，找朋友
中班	送你一朵小红花，我长大了
大班	我会收纳，我从哪里来

> **拓展阅读**

大班 "我从哪里来" 社会自我意识教育主题的选择与确定[①]

幼儿的自我意识是从对自己心生理特征的认识开始的,逐渐发展为对自己的社会角色以及心理活动的认识,因此"我从哪里来"是一个特别有意义的自我意识活动。在开展本次活动之前,我们以此问题对幼儿、家长以及教师在这方面的认知有了基本的调查,调查情况如下:

1. 幼儿对"我从哪里来"的基本认知

在开展"我从哪里来"主题活动之前,孩子们对这个问题普遍存在好奇和基本的认知,大部分幼儿对"我从哪里来"的认知是"我是爸爸妈妈的孩子"的感性认知。我们往往通过其他问题询问幼儿,如:"你有多大了?""你是什么时候出生的?""是谁把你生出来的?""没有出生前你在做什么呢?"孩子们普遍会回答这些简单的问题,如:"我今年6岁了""我的生日是2018年10月1日""是妈妈把我生出来的""没有出生前我在妈妈的肚子里待着"。从这些基本的问题基本可以了解到,幼儿对"我从哪里来"实际上有一种基本的感性认知和好奇。

2. 家长对"我从哪里来"的基本教育认知

通过调查,绝大部分的家长没有对幼儿"我从哪里来"进行专业的、专门的教育,也很少了解相关的专业教育知识。甚至有一些家长认为"性教育"应当是神秘的、不可描述的、难以形容的教育内容;还有部分家长认为"性教育"是一个特别微妙的专业教育,应当由更加专业的教师开展相关教育活动;还有一部分家长曾经尝试过"性教育"。但普遍对这个问题比较忌讳。

3. 教师的分析

教师非常注重幼儿社会领域的自我意识方面的教育,在小班时引导幼儿对"自我"有一个基本认知,如"我是谁?""介绍我自己";在中班时会进一步引导幼儿对自我进行全面的评价,如"我长大了",包括生理上的长大和心理上的长大;在幼儿到了大班之后就会引导幼儿思考"我从哪里来",开展"我从哪里来"的相关主题活动,全面介绍生命的起源及发展规律,既能够发展幼儿的科学认知,又能够满足幼儿的好奇心,从而追溯生命的起源,激发幼儿对生命的探索欲。教师可以通过绘画活动、故事活动、情境再现、视频讲解、家园共育等方式对"我从哪里来"进行全面的解析。

[①] 周世华,王燕媚. 学前儿童社会教育 [M]. 3版. 北京:高等教育出版社,2019.

可见幼儿教师在选择自我意识教育主题内容时,一方面要注重理论知识的学习,尤其是《指南》的研读,同时幼儿教师要将所学理论转化为基本的知识与技能,在设计主题活动时,要结合幼儿社会性发展的基本规律、年龄特征和已有经验选择自我意识教育主题,采取合理、适宜的方式展开教学活动。

(二)制定主题总目标

幼儿园自我意识教育活动总目标是引导幼儿初步了解有关自己成长的最基本知识;初步培养幼儿的自信心、自尊心及独立性,以及最基本的自我控制和应变能力;引导幼儿正确认识自己,能够进行准确的自我评价;学会用恰当的方法表达自己的爱好、需求、情绪和情感。主题活动总目标包括最基本的认知目标、能力目标、情感目标。我们来看下列案例:

案例导入

小班自我意识教育主题活动"宝宝真能干"总目标

◆ 活动目标:

1. 鼓励幼儿乐意自己的事情自己做,具备一定的自理能力。
2. 培养幼儿基本的自我保护能力,了解基本的自我保护常识与方法。
3. 激发幼儿的表达欲望,鼓励幼儿大胆表达。
4. 鼓励幼儿多使用礼貌用语。
5. 引导幼儿与同伴友好相处,不争抢、不独霸。
6. 激发幼儿对数学活动的兴趣,鼓励幼儿在数学活动中自己动脑动手。
7. 培养幼儿对艺术活动的兴趣,鼓励幼儿参与各种艺术表现活动。

◆ 案例评析:

案例选择了以幼儿自我意识发展为主题的活动"宝宝真能干",关注幼儿优点,结合幼儿已有经验和小班幼儿的年龄特征设计出主题活动目标,培养幼儿初步的自己的事情自己做的能力,发展幼儿的自我意识,同时兼顾了幼儿在科学和艺术等领域的大胆尝试,促进幼儿动脑动手能力的发展,有助于幼儿的全面发展。

(三)编制主题网络图

幼儿社会教育主题网络图是将该主题下的所有相关内容绘制成图,方便幼儿教师开展相关的主题活动,教师为选定主题,利用自身资源、园内资源、社会资源、教研资源,结合幼儿的生活经验,编制主题网络图。在编制主题网络图时还要充分考虑主题活动的开展时间、环境创设、活动区、家园共育以及预设与生成的关系,关注幼儿的兴趣需要。

在编制主题网络图时,为了美观,可以设计一些简单图案,但切记不要太花哨。主题网络图为预设的内容,也可以是幼儿在活动中发现的内容,所以在编制主题网络图时可预留一些空的子活动,作为生成空间。我们来看案例:

中班自我意识教育主题活动"我自己",其主题网络图如图2-6所示。

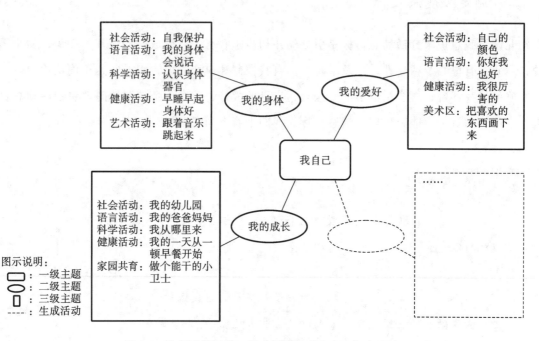

图2-6 主题环境创设:活动室创设"我自己"主题墙

根据自我意识教育主题活动的总目标,利用自身资源、园内资源、社会资源、教研资源,结合幼儿的生活经验,编制主题网络图,设计一系列子活动内容,初步确定每个活动的名称、目标,对每一个主题活动都可写明教育所涉及的各个领域。

活动案例

中班自我意识教育主题活动 我自己(节选)[①]

◆ 主题来源:

开学后第二个主题就是"我上中班了",这是教师们预定的。在活动当中,教师要求幼儿收集小时候的照片,让幼儿仔细观察照片,比较现在的自己和照片中的自己有什么不一样,根据区别,

---

① https://wenku.baidu.com/view/caa2ed0a3186bceb18e8bb41?_wkts_=1679293542645&bdQuery=%E8%87%AA%E6%88%91%E6%84%8F%E8%AF%86%E4%B8%BB%E9%A2%98%E7%BD%91%E7%BB%9C%E5%9B%BE。

幼儿发现现在的自己比小时候的自己更加的强大，也长大了不少，认识到要有中班哥哥姐姐的模样，对小班小朋友有个榜样带头作用。为此，我们开展了"我自己"主题教育活动。

◆ 活动目标：

1. 对自己有初步的认识，并能进行相应的认知体验。

2. 能够对自己有较为全面的认知，包括人际关系的认知、自我生理认识、自我心理认知、自我情绪认知、自我爱好认知等。

3. 乐意用不同的形式来表现自己，体验不同情绪的感受。

◆ 主题活动网络图（见图2-7）：

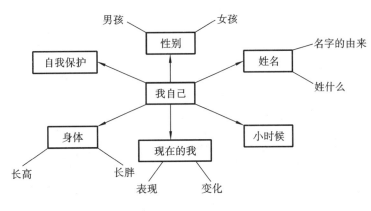

2-7 案例网络图

◆ 主题环境创设：

1. **区域环境**

（1）语言屋：提供小黑板、粉笔，供幼儿练习自己的名字，张贴《绿色的世界》图片，提供各色纸，供幼儿学习并仿编儿歌。

（2）美工坊：提供折纸的图示，供幼儿选择学习，并及时展出幼儿的折纸作品；提供印泥纸、铅笔，供幼儿印（画）指纹、掌纹；投放各种形状的彩色卡纸、纸盘及小石头、毛线、瓶盖、废旧物品，供幼儿摆放各种不同表情的脸谱。

（3）表演区：收集或提供宽松裙子、软垫子、充气球，让幼儿扮演怀孕的妈妈，体验走路、弯腰的不便感觉，制作各种服饰供幼儿表演。

（4）阅读区：可选择有关"性别""自我保护""姓氏由来""我来自哪儿"等为主题的相关绘本，从科学的角度来引导幼儿正确认知，提升幼儿的阅读能力。

2. **墙面装饰**

布置一棵"朋友树"，把孩子的自画像、名字贴在树叶上。

3. **家园共育**

（1）跟幼儿一起学习"自我保护"的方式。

（2）跟幼儿一起找到小时候的照片，找出幼儿小时候与现在的不同。

（3）每天固定一个时间段进行亲子阅读，督促幼儿进行简单的书写，如写数字和自己的姓名等。

（4）跟幼儿一起度过愉快的周末。

具体案例

中班自我意识教育活动　男孩女孩

◆ 活动目标：

1. 知道自己的性别，了解男孩的差异，能通过绘画正确区分男孩和女孩。
2. 发展想象力和观察比较力。
3. 欣赏自己和同伴作品时，体验成功的快乐。

◆ 活动策略：

1. 讨论：妈妈生出来的宝宝为什么有的是女孩，有的是男孩？
2. 讨论：男孩、女孩有什么不一样？
3. 游戏："在哪里？"（把"大拇指在哪里？"的音乐游戏改成"男孩、女孩在哪里？"）
4. 绘画：男孩和女孩。

要求幼儿用油画棒勾画轮廓、颜料涂色的方法画出男孩女孩，标示出明显的不同特征。

◆ 案例分析：

该案例是中班自我意识教育活动"男孩女孩"，通过三维活动目标的设置可知，该目标的认知领域主要是培养幼儿性别差异意识，通过观察性别差异，同时促进幼儿的观察能力以及培养幼儿的想象能力。另外该活动不仅是自我意识的教育，通过幼儿绘画活动，也促进了幼儿的艺术能力的发展，体现了五大领域的渗透，同时加深幼儿对性别的认知。

四 设计自我意识教育活动方案

自我意识教育活动方案的活动意图、活动名称、活动目标、活动准备、活动过程和活动延伸的设计要求见项目一任务五，下面重点介绍自我意识教育活动过程的设计。

1. 运用多种方式引出活动主题

这一部分是活动的导入部分，主要是为了引起幼儿的注意，将幼儿的注意力集中，教师可借助玩偶、照片、图片、视频、故事、模型等物质准备，借助提问，调动幼儿多种感官，在导入情境创设中，幼儿自发地融入该活动之中，有助于活动的开展，激发幼儿对活动的兴趣。我们看下面这个案例：

在大班自我意识教育活动"了解自己的情绪"中，教师开展活动之前，对该活动进行了物质准备有：

（1）七个表情面具（大笑、微笑、厌恶、生气、哭泣、愤怒、害怕）；

（2）用大型图纸做一个脸谱转盘，在转盘的圆心放一根可随意旋转的指针；

（3）我的情绪图表、托盘、水彩笔等若干。

教师录像导入，谈话引题。引导幼儿观察录像中人物的表情，通过表情，思考录像中人物情绪。引导幼儿反思日常生活中的情绪表现以及所对应的心理状态，知道良好的健康的情绪对人的积极影响。

2. 引导幼儿认识自我

游戏是幼儿园教学活动组织的基本形式。教师可以通过各种游戏形式让幼儿初步感知活动主题，产生学习兴趣。具体可以以感知故事、游戏体验等形式展开初步体验。幼儿教师可运用各种教学方法和教学手段促进幼儿了解自我，形成对自我的正确认识。具体案例如下：

在小班自我意识教育活动"我是女生（男生）"中，利用直观教学方法展示男生、女生的外部特征，如衣服、配饰、头发、参与的活动等，还可以展示男生、女生内部的差异，如爱好、能力等的差异。

在运用故事、游戏展开活动时，教师要综合考虑幼儿的年龄特点和认知特点，如小班幼儿尽量以游戏的方式初步感知自我，大中班幼儿往往以更为复杂的形式展开活动，如案例中采用的是辩论赛形式的活动。在活动过程中要为幼儿创设良好的、健康的环境，促进幼儿身心的和谐发展。同时活动要正向引导，避免展示或者讨论负面案例，减少表演中的负面影响。

3. 组织幼儿表现自我

幼儿自我意识教育中包含的主题无非是自我认知、自我体验、自我调节，当教师将幼儿引入一定的学习情境中，并帮助幼儿形成了一种初步的体验之后，进行讨论分析，巩固练习显得尤为重要。幼儿在对自己有了基本的认知后，有可能只是对活动主题有一个初步的认知，甚至是模糊的认知。教师应当不断地引导幼儿进一步感知自我，还可以通过各种形式让幼儿表现自我，如将朗诵诗歌、唱跳、创编等形式真正理解并内化某些行为，从而产生正确的观念。具体案例如下：

在中班自我意识教育活动"我也有长处"中，教师首先出示图片，引起幼儿兴趣以导入活动主题，之后教师讲故事的第一段，让幼儿初步了解长处的概念，并知道故事中小动物的长处。教师通过讨论故事中小动物的长处，从而深化主题，明白每个人身上都有长处，并引导幼儿说出自己的长处，激发幼儿在集体面前展示自我的欲望。

4. 强化幼儿形成对自我的正确认识，用正确恰当的方法表现自我

在幼儿对自我产生正确认知的基础之上，开展自我意识教育实践练习活动，使自我意识理念转化为实践，进一步巩固主题教育价值，强化幼儿自我认识的正确方式，使之学会用适宜的方式表现自我。这样的活动实践可以涉及健康领域、语言领域、科学领域和艺术领域的各种活动。具体案例如下：

在大班自我意识教育活动"我是大班小朋友"中，教师开展了一次儿歌创编比赛，儿歌名字为

"我是大班小朋友"，在这次创编活动中，幼儿进一步巩固了《我是大班小朋友》这首儿歌，还学会了创编儿歌。创编活动拓展了大班小朋友的榜样示范行为，同时使幼儿对音律的节奏感也有了进一步的提升。

儿歌《我是大班小朋友》

我是大班小朋友

我帮弟弟扣纽扣

弟弟对我说谢谢

我给妹妹讲故事

妹妹乐得哈哈笑

我是大班小朋友

我帮老师擦桌子

老师夸我真懂事

我帮妈妈倒杯水

妈妈心里乐陶陶

通过幼儿对自我的表现，了解幼儿掌握自我认识的正确方法，肯定幼儿的优点，使之改善不足之处，最终引导幼儿学会合适的、恰当的自我认识方法及自我表达方法。

五、自我意识教育活动案例

活动案例一

小班自我意识教育活动　找朋友

林州市第一实验幼儿园　郭瑞

◆ 设计意图：

《3~6岁儿童学习与发展指南》中社会领域指出，为幼儿创设温暖、关爱、平等的家庭和集体生活氛围，建立良好的亲子关系、师生关系和同伴关系，让幼儿在积极健康的人际关系中获得安全感和信任感，发展自信和自尊，在良好的社会环境及文化的熏陶中学会遵守规则，形成基本的认同感和归属感。

幼儿在刚入小班时的分离焦虑、哭闹，不适应新环境的情景，使我一直在思考怎样可以既促进幼儿的自我意识发展，又能在游戏中让幼儿体验到认识新朋友的乐趣，所以我设计了"找朋友"这一社会领域的活动。

◆ 活动目标：

1. 愿意和大家一起做游戏，体验找到新朋友的喜悦心情。
2. 知道幼儿园里有许多小朋友，懂得交朋友的方法。
3. 能在游戏中尝试找到不同的好朋友。

◆ 活动重难点：

1. 重点：敢于介绍自己，尝试大胆地表达。
2. 难点：乐于参与游戏，勇敢地自己找到新朋友。

◆ 活动准备：

1. 物质准备：关于"找朋友"的音乐、图片、视频。
2. 经验准备：晨间游戏时，老师领着小朋友做"找朋友"的音乐游戏。
3. 环境准备：多功能活动大厅（或者适合的户外场地）。

◆ 活动过程：

一、提问导入，引出话题

1. 教师：小朋友，你们有好朋友吗？你的好朋友是谁？
2. 教师鼓励幼儿大胆发言（幼儿回答介绍）。
3. 班里的另外两位教师手拉手出现，请幼儿说一说老师的好朋友是谁？两位好朋友在一起做了什么？（幼儿回答：李老师和刘老师是好朋友；好朋友一起高兴地进了活动室；两个老师一起给小朋友准备水果；两个好朋友一起开心地笑了。）

二、教师出示图片，请小朋友观察图片上的小朋友有没有好朋友

1. 教师：小朋友，老师这有一些图片，请大家看一看他们有没有好朋友？有好朋友的宝宝表情怎么样？没有好朋友的宝宝表情怎么样？假如你没有好朋友你的心情怎么样？
2. 幼儿观察并回答。
3. 教师小结：有好朋友的宝宝心情高兴，他们一起玩耍。没有好朋友的宝宝有点孤单，心情不高兴。有了好朋友可以跟好朋友一起玩玩具，一起做游戏。

三、做游戏"找朋友"

1. 教师：你们想不想有自己的好朋友呢？怎样才能找到好朋友？

（幼儿回答，找朋友可以说："你能做我的好朋友吗？"找到好朋友可以拉拉手，找到好朋友还可以抱一抱。）

2. 教师：好，那么我们来试试吧！

幼儿自由地去找自己的好朋友。

3. 幼儿拉着自己找到的好朋友站到一起。

教师：跟好朋友敬个礼，和好朋友握握手，告诉好朋友你的名字，和好朋友抱一抱，摆摆手说再见。

教师播放音乐，请小朋友跟着做一做音乐游戏。

4. 教师：大家都找到好朋友了吗？说一说你是怎么找到好朋友的？你会和好朋友一起去干什么？那么你还想不想找到更多的好朋友？大家跟着音乐，再来找朋友吧，可以找更多不熟悉的小朋友，来当自己的好朋友。

四、分享总结

教师把本次活动的照片放到多媒体上，和小朋友一起观看找朋友的精彩瞬间。

教师：找到好朋友时，自己的心情怎么样？说一说，来到幼儿园有自己的好朋友玩，还用不用哭鼻子？请你分享找到好朋友的办法。

◆ 活动延伸：

在做音乐游戏时，尝试到中、大班去找一找新朋友。

可以带小班的小朋友和中、大班幼儿一起活动，让幼儿有认识别的小朋友的机会，发展幼儿的社会性。

把幼儿和好朋友在园玩耍的照片布置到活动室或区角，让幼儿感受和好朋友在一起的精彩瞬间，产生愉快的情绪体验。

◆ 案例评析：

本活动属于自我认识活动，取材于幼儿同伴关系的建立，反映了幼儿的同伴需求，设计符合小班幼儿的认知水平。领域整合考虑幼儿的社会性发展，重视幼儿游戏化课程的实施理念。活动通过演示交流、游戏表演等，让幼儿体验感受到友谊的重要性，活动整体简单明了，是一种较为愉快的情感体验。活动结束之后，教师从领域渗透、日常生活、家园共育、区域游戏、环境创设等五个方面开展活动延伸，意味无穷。

活动视频
小班自我意识教育活动"找朋友"

活动案例二

中班自我意识教育活动　送你一朵小红花

林州市第一实验幼儿园　郭钰

◆ 设计意图：

自我意识是人类特有的一种意识，是人对自身的意识，是个性发展的重要组成部分。《3～6岁儿童学习与发展指南》中指出，中班幼儿已具有自尊、自信、自主的表现，幼儿知道自己的一些优点和长处，并对此感到满意。教师应注意言行的榜样作用，为幼儿创设积极健康的环境，让幼儿获得信任感的同时发展自我意识。因此，设计了"送你一朵小红花"活动，使幼儿在老师的带领下，关注幼儿优点，初步提高幼儿对自己行为习惯进行评价的能力。

◆ 活动目标：

1. 能够根据自己平时的劳动、讲卫生、倾听、礼貌等方面情况进行自我评价，形成初步的对自己行为习惯评价的能力。

2. 初步了解表格的内容及评价项目的意义，懂得保持好的表现，改正缺点。

3. 有自我评价的兴趣，有积极向上的意识。

◆ 活动重难点：

1. 重点：幼儿根据自己平时的劳动、讲卫生、倾听、礼貌等方面情况进行自我评价。

2. 难点：在自我评价中具备保护自己自尊心和自信心的能力。

◆ 活动准备：

1. 物质准备：收集幼儿日常表现图片、每人一份"自我评价表格"（小）、小花奖励贴、大表格一张。

2. 经验准备：教师带领幼儿回忆周五"我是小榜样"活动环节，说一说自己得到奖励小贴贴的原因。

◆ 活动过程：

一、谈话活动，激发幼儿兴趣。

教师：小朋友们，我们看看，谁是中二班的小榜样？（播放图片）

教师：他们哪里做得好？

教师：今天我们要开展"送你一朵小红花"活动，奖励小贴贴能送给谁呢？那我们来比一比谁的本领大。

二、观察评价活动。

1. 起床时的穿衣裤、叠被子活动。

教师：小朋友们，谁的衣裤穿得整齐？

教师：看看自己和别人，你的衣裤穿得怎么样？你的被子叠得怎么样？

教师：找一找，哪些小朋友的被子叠得最整齐。（奖励一朵小红花）

2. 进餐后的卫生情况及餐后清洁活动。

教师：吃饭时谁的桌子和地面不干净？餐后有没有自觉擦桌子、收餐巾？

幼儿举手发言。（奖励一朵小红花）

3. 评价集体活动时倾听的情况。

教师：谁的小耳朵有本领？你是怎么做的？

引导幼儿懂得，倾听是一个大本领，活动中幼儿要听老师说的，对于发言的小朋友，也要眼睛

注视对方，认真倾听。（奖励一朵小红花）

4．评价早上入园和放学回家时的礼貌情况。

教师：小朋友，早上看到老师，你会说什么？

教师：老师喜欢有礼貌的孩子。还有哪些礼貌甜甜话？

幼儿举例说明。（奖励一朵小红花）

三、学习评价（结合日常以及以上的专门观察活动进行综合评价）

1．出示课前准备的大表格，认识表格，了解评价项目内容和方法。

引导幼儿一起数一数表格横格和纵格的格数。介绍表格的整体内容，教幼儿明确评语中的意思。（你真棒、挺好、还可以、加油喔）

2．幼儿在小表格上进行自评。

教师：你认为自己是哪一个小榜样？

幼儿进行自我评价，自己做得好的事情，在表格"你真棒""挺好"或"还可以"一栏画上笑脸，对于需要改进的在"加油哦"一栏中画上笑脸。

四、请幼儿进行自我讲评，为什么评自己"你真棒！"

五、小结评价活动。

我们除了要劳动好、爱学习、讲卫生、有礼貌外，还要做好哪些事？该怎样去做？

中二班幼儿自我评价表格

姓名：　　　　　　　　　　时间：

自我评价	穿衣裤	叠被子	洗餐具	倾听	有礼貌
你真棒					
挺好					
还可以					
加油哦					

◆ 活动延伸：

幼儿回到家和爸爸妈妈一起，各人负责一个领域，收拾、整理房间并对区域卫生、物品归位方面进行自我评价。

◆ 案例评析：

本活动属于自我认识活动，取材于幼儿的日常生活，反映了幼儿的生活经验，设计符合中班幼儿的认知水平。该活动以谈话导入游戏，以"红花"为主题，歌颂劳动的价值以及意义，引导幼儿学习日常生活活动，引导幼儿正确地评价自己。活动延伸注重家园共育，注重幼儿良好习惯的养成。

> 活动案例三

大班自我意识教育活动　我会收纳

林州市第二实验幼儿园　李晓静

◆ 设计意图：

陪伴孩子成长真是一件既快乐又辛苦的事，很多时候父母为孩子操碎了心，孩子却还是惹父母生气。生活中一些鸡零狗碎的事情，每天都在发生。比如个人卫生、餐桌礼仪、个人物品的整理与归纳，等等，都需要孩子养成好习惯。好的生活习惯，能够让孩子生活节奏更有秩序感，能够促进孩子的身心和谐发展，孩子就会更优秀。

◆ 活动目标：

1. 知道玩具和物品要收纳整理，学会分类。
2. 学习整理自己的房间，能按玩具和物品的种类合理摆放。
3. 养成收纳的习惯，体验收纳整理的快乐。

◆ 活动重难点：

1. 重点：知道有序摆放自己的玩具和物品。
2. 难点：学习整理自己的玩具和物品，能按种类有序地摆放。

◆ 活动准备：

1. 物质准备：请家长提供幼儿房间的照片（干净的和杂乱的房间）。
2. 经验准备：有整理玩具与房间的经验。
3. 环境准备：不太整洁的活动室。

◆ 活动过程：

一、谈话导入，引出主题

1. 教师：你有自己的小房间吗？你的房间里都有什么？
2. 教师鼓励幼儿大胆发言。

二、教师出示照片，让幼儿猜猜这些分别是哪些小朋友的房间的照片

1. 教师：猜猜这是谁的房间？照片上的房间让你有什么感受？
2. 幼儿猜测并回答。
3. 教师小结：照片中的房间有的比较乱，有的比较整齐。你们喜欢什么样子？

三、引导幼儿讨论使房间干净整齐的方法

1. 教师：怎样才能使我们的小房间整整齐齐的呢？
2. 幼儿交流讨论。
3. 请房间整洁的幼儿说说自己或父母整理房间的经验，如按照物品的归类，将物品有序地摆

放在相对固定的位置上，等等。

四、让幼儿学习按照有序的方法收拾活动室里的用品

1. 教师：你们看，我们的活动室很乱，现在让我们一起来收拾一下吧！

2. 幼儿开始动手分区域收拾活动室。

五、幼儿之间交流将活动室收拾整齐的方法

教师：让我们一起来收拾活动室吧！

教师适当介入引导。

教师：现在你们自己动手整理了活动室，把原本凌乱的活动室整理得整整齐齐了，你能从中找到整理活动室的好方法吗？谁来说一说？能和小朋友一起分享一下吗？

师幼小结：按玩具或物品的用法、材质等归类。

◆ **活动延伸：**

回家整理自己的房间或物品并拍照，第二天到班级进行分享。

◆ **案例评析：**

本活动属于自我认识活动，取材于幼儿的日常生活，从收纳入手，反映了幼儿对日常生活经验的需求，设计符合大班幼儿的认知水平。该活动以谈话导入游戏，以"收纳"为主题，引导幼儿正确认识收纳的方法及价值，引导幼儿学习日常生活活动，有助于幼儿体会收纳的快乐，有助于幼儿养成良好的个人生活习惯。活动延伸注重家园共育，注重幼儿良好习惯的养成。

活动案例四

小班自我意识教育活动　认识自己

林州市第二实验幼儿园　郭琳

◆ **设计意图：**

自我意识是在社会中，个人对人际关系的反映。小班幼儿开始有自我意识，为了能让幼儿更好地认识自己，同时知道自己的性别特征，我设计了小班社会活动"认识自己"。

◆ **活动目标：**

1. 从发现自己到认识自己，初步了解自己的性别。

2. 能在集体面前大胆介绍自己。

3. 乐意参加集体游戏。

◆ **活动重难点：**

1. 重点：认识自己。

2. 难点：能在集体中大胆介绍自己。

◆ 活动准备：

1. 物质准备：幼儿人手一面小镜子和一个玩具娃娃。

2. 经验准备：幼儿已认识五官。

3. 环境准备：选择有一面大镜子的活动室，并在活动室内构建一个"化妆间"。

◆ 活动过程：

一、播放视频，引导幼儿发现自己。

朵朵边玩手里的玩具边走路，碰到了几个好朋友，大家都劝她走路当心点，可她就是不听，结果头上撞了个大大的包。她又疼又急，哇哇地哭着跑回家，突然看到一面镜子。镜子说："别哭！别哭，好孩子以后要爱惜自己！"朵朵问："自己是谁呀？"镜子说："请你对我照一照，就会看到了。"听了这话，朵朵真的对着镜子照了起来。

二、玩照镜子游戏，引导幼儿认识自己。

1. 幼儿在室内寻找镜子，找到后拿着镜子照照，教师请幼儿介绍自己，并说出自己的名字和样子。

2. 玩"自己的五官在哪里"的游戏，请幼儿在大家面前说一说五官的名称，并指出五官的位置。

3. 请幼儿讲讲自己跟别人有什么不一样，如头发的长短、衣服的颜色等。

4. 使幼儿知道自己的性别，并学会区分男孩与女孩。

（1）玩"交朋友"游戏。

幼儿在集体面前说出自己的性别后，找一个玩具娃娃做"朋友"，并把它带回"家"。（教师引导幼儿更好地认识自己，同时知道自己的性别特征）

（2）送"朋友"参加化装舞会。

请幼儿将自己的"朋友"按性别的不同送到"化妆间"里。（教师引导幼儿根据性别特征学会区分男孩女孩）

◆ 活动延伸：

1. 在晨检表、评比栏、毛巾架上为幼儿贴上照片，使幼儿加深对自己的认识。

2. 在一些音乐、体育等活动中，适当加入一些分男、女的角色表演、演唱、游戏的形式；

3. 在幼儿入厕时，强化幼儿对性别的认识。

◆ 案例评析：

本活动属于小班幼儿自我认识活动，本案例以"故事导入"，引起幼儿兴趣，指导幼儿正确"照镜子"，认识五官，区别人与人的不同，设立"化妆间"，每一个活动都符合小班幼儿的年龄特点，比较容易获得幼儿的喜欢。活动延伸形式多样，以社会领域活动带动其他活动，体现了各个领域相互渗透，促进幼儿全面发展。

活动案例五

中班自我意识教育活动　今日我值日[①]

◆ 设计思路：

在集体生活中就要有集体规则，中班幼儿逐渐有了集体意识，基本适应了幼儿园的集体生活，他们的能力比小班儿童有了大幅度的提升，已经有了做值日生的基本技能，因此以"今日我值日"为主题，引导幼儿合理地、正确地、全面地展开值日活动。

◆ 活动目标：

1. 了解值日生的具体工作内容和分工。

2. 能够尝试做一名值日生，为集体和他人所服务。

3. 有初步的集体责任感，愿意努力做好力所能及的事。

◆ 活动重难点：

1. 重点：了解值日生的具体工作内容和分工。

2. 难点：能够尝试做一名值日生；有初步的集体责任感，愿意努力做好力所能及的事。

◆ 活动准备：

1. 物质准备：洒水壶、抹布、白纸、记录表、水彩笔、可做值日生标记的卡片等。

2. 经验准备：幼儿已经在家长和教师的引导下提前体验过基本的劳动。

3. 环境准备：将小椅子弧形摆放，将小桌子搭好放在后方，前方留出适当空地便于幼儿进行活动。

◆ 活动过程：

一、情境导入，激发做值日生的兴趣

1. 创设大班幼儿值日生劳动的情境。

大班幼儿进行值日生劳动，分工合作，有的幼儿发饭勺，有的幼儿发点心，有的幼儿收发玩具，有的幼儿收发书本，等等。

2. 教师提问。

(1) 哥哥姐姐在做什么呢？

(2) 他们为什么要做这些事情呢？

小结：哥哥姐姐们做这些事情，是因为他们今天是小小值日生，值日生就是教室的守护者，他们要保证教室的干净整洁哦！

[①] 周世华，王燕媚. 幼儿社会教育[M]. 北京：高等教育出版社，2019：52-53

二、交流讨论值日生的具体工作内容及分工

1. 教师提问。

哥哥姐姐是怎样做值日生的呢？请幼儿模仿哥哥姐姐的动作。

2. 幼儿分组讨论交流值日生的工作。

（1）教师发放记录表和水彩笔，每组选择一名记录员。

（2）幼儿用自己的方式将讨论结果记录在本组的记录表上。

（3）请幼儿根据自己的记录表完整地说出值日生的工作内容及本组的分工。

小结：刚才通过小朋友们的讨论，我们知道了值日生要发饭勺、发点心、收发玩具、收发书本等，那我们就来尝试着做一名值日生吧。

三、设计值日生工作的标记

（1）教师引导幼儿用自己的方式设计值日生工作的标记，并将所有的标记贴在黑板上进行展示和鼓励。

（2）选择出其中相同工作的标记贴在一起，提问：你们想用什么方式来为你们的标记拉票呢？

（3）根据幼儿的选择和教师的期望，选定值日生标记。

四、讨论交流能干的值日生的定义

教师拓展性提问：你知道怎样才能成为一名认真又能干的值日生吗？

小结：做值日生那天要提早入园，工作前要仔细看图示，工作时要认真负责，这样就可以成为一名认真又能干的值日生。

◆ **活动延伸：**

日常生活：每天早上入园时提醒值日生做好标记。

领域渗透：开展谈话活动"我做值日生"，教师注意观察日常生活中幼儿做值日生的情况，将做得比较好的值日生用视频记录下来，组织幼儿观看视频并进行评价，鼓励幼儿向他们学习。

◆ **案例评析：**

中班幼儿经历了一年的小班生活，对幼儿园一日生活有了基本的认知，他们的能力比小班幼儿有了大幅度提升。他们不仅学会照顾自己的日常生活，例如如厕、饮水、穿衣服、叠被子，也开始考虑自己以外的日常生活，如班集体的卫生、整理物品等基本技能。中班幼儿逐渐具备做值日生的基本技能，本次活动引导幼儿明白做值日生要兼顾的内容，进一步了解值日生的职责，鼓励幼儿积极参与值日活动，感受劳动带给幼儿的责任感。本次活动和幼儿日常生活密切相关，引起了幼儿的兴趣。

活动视频
中班自我意识教育活动"今日我值日"

任务三　组织与指导幼儿园自我意识教育活动

一　自我意识教育活动组织策略

（一）注重日常生活技能训练，增强幼儿自信心

幼儿园的日常生活，包括盥洗、进餐、喝水、午睡等环节，这些看起来琐碎的事情却在幼儿的日常生活中占有相当多的时间，而幼儿自我意识的发展也包括幼儿对自己的生理认识、心理认识和社会认识，除此之外幼儿的自我意识不是靠一次或几次活动就可以培养起来，它是日积月累形成的一种教育活动。因此幼儿教师应该抓住每一个教育契机，培养幼儿的自我意识。

现在的幼儿备受家庭呵护和关爱，有些家长一味地包办代替，在现实生活中也没有为儿童提供较多提升生活自理能力和生活技能的机会，在一定程度上不利于幼儿自我意识的发展。针对这些情况，幼儿园可在日常生活中有意地锻炼幼儿的生活自理能力和生活技能，鼓励幼儿自主决定，独立做事，增强其自尊心和自信心。如在活动开展前倾听幼儿的想法和意见，在保证安全的情况下，支持或帮助幼儿实现自己的想法和意见；举办一些生活类技能大赛或者采取游戏的方式，在轻松愉悦的氛围中提升幼儿的生活自理能力。另外幼儿园可根据幼儿的身心发展特点，建立班级值日制度，教给幼儿一些简单的劳动技能，如扫地、拖地、擦桌子、整理床铺等，在获得多次成功的经验后，这些幼儿就会进一步正确认识自我，增强自信心。

乐乐看到幼儿园其他小朋友在早餐时剥鸡蛋壳都很顺利，自己怎么都剥不好，于是就直接抢夺其他小朋友的鸡蛋。这种现象在本质上反映了乐乐缺乏生活经验中积累自己能做什么的认识，即缺乏独立生活的成功经验。这种情况在幼儿园小班常见，幼儿园可以抓住每一个教育契机，教会幼儿学会基本的生活技能，体会成功的愉悦感，促进幼儿进一步地认识自我。

另外，幼儿教师应提供实践和锻炼的机会，即使幼儿做得不够好，也应鼓励幼儿并给予一定的指导，让他们在做事中树立自尊和自信。在日常活动中，培养幼儿挑战有一定难度的任务的精神，并注意调整任务的难度，让幼儿感受经过努力取得的成就感。

（二）创设良好的心理环境，帮助幼儿正确地认识自己

学前教育家蒙台梭利说，"为儿童提供有准备的环境"。幼儿教育本身就注重环境的创设，幼儿需要在平等、尊重、信任的环境中生活和成长，教师要为幼儿营造一种舒适的、温暖的，使幼儿充

满安全感的环境。幼儿园中良好的心理环境能够让幼儿对生活充满乐观和自信，有助于幼儿正确地认识自我、评价自我，进而形成良好的心理品质，特别是对一些胆小、畏缩，缺乏自信心的儿童，教师如果能够给予无条件的积极关注，以平等、稳定、有规则的教养态度来应对他们，善于发现其优点和长处，多给予肯定和表扬，那么他们就会慢慢地找到自己在集体中的位置，认识到自己是其中的一员，获得归属感，并开始愿意承担来自主人翁意识的责任。

在将要开展的"幼儿园半天开放日"的活动中，幼儿园园长、教师都在招呼来园参观的家长，幼儿园的小朋友同样参加了此次活动，在活动中扮演重要的角色。有的小朋友带领家长参观幼儿园、有的小朋友向家长介绍园所特色、还有的小朋友确保园所卫生情况等等。通过本次"幼儿园半天开放日"活动，幼儿更加地体会到作为集体中一分子的责任感，同时也明确了自己在集体中所处的地位、角色和作用。

（三）创设专题活动，引导幼儿正确地认识自我、评价自我、调节自我

幼儿园要有计划地设计一些专题活动，作为培养幼儿自我意识的手段。在设计活动时要根据幼儿的具体情况，使每个幼儿的自我意识都能够得到有计划地发展。通过专题活动，进一步培养幼儿的自信心，引导幼儿逐渐正确地认识自我、评价自我、调节自我。对于过分自信、过高评价自己的儿童，培养其认可他人，正确评价别人的意识；对于胆小、怯懦的幼儿，有针对性地培养其自信心。

幼儿园的教育活动是培养幼儿树立正确自我意识的主要途径，活动设计应根据幼儿不同年龄阶段的发展和个体差异进行有计划的教育。

在面对新入园的幼儿时，教师可以开展适应新环境的主题教育活动，并在这些主题教育环境中涉及自我意识的相关元素。如简单的介绍自己、表达自己的兴趣爱好、增强幼儿物权意识等，这些主题活动能够帮助幼儿在新的环境中找到自己的位置，并对自己与幼儿园的人、事、物的关系建立初步的概念。同时，为了照顾幼儿的个别差异化发展，应充分利用区角游戏开展自我生活经验教育，如过家家游戏。另外，教师可以将幼儿比较熟悉的家庭照片或者其他物品置于班级环境中，帮助幼儿接纳新的环境。

对于中班幼儿教师可采用谈、听、画、讲等方式开展各种增强自我概念的主题活动，跟幼儿共同分析讨论，甚至角色扮演、承担其中的任务，从而体验自我认可的快乐。教师也可以通过游戏活动，让幼儿把自己的心情投放出来，但值得注意的事情是，教师要善于捕捉或分析问题，以便提供及时的分析和指导。

大班幼儿可发挥成人对幼儿的评价优势，家园共育，帮助幼儿形成积极的自我概念。幼儿对自我的认识主要是依赖于成人评价，成人的评价直接影响幼儿对自我的评价与认识。除此之外在自我意识的形成方面应该注重家园共育，家庭是幼儿的第一所学校，父母是幼儿的第一任教师，家长的支持与配合对幼儿自我意识的培养具有重要的作用。

（四）巧用故事、儿歌循序善诱，避免呆板说教

幼儿对故事儿歌有着高度的热情，通过听故事说儿歌，幼儿学会分辨好、坏、对、错，树立正确的观念。教师可以选择有教育价值的绘本，创编故事、儿歌，并结合看图讲述、幻灯片演示、观看录像、情景表演、角色游戏等多种形式讲述故事，吸引并引导幼儿逐渐正确认识自我。如对绘本《我不知道我是谁》的解读：

在不停的疑问中，达利 B 观察着别人、模仿着别人，没想到的是在自己无意之中的大脚一挥使自己成了英雄，他是英雄了。我们以为达利 B 找到了自己，可是可爱的结尾却是和首页一样的画面：主人公达利 B 手放在嘴上（从右手换了左手），耳朵竖着、眼睛圆圆的，满脸的疑问……达利 B 却说了句："真奇怪，我还以为我是兔子呢！"故事戛然而止。这又是一个精彩的看点了。

一个非常简单的故事，隐隐透着点哲学的味道。达利 B 开头和结尾的两次疑问的实质从自我存在的思考到结尾的自己价值的思索，使这本书比较适合喜欢正对周围世界好奇的小孩子，"我从哪来、我是谁、我为什么会是这样、他为什么那样……"你可以只欣赏线条简单的画面，也可以听充满童趣的故事语言，当然也可以像达利 B 一样，带着孩子一起探寻这里面更深层的含义。这本书里，达利 B 没有自我否定、没有盲目随从，没有在别人的评价中迷失自己。而是继续不断地追问自我的意义。这个故事可以让孩子尝试去了解自己、认识自己、肯定自己。

在故事结束之后，教师可以设置情境，引导幼儿思考，面对这样的情况的心理感受，评价事件中的人和事情，或是引导幼儿对身边的实例进行讨论，或借此机会说说自己的看法。

二 不同年龄班自我意识教育活动指导要点

（一）小班

在这一阶段，帮助幼儿在独立活动中感受自己的能力，利用成人的评价来影响、激励幼儿发现自己更多的优点，引导幼儿在友好的同伴关系中获得自我肯定。

1. 在活动中，教师要注意对幼儿的态度和评价

小班的幼儿正处于自我意识的发展时期，幼儿通过镜映形成"镜像自我"，即把他人当作一面镜子，通过他人对自己的表情、评价和态度来了解和认识自己，形成相应的自我概念。教师在面向全体幼儿的同时，要尽可能关爱每一个幼儿，对所有幼儿都一视同仁地关爱。很多老师难以做到一视同仁，因为面对的幼儿的特性是不一样的，有些幼儿活泼可爱、有些幼儿腼腆害羞、有些幼儿性情乖张、有些幼儿内敛有趣，不一样的幼儿带给人不一样的感受，幼儿园教师不应以自己的喜恶不对等地对待幼儿，对幼儿的评价要公正客观，同时要注意态度。

2. 通过幼儿园环境促进幼儿了解个体自我与客体

对于小班特殊时期的幼儿,教师可以开展行之有效的主题活动,让幼儿对个体、自我和客体有所了解,开展与自我有关的主题活动,可以使幼儿认识自己,对自己与幼儿园的人、事、物的关系建立初步的概念。请幼儿将自己最喜爱的照片和玩具带到幼儿园来,使幼儿的情感得到满足,从而进一步接纳周围环境。教师将幼儿已有认知与崭新环境全面结合,提升幼儿接纳新环境的速度与能力。

3. 抓住日常教育契机,帮助幼儿树立自信心

小班幼儿生活技能相对较弱,在初入幼儿园时期,小班幼儿很容易对新环境感到陌生,没有安全感。因为生活技能不足,小班幼儿很容易产生自卑、敏感等不良的情绪。在开展教育活动时,更有可能出现接受能力不足等问题。因此,教师应从日常生活下手,采取具体的方式表达对幼儿学习成果的认可。例如,糖糖真是棒,学会系鞋带了,从而抓住每一个教育契机,帮助幼儿树立自信心。

(二) 中班

中班幼儿的自我意识大大丰富,从主要对自己生理特征的认知,逐渐发展为对自己的社会角色以及心理活动的认知。幼儿教师在开展中班幼儿自我意识教育活动时应注意以下三个方面:

(1) 帮助幼儿认识自我、了解自我,学会自我评价;

(2) 引导幼儿在评价自己的基础上,学习正确评价他人;

(3) 让幼儿在各种活动中尝试自我体验。

教师在设计和组织活动时,可以结合故事等文学作品、幼儿歌曲、情境表演、角色游戏等方式,让幼儿在边听、边玩、边感受的过程中逐渐进入情境,产生情感共鸣;教师可以鼓励幼儿采用多种形式进行创造性表达,为幼儿提供开展视觉艺术、表演艺术、书写等活动的机会,鼓励幼儿大胆表达自己的感受。

(三) 大班

大班时期,幼儿出现独立自主的要求,喜欢探索周围的世界,其自我意识逐渐增强,大班幼儿处于社会自我发展时期。

1. 开展相关的主题活动

在大班,教师可以开展"我是谁"的主题活动(见图2-8)。

2. 给予幼儿自由活动的机会

大班幼儿的自由活动时间要比中、小班的幼儿有所增加,幼儿园教师要间接管理好幼儿的自由活动,使自由活动有利于幼儿身心发展和个性培养。

图2-8 "我是谁"的主题活动

3. 培养幼儿主动性、坚持性和问题解决能力

（1）在游戏活动中，教师要有意识地要求幼儿仔细倾听并遵守相关的规则。

（2）教师要为幼儿提供与他人合作分享的机会，鼓励幼儿开展团队合作，教育幼儿学会等待，学会尊重他人。

（3）教师要为幼儿提供足够的时间和空间，鼓励幼儿主动、积极地将已有的知识和技能运用到日常生活中，通过探索实现新旧知识的融合。

（4）教师要尊重幼儿的自主权，鼓励幼儿运用自己的方法解决问题。

◇ 项目小结

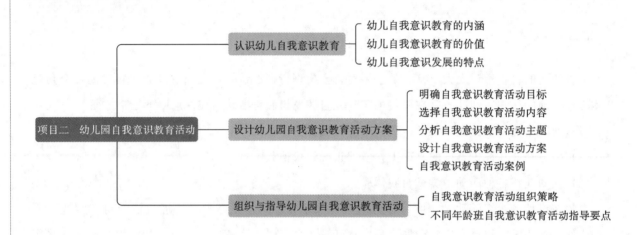

思考与练习

1. 单项选择题

（1）自我意识的结构从内容上来看不包括（　　）。

A. 生理自我　　B. 心理自我　　C. 社会自我　　D. 自我体验

（2）（　　）属于自我意识的情感部分，是伴随着自我认识产生的内在感受。

A. 自我意识　　B. 自我体验　　C. 自我评价　　D. 自我控制

2. 活动设计题

（1）中班下学期，陈老师发现班上仍有一些幼儿会抢别人的玩具，他们的理由是："我喜欢这个玩具，我也要玩。"

要求：请设计一个教育活动，解决上述问题，要求写出活动名称、活动目标、活动准备、活动过程、活动延伸。（选自 2019 年下半年幼儿园教师资格考试笔试保教知识与能力真题）

（2）幼儿园教育活动设计（选自 2019 年全国职业院校技能大赛（高职组）"学前教育专业教育技能"赛项赛卷幼儿园教育活动设计）

序号：第 9 卷

题目：主题活动——大班"保护自己"（相关素材见附件）

内容：

①主题网络图设计（书面作答）。

②教学活动设计（一课时）（书面作答）。

③说课（口头作答）。

基本要求：

①根据附件提供的素材，综合幼儿发展各领域以及幼儿园活动的类型，围绕主题设计主题网络图。主题网络图绘制要具有丰富性、科学性、具体化和操作性强等特点，充分考虑到生活化、兴趣性、适宜性、幼儿的主体性和家园合作等因素。网络图至少有三个层级（包含主题名称一级），第二、三层级至少有三个活动。

②根据主题素材与年龄段，设计一课时（30 分钟左右）集体教学活动的教案。教案格式完整规范，语言清晰、简洁、明了，目标设计、内容选择、方法运用等符合幼儿年龄特征和领域特点。

③根据已设计的教案，就内容、目标、方法、过程设计等进行说课，说清楚"学什么、教什么""怎么学、怎么教"，以及"为什么"等问题，语言规范，条理清楚，逻辑性强，表达流畅。说课在 7 分钟内完成。

附件：

主题活动——大班"保护自己"

1. 主题背景介绍

保护自己是幼儿生活自理和培养独立性的重要内容。大班幼儿对自己身体各感官及功能有了进一步的认识，初步习得保护身体的重要性，知道日常生活中安全和自我保护的基本方法，知道要定期参加健康检查，能乐意接受医务人员的身体体检。同时，他们也在通过各种活动增强健康意识和自我保护意识，不断丰富保护自己的经验，提高自我保护的能力。

2. 主题素材

（1）小知识。

不要随便挖耳朵。耳朵里有一种叫耳垢的分泌物。耳垢对耳朵有保护作用：小虫钻进去，遇到耳垢会退出来；灰尘扬进去，碰到耳垢会被黏住。因此，不可以随便挖耳朵，否则不小心会戳破鼓膜，引起中耳炎，必须上医院请医生治疗。

蒙头睡觉不好。被子里空气不流通，蒙头睡觉时，人无法呼吸到新鲜空气。另外，蒙着被子睡觉，人体呼出的一氧化碳在被子里越积越多，氧气越来越少，时间长了，大脑就会缺氧，醒来后，人会感到很不舒服。

临睡前不要吃糖果。人在睡眠中，唾液分泌少，临睡前吃糖果，糖常常粘在牙缝里，正好为那里的细菌提供了充分的养料。细菌获得养料后，就生长繁殖起来，同时产生一种乳酸。乳酸是腐蚀牙齿的能手，时间长了，牙齿就被蛀坏了。

要多吃蔬菜。蔬菜中含有大量的维生素C和多种矿物质，像磷和钙等。这些成分都是儿童生长发育必不可少的。蔬菜中还含有较多的粗纤维，能帮助消化，防止便秘。有些蔬菜（如大蒜）有杀菌作用，还能预防疾病。

（2）绕口令：《刷牙》。

牙刷能刷牙，刷牙用牙刷。

花花用牙刷刷牙，华华有牙刷不刷牙。

花花教华华用牙刷刷牙，

华华用牙刷刷出一口白牙。

（3）儿歌：《安全歌》。

小朋友，请记牢，危险动作不能要。

墙头高，不要爬，上下楼梯不打闹。

坐在椅上不伸腿，玩时不把沙土抛。

嘴吃东西不说笑，不对耳朵大声叫。

做个文明好孩子，人人夸我好宝宝。

（4）故事：《爱吃肉的毛毛》。

毛毛五岁了，长得胖乎乎的，大家都叫他"胖墩"。毛毛长得胖，还特别爱生病，而且一点力气都没有，甚至不如女孩子的力气大，有时走几步路就走不动了，不得不坐下来休息。有一次，毛毛到红红家做客，红红妈妈炒了很多好吃的蔬菜，红红吃得特别香，可是毛毛却一口也不吃，他只吃肉，一大盘红烧肉一会儿就被他吃了半盘，吃完红烧肉，他又吃了许多香肠。红红妈妈给他夹了许多蔬菜，他一口也不吃。红红妈妈告诉毛毛应该多吃蔬菜，可是他使劲地摇着头。毛毛妈妈说："毛毛就是不爱吃蔬菜，谁都拿他没有办法。毛毛特别爱吃肉，每次吃饭如果没有肉，他就一口都不吃了。"红红妈妈说："红红开始也不喜欢吃蔬菜，后来我给她讲了许多道理，还带她去看了展览，她慢慢开始学习吃蔬菜，现在已经很喜欢吃蔬菜了。红红的身体特别好，不爱生病。"

小朋友，你们说：毛毛应该如何改变自己，变成一个健康的孩子呢？

（5）歌曲：《勤剪指甲》。

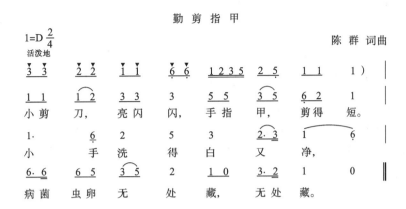

（6）歌曲：《眼的卫生》。

 参考答案
项目二思考与练习

实践与实训

实训一： 围绕幼儿园自我意识教育活动内容，设计一个自我意识教育活动方案，并制作相应的课件、教具、学具，进行模拟试教。

目的： 掌握幼儿园自我意识教育活动方案设计的方法，并能组织与指导科学、适宜的幼儿园自我意识教育集体活动。

要求： 活动方案结构完整，考虑不同年龄段幼儿自我意识发展的适宜性；课件、教具、学具制作精美，能激发幼儿学习兴趣；模拟试教活动关注幼儿社会性发展，目标达成度高。

　　形式： 小组合作。

实训二： 幼儿园见习时，观摩幼儿园自我意识教育活动，记录并对幼儿的表现以及教师的活动设计、组织与指导做出评价。

　　目的： 进一步掌握幼儿园自我意识教育活动的设计、组织与指导策略，并能对活动进行评析。

　　要求： 撰写完整的听课记录；小组讨论并进行汇报；聆听专家点评。

　　形式： 实地观察与分析。

项目三　幼儿园人际交往教育活动

◇ **学习目标**

素养目标：树立尊重幼儿、关爱幼儿的儿童观；体验人际交往对人类的重要性。

知识目标：了解人际交往教育活动的概念、价值和内容；掌握幼儿人际交往发展的特点；掌握幼儿园人际交往教育活动方案设计要点、组织策略及不同年龄班人际交往教育活动的指导要点。

能力目标：能够组织与指导科学、适宜的幼儿园人际交往教育活动；在今后岗位中，具备培养幼儿良好的人际交往的能力。

◇ **情境导入**

在建构区，小朋友们正在自由搭积木，乐乐看到果果用雪花积塑搭建了一座漂亮的"旋转木马"，乐乐立即放弃了自己用积木正在搭建的"小火车"，也想用雪花积塑搭"旋转木马"。等乐乐来拿雪花积塑时，雪花积塑都被小朋友们拿光了，他没有雪花积塑可以搭建了。于是就走到苗苗旁边，抓起一大把雪花积塑就开始搭建。这时苗苗看见了，上去就把雪花积塑抢了下来，并且十分生气地说："这是我的，不允许你拿！"并且又打了乐乐一下，乐乐立即哭起来，引起老师注意。老师走过来蹲下跟苗苗说："苗苗是个乖孩子！你看看周围的小朋友都是一起玩，不能一个人玩，因为雪花积塑是大家的，不是一个人的。"苗苗看看四周，果然如此。然后苗苗又说："乐乐直接抢我的雪花积塑，他应该先经过我的同意，才能拿我的雪花积塑。"于是，老师引导乐乐对苗苗说："我能玩你的雪花积塑吗，苗苗？"于是，苗苗点头同意了，把雪花积塑分给乐乐玩了，同时也知道与幼儿园小朋友一起分享玩具。

幼儿的兴趣很容易受到同伴的影响，看到果果搭建的"旋转木马"，乐乐被吸引了，也想用雪花积塑进行搭建，于是，乐乐动手抢苗苗的雪花积塑，苗苗动手打了乐乐，针对苗苗和乐乐的这种情况，很多幼儿也都有，针对不同幼儿出现的人际交往问题，应该怎样解决呢？学习完本项目你就知道答案了。

任务一　认识幼儿人际交往教育

对于幼儿来说，人际交往是指幼儿在生活、学习中与他人的接触与交往。著名心理分析家阿德勒曾说："假使一个儿童未曾学会合作之道他必然会走向孤独之途，并产生牢固的自卑情绪。"我国著名心理学家丁瓒教授指出："人类的心灵适应，最主要就是对人际关系的适应。"《纲要》中也明确指出：要培养幼儿乐意与人交往，学习互助、合作和分享，有同情心；教师要"引导幼儿参加各种集体活动，体验与教师、同伴等共同生活的乐趣"，"养成对他人、社会亲近、合作的态度，学习初步的人际交往技能"。由此可见，学前阶段对幼儿进行人际交往教育，不仅有利于幼儿学会与教师、同伴、家长以及其他社会成员交往，而且对幼儿长大后的人际交往也有着深远的影响。因此，幼儿园要为幼儿提供人与人之间相互交往的机会和条件，促进幼儿人际交往能力的健康发展。

一　幼儿人际交往教育的内涵

（一）人际交往

人们在人际交往中依靠什么来进行交流呢？一般说来，人的社会交往过程主要包含以下基本要素：

1. 交往者

交往者包括信息的发送者和接收者以及旁观者，发送者和接收者在交往中不断转换，因此，一个人在交往中要交替扮演发送者和接收者的角色。交往者可以是一对一的关系，也可以是一个人对一群人或一群人对另一群人的关系。

2. 信息

信息有语言信息和非语言信息，语言信息有口头语言（说话、交流）和书面语言（书信、文章、报纸、黑板报等）。非语言信息包括辅助语言（语音、语调、语速）、眼神、表情、仪表、手势、姿势、距离、接触、气味等。交往者的表达能力、接受能力、理解能力和认知能力将影响信息的发送和接收的质量。

3. 人际认知

人际认知会受个人知识、经验、兴趣、目的、第一印象、刻板印象、光环作用、迷信心理、文化差异等因素的影响，更受交往时的环境和个人精神状态的影响。

4. 人际反应

有直接的人际反应，表达了内心的真实思想；有掩饰的人际反应，经过了有意识的伪装，已不再表达内心的真实思想。

5. 人际关系

人际关系可以有许多类型，如同伴关系、朋友关系、夫妻关系、亲子关系、亲戚关系、师幼关系等，不同的人际关系包含不同的交往目的和交往方式，应该采用与人际关系相适应的交往方式。

6. 人际吸引

人际吸引是指人与人之间相互喜欢、愿意亲近的程度，这与人的气质类型、情感、表达能力、外在形象等方面有关，它决定人际关系的质量和人际交往的成败。

7. 交往情景

交往情景包括交往的环境、场所、气氛、空间安排、时间安排等。

8. 背景影响

背景影响因素包括政治地位、经济水平、文化层次、生活阶层、宗教信仰、种族差异、文化差异、传统观念、伦理、道德、职业、年龄、性格等。

综上所述，为造就适应未来社会发展的人才，家长和教师应充分考虑到以上因素，创设各种人际交往的机会和条件，注重幼儿交往的语言信息和非语言信息表达方式的培养，提高其人际认知能力，使之建立良好的人际关系，为其今后交往能力的发展奠定良好基础。

（二）幼儿人际交往

幼儿人际交往是指幼儿在与成人的接触、交流或与同伴游戏、学习、生活等过程中，运用语言或非语言符号系统相互沟通、情感交流的活动；是其逐步学会表达自己的愿望，了解别人的情绪和想法，调节自己的行为，促进相互之间的理解协调，并使这种关系得到延续和保持的活动。[①]

众所周知，婴儿从一出生就有渴望跟外界互动沟通的意愿，因为他离开成人的照顾和养育无法独自生存，但是他的交往能力并不是与生俱来的，而是需要成人在后天为其创设适宜的环境，通过与周围人不断交流逐步形成的。为使幼儿能适应未来社会生活，我们必须从社会交往过程和幼儿的发展两大方面的因素详细地分析诸多影响因素，才能真正有效地促进幼儿的社会交往。

---

① 周世华. 幼儿社会教育［M］. 北京：高等教育出版社，2013：113.

(三)幼儿人际交往教育

幼儿园人际交往教育活动指教师有目的、有计划地通过创设一定的情境和条件,激发幼儿社会交往的意愿,引导幼儿学习交往技能,培养幼儿良好的交往行为的活动。幼儿人际交往教育活动的目的在于通过为幼儿提供交往的机会,构建人际交往的平台,使幼儿形成关心、理解、尊重和赞赏他人的人际交往态度,学习与掌握人际交往的技能,逐渐学会与人友好相处。幼儿园开展的人际交往教育活动有"我的朋友""大家一起玩""猜猜我是谁"等。

二 幼儿人际交往教育的价值

幼儿人际交往是幼儿个体社会化过程中一种常见的社会行为,也是个体社会化发展中一个重要指标,培养幼儿社会性利他行为和助人行为的主要途径是人与人之间形成和维护良好关系。

(一)幼儿人际交往是幼儿社会化的基本途径

人际交往是人类社会不断向前发展必不可少的一项技能,也是个体社会化的出发点和必由之路。没有社会上其他个体的协同与帮助,任何个体都不可能完成这个过程。良好的人际交往能力是良好人际关系的基础和前提,幼儿从一出生开始,在与父母等成人、同伴的交往过程中,逐步掌握基本的人际交往技能,增长知识,丰富阅历,慢慢地了解和认识社会的方方面面,让自己在未来的生活、学习、工作上逐步适应社会发展要求,建立起不同的人际交往关系,形成属于自己的社会系统。

(二)幼儿人际交往有助于幼儿宣泄消极情绪,促进身心健康发展

忧愁和欢乐是人生的二重唱,但不是每个人都能把这个二重唱唱好,能够把自己的欢乐与朋友共同分享,忧愁与朋友倾诉,能有效地缓解紧张气氛、消除不良情绪、减轻过度心理压力。幼儿时期是人际关系形成的关键时期,幼儿间的交往能够为其学习人际交往技能、相互交流经验、宣泄不良情绪、懂得社会规则、完善健全人格提供良好的锻炼平台。通过交往,幼儿可以结交朋友,形成自己的交往群体,如果有不开心的事情,可以向小伙伴们倾诉,并能够获得他们的支持和安慰。

自由活动时间到了。王老师对小朋友说:"现在我们要玩玩具,先举手的小朋友可以先选玩具。"王老师的话音刚落,小朋友们马上高高地举起手,争先恐后地抢着说:"老师,我!"……王老师一时实在无法判断谁最先举手,只好随便选了一位。被点到名字的小朋友,随即去选了他想玩的玩具。由于活动室里玩具的种类和数量本来就不多,当老师点到浩浩的时候,浩浩说:"那些都不好玩。"然后指着薇薇手上的玩具说:"我要那个。"王老师说:"不行,那个已经被别人选了,谁

叫你不先举手。"浩浩立即哇哇大哭起来，这时，薇薇看到浩浩哭了，和王老师说："我和浩浩一起玩吧，他是我的好朋友。"在接下来的时间里，浩浩和薇薇一起开开心心地玩起来了。

（三）幼儿人际交往有助于幼儿思维和语言表达方式的健康发展

语言是人们进行交往的基本工具，思维是人们认识自然和社会的一种内在本质能力。语言和思维是在人际交往过程中产生、发展、完善的，随着幼儿生活阅历的丰富，人际交往范围不断扩大，内容不断丰富，幼儿的语言也越来越完善。幼儿能够学会在不同场景和朋友间进行交谈，并善于运用交谈技巧和方式，逐步形成属于自己的语言风格和思维特点。

开展每周一次的"大带小"手拉手活动，对于小班的孩子来说，这种交往方式是一种模仿学习的过程，他们可以向"哥哥姐姐"提出自己的问题、请求或提供帮助，学习别人的交往方式，模仿"哥哥姐姐"的语言和行为，这使孩子的语言交往能力在无形中提高。

（四）在幼儿人际交往过程中幼儿逐步完善自我，获得朋友，产生集体荣誉感

幼儿在人际交往过程中，能够学习知识和经验，并能发现自我、确立自我、完善自我。幼儿学会人际交往，是幼儿成长过程中必不可少的一项技能。在集体活动中，幼儿需要考虑与集体的关系，在与集体成员的交往中，逐步学会合作、分享、谦让、文明礼貌，使自己在集体中的地位得到稳固和加强，产生集体荣誉感。

专家精讲
"幼儿人际交往教育的价值"

三　幼儿人际交往发展的特点[①]

3～6岁儿童人际交往能力的发展总体上呈现出去自我中心、由被动交往向主动交往转化以及交往技能逐渐成熟等特征，但不同年龄阶段儿童的人际交往能力有着不同的特点。

---

① 张明红. 3～6岁儿童人际交往能力及其发展[J]. 幼儿教育，2015（16）.

(一) 3～4岁儿童人际交往能力的特点

3～4岁儿童在人际交往中表现出来的最大特征是自我中心。这一阶段的儿童由于受认知水平的局限和思维发展水平的影响，还不能理解成人或周围环境对他们的要求，往往我行我素。皮亚杰认为，规则对2～5岁的儿童还没有约束力，他们没有把规则看成是应该遵守的。儿童往往按照想象去执行规则，把外在环境看作是自我的延伸，还没有把主体与客体分离，不能将自己与周围环境区别开来。因此，3～4岁儿童会表现出喜欢平行游戏或独自玩耍、不会主动发出加入游戏或活动的请求等典型行为。他们的游戏活动只是个人独立的行为，与成人、同伴之间还没有形成合作关系。

3～4岁儿童在人际交往中表现出来的另一个特征是交往的被动性。他们的认知与语言能力有限，缺乏相应的社会交往技能，加上刚刚从家庭踏入幼儿园，需要一段时间来适应新环境，因此该阶段的幼儿喜欢和熟悉的人交往，不会主动与人打招呼。比如：当你问3～4岁儿童"你的好朋友是谁"时，他们经常会回答"我和×××（熟悉的人）是好朋友"；当你问他们"喜欢老师还是家人"，他们一定会回答"家人"。虽然幼儿主动发起交往较为困难，但只要他们能够应邀，也算是在与人交往上迈出了一大步。

3～4岁儿童在交往过程中肢体语言的使用占据了很大的比重。由于3～4岁儿童的语言仍在发展中，他们在交往中往往不善于用语言表达来解决问题，而常用动作来解决问题，因此容易产生类似攻击性行为的动作。有经验的教师都会意识到，在3～6岁儿童中，3～4岁儿童出现攻击性行为的频率最高。

《指南》提到，人际交往能力中较为重要的是解决问题的能力。3～4岁儿童的人际交往能力有限，因此他们会选择最原始、最有效、自己认为最能解决问题的方式来解决冲突。同时，前面也提到，3～4岁儿童处于自我中心阶段，还不能完全从他人的角度去看待事物，不能用换位思考的方式去理解他人的想法。因此，3～4岁儿童之间很容易产生矛盾，也会出现较多"不讲理"的情况。

(二) 4～5岁儿童人际交往能力的特点

与3～4岁儿童相比，4～5岁儿童人际交往能力有了长足的进步，其最明显的特征就是开始去自我中心了。他们开始能逐渐从他人的角度去理解他人的想法，比如从"因为自己生气而去打人"，到"知道打人会让对方很疼"，所以会寻求别的方式发泄自己的情绪。与此同时，他们的自信心也在逐渐增强，并且习得了参与游戏活动的技能。4～5岁儿童独自游戏逐渐减少，群体游戏逐渐增加。4～5岁儿童在同伴交往中也能彼此体谅与照顾，从而出现了"游戏伙伴"和"小团体"等3～4岁儿童没有的现象。

4～5岁儿童开始尝试和自己喜欢的人主动交往，能主动参与自己感兴趣的活动。幼儿交往的主动性源自他们习得了一些与同伴交往的技能，4～5岁儿童在人际交往中大多能与同伴合作、互助、分享和交流，这些交往技能有助于幼儿良好同伴关系的维系、社会适应性的提高和优良道德品质的培养。正是因为有了主动交往的行为，幼儿开始形成自己的伙伴群体，每个幼儿都有自己喜欢亲近的人，可以是教师也可以是小伙伴。例如，教师可以观察到幼儿开始逐渐固定游戏玩伴，有些幼儿在自由活动时总是一起玩。

4~5岁儿童虽然开始愿意主动交往，但仍然缺乏交往技能，对已有的交往技能的使用也不熟练。因此，他们在人际交往中总会出现一些问题，如产生矛盾、合作失败、分工不明等。虽然幼儿开始使用交往技能，但是遇到问题时往往缺乏有效的解决方法，从而常常出现退缩或攻击性行为，或者喜欢告状，寻求成人的帮助等。例如，教师会觉察到，在区域活动中，幼儿与同伴产生矛盾时经常会向教师投诉。

正是针对4~5岁儿童人际交往的上述特征，《指南》对这一阶段儿童的同伴交往行为提出了如下目标：会运用介绍自己、交换玩具等简单技巧加入同伴游戏；对大家都喜欢的东西能轮流、分享；与同伴发生冲突时，能在他人帮助下和平解决。这些目标具体说明了4~5岁儿童应具备的交往技能，指出了儿童解决人际交往问题时由于年龄特征所带来的局限。

（三）5~6岁儿童人际交往能力的特点

5~6岁儿童人际交往的特点相较于前两个阶段更为丰富。5~6岁儿童往往有比较固定的玩伴，且喜欢与同性别的伙伴一起玩。与4~5岁儿童不同，这一阶段的儿童开始尝试与同伴建立友谊，他们常常会用各种方式和自己喜欢的伙伴建立朋友关系。例如，有的孩子会使用"交换"的方法，"你和我做朋友，我就让你玩这套烹饪玩具"；有的孩子还会使用"威胁"的方法，"你如果不让我玩，我就不和你做朋友了"。无论采取哪一种方法，幼儿都无恶意，他们只是为了结交合自己心意的朋友。与此同时，5~6岁儿童性别意识增强，常常按性别聚集在一起活动，即女孩和女孩一起，男孩和男孩一起。同时，同性别的幼儿可能会有共同的喜好，如男孩比较喜欢谈论"打怪兽""开赛车"等话题，而女孩则比较喜欢娃娃家、小舞台等角色游戏。

5~6岁儿童能主动发起或加入同伴的游戏或活动。随着交往能力的增强，他们已从被动地位转为主动地位。5~6岁儿童喜欢尝试扮演不同群体中的角色，如领导者、谈判者、追随者等，因此他们发起的基本上都是有组织、有规则、有分工和有"小组领袖"的共同活动或合作游戏。5~6岁儿童已能体验到合作带来的方便及快乐。

5~6岁儿童在共同游戏或活动中能与同伴协商、讨论，并发表自己的想法，能耐心倾听同伴的意见和建议，出现矛盾和问题时大多能自己协商解决。随着幼儿认知、动作和语言等能力的发展，幼儿习得了越来越多的交往技能，并逐渐脱离成人的帮助，做到自己能够解决的问题尽量自己解决。

上述5~6岁儿童人际交往的特征在《指南》中也得到了具体阐释。例如，能想办法吸引同伴和自己一起游戏；活动时能与同伴分工合作，遇到困难能一起克服；与同伴发生冲突时能自己协商解决，等等。

综上所述，3~6岁儿童交往能力的发展主要表现为逐渐去自我中心、交往技能不断习得、交往过程中主动性不断增加等。正如《指南》所述，家庭、幼儿园和社会应共同努力，为幼儿创设温暖、关爱、平等的家庭和集体生活氛围，建立良好的亲子关系、师生关系和同伴关系，让幼儿从中学习更多的交往技能，发展人际交往能力。

任务二　设计幼儿园人际交往教育活动方案

幼儿园人际交往教育活动是指教师通过创设一定的情境和条件，引导幼儿学习某种人际交往技能的活动，其目的在于通过为幼儿提供交往的机会，构建人际交往的平台，培养幼儿关心、理解、尊重和赞赏他人的人际交往态度和情感。

一 明确人际交往教育活动目标

（一）纲领性文件中的人际交往教育目标

《纲要》明确指出：要培养幼儿乐意与人交往，学习互动、合作和分享，有同情心；教师要"引导幼儿参加各种集体活动，体验与教师、同伴等共同生活的乐趣"，"养成对他人、社会亲近、合作的态度，学习初步的人际交往技能"。

《指南》将人际交往列为社会领域的重要子领域，主要有两大目标：愿意与人交往；能与同伴友好相处。如表3-1所示。

表3-1　幼儿人际交往目标①

	小班	中班	大班
目标1：愿意与人交往	1. 愿意和小朋友一起游戏。 2. 愿意与熟悉的长辈一起活动。	1. 喜欢和小朋友一起游戏，有经常一起玩的小伙伴。 2. 喜欢和长辈交谈，有事愿意告诉长辈。	1. 有自己的好朋友，也喜欢结交新朋友。 2. 有问题愿意向别人请教。 3. 有高兴的或有趣的事愿意与大家分享。

---

① 上表内容节选自《3~6岁儿童学习与发展指南》社会领域子领域"人际交往"目标1和目标2。

续表

	小班	中班	大班
目标2：能与同伴友好相处	1. 想加入同伴的游戏时，能友好地提出请求。 2. 在成人指导下，不争抢、不独霸玩具。 3. 与同伴发生冲突，能听从成人的劝解。	1. 会运用介绍自己、交换玩具等简单技巧加入同伴游戏。 2. 对大家都喜欢的东西能够一起分享。 3. 与同伴发生冲突时，能在他人帮助下和平解决。 4. 活动时愿意接受同伴的意见和建议。 5. 不欺负弱小。	1. 能想办法吸引同伴和自己一起游戏。 2. 活动时能与同伴分工合作，遇到困难能一起克服。 3. 与同伴发生冲突时能自己协商解决。 4. 知道别人的想法有时和自己不一样，能倾听和接受别人的意见，不能接受时会说明理由。 5. 不欺负别人，也不允许别人欺负自己。

（二）幼儿园人际交往教育目标制定的原则

1. 目标涵盖要全面——认知、情感和技能

（1）认知程度。在人际交往方面，幼儿认知维度的目标有：交往规则的认知（如人际交往规范，待人接物的礼仪，相互理解、尊重与支持，平等、合作、分享、协商、包容、忍让、妥协和诚实守信等规则），幼儿观点采择能力、自我认识等社会认知能力的发展等。

（2）情感维度。在人际交往方面，情感维度的目标包括归属感、责任感、同情心和自尊心，理解、尊重和赞赏他人的积极态度等。

（3）技能维度。在人际交往方面，动作技能维度的目标包括分享、关心、同情和合作等积极的亲社会行为。

在实际的工作中，比较容易出现教师重视知识的传授，忽视情感的激发和能力的培养，从而导致幼儿发展失衡的现象。因此，在教学活动过程中，教师要关注幼儿情感的变化，培养幼儿人际交往的积极行为并强化（例如，发现幼儿有分享和合作行为时，要及时表扬他们），以促进幼儿人际交往能力的提高。

2. 目标适合幼儿发展需求

在设计关于人际交往教育活动的目标时，教师需要在一日生活、游戏环节、晨练、体育锻炼等方面关注幼儿的人际交往现状，注意观察幼儿之间是否经常发生矛盾，幼儿和教师的交往现状如何等。有的幼儿不善于和教师交往，教师要积极关注他们，设计专门的教育活动促进教师和幼儿的亲密交往，培养幼儿的安全感和归属感

除了关注幼儿人际交往中的消极行为，也要关注幼儿展现出来的积极、友好行为。教师观察和记录下来的案例，一方面有助于教师了解本班幼儿的交往现状，另一方面可以作为以后教育活动的

素材使用。在设计相关教育活动的目标时,教师要注意促进幼儿改善不良行为,强化积极的行为。

教师在制定人际交往教育活动的目标时,除了要注意以上两点之外,还要遵循社会教育活动目标制定的一般原则,如目标要有连续性和一致性,目标表述要以幼儿为主体,具有可操作性等。

二 选择人际交往教育活动内容

根据幼儿交往对象的特点,可以把幼儿园人际交往教育活动分为亲子交往、师幼交往、同伴交往、与其他社会成员的交往四种类型。不同的活动类型有不同的教育实施路径。

(一)亲子交往

1. 亲子交往的含义

亲子交往主要是指子女与父母间的交往活动,是幼儿最早形成的人际交往关系。每个人一出生首先接触的就是父母,最早的社会交往对象就是父母或其他养育者(见图3-1、图3-2)。当父母对婴儿表现出微笑、拥抱、呼唤等行为时,婴儿也报以相应的反应,婴儿会通过微笑、啼哭、皱眉等行为表达自己的需要,这表明婴儿与父母之间出现了社会交往。通过研究表明,亲子关系良好的幼儿容易产生友好、分享、同情、谦让等亲社会行为,在人际交往当中比较容易受同伴的欢迎,而亲子关系不好的幼儿会出现冷漠、敌对、暴躁、撒谎等行为。

图3-1 我和妈妈一起植树

(衡阳市人民政府机关一幼儿园提供)

图3-2 我们和爸爸一起郊游

(衡阳市人民政府机关一幼儿园提供)

拓展阅读
"合格父母的十条标准"

2. 亲子关系对幼儿发展的重要作用

良好的亲子关系是幼儿认知能力发展的前提。父母是幼儿的第一位老师，他们的一言一行都对幼儿产生着潜移默化的影响，并成为幼儿学习的榜样。受到父母的热爱、鼓励和支持的幼儿也愿意接受父母的指导，并会在父母的支持下大胆地去探索和认识未知世界。研究表明。父母对幼儿认知能力发展的积极态度和殷切希望，对幼儿成就动机与需要、学习成绩等有较大的影响。

良好的亲子关系是幼儿个性和社会性发展的基石。在与父母的交往中，幼儿感受最多的是来自母亲的精心抚育、照料和丰富的情感反应以及言语教导、鼓励与错误纠正等。母亲的交往态度以及幼儿与母亲丰富而又积极的情感交流，为幼儿未来一生形成良好的人际关系和健康的情感奠定了基础。父亲在与幼儿的交往中所产生的作用，是母亲不可代替的。父亲与幼儿交往的内容偏重于游戏、学习等认知性和活动性交往，父亲往往会成为幼儿游戏的伙伴、学习的指导者和品行的榜样。幼儿在与父母的亲密交往中获得安全感，学会独立与人合作，并在未来的生活中为发展其完美的人格和建立和谐的人际关系奠定基础。

案例导入

爱玩手机的妈妈

案例描述：周末，四岁的乐乐独自在玩积木。一会儿用积木搭"房子"，一会儿用积木搭"桥"，一会儿又搭"小汽车"，玩得很开心。当乐乐搭了一座"城堡"时，对妈妈说："妈妈，你看它像不像白雪公主住的城堡呀？"妈妈眼睛盯着手机，头也没有抬地说："像。""那你跟我一起玩搭积木的游戏吧？""等会儿。"妈妈的眼睛仍然没有离开手机。"不行，现在就玩嘛。""你这孩子怎么不听话呀，这么多事情，自己去一边玩去。"妈妈生气地说。

案例分析：亲子交往对幼儿认知、情感、个性以及社会性等方面的发展都有需要作用。在上述案例中，乐乐妈妈忽视了和乐乐的互动，实际上满足孩子此时的需求，跟孩子一起做游戏，一方面可以增长孩子的知识，满足其求知欲，另一方面也可以促进孩子与母亲之间的情感交流。因此，父母要重视亲子之间的交往活动，促进孩子心理健康的发展。

良好的人际关系是幼儿身心健康的重要保证。父母与幼儿的亲密交往，可以使他们从小获得身心发展上的满足和精神上的享受。它不仅可以消除幼儿的紧张、不安、恐惧与焦虑情绪，还可以使幼儿的积极情感得到充分的发展，从而形成独立、自信、谦和、友爱、协作等个性品质，为其今后的发展和社会交往打下坚实的基础。

同时，在幼儿园教育活动设计中，教师可以在儿童节、重阳节、母亲节、父亲节等节日，请幼儿的父母和亲人到幼儿园与幼儿共同活动，还可以组织幼儿和家长一起到户外游玩、参观，也可以举行亲子运动会、亲子联谊会等亲子交往方面的活动。这些活动有助于幼儿与父母产生积极的互动，增进亲子之间的了解，密切亲子感情，形成良好、和谐的亲子互动关系。

（二）师幼交往

师幼交往是指在幼儿园，贯穿于幼儿一日生活中，教师与幼儿之间相互作用、相互影响的行为与过程。《纲要》第三部分指出："关注幼儿在活动中的表现和反应，敏感地察觉他们的需要，及时以适当的方式应答，形成合作探究式的师生互动。"师幼交往对促进幼儿健全人格的发展具有重要作用，良好的师幼交往有利于增强幼儿的安全感、自信心及探索精神，有利于发展幼儿的交往能力，加强幼儿对新环境的适应能力，促进幼儿自我概念的形成与发展。良好的师幼关系是教师帮助幼儿形成积极社会态度的基础。

案例导入

案例描述：班上有个叫明明的小男孩，是出了名的"调皮蛋"，爱打架，常欺负班里的小朋友。通过与他妈妈交谈，教师了解到，他的爸爸和妈妈工作很忙，平时没有多少时间管教他，而明明又比一般的孩子好动、调皮。妈妈管教儿子的办法只是一味地训斥、打骂，但收效甚微。明明的坏习惯不仅没有改掉，而且只要妈妈打骂了他，他一定会打别的小朋友。面对这样的孩子，教师觉得要让孩子感受到爱、感受到尊重。通过观察，教师发现明明特别喜欢恐龙，一说起恐龙，他马上滔滔不绝地讲起来，头头是道。于是在一次讨论地球上生物的活动中，教师特地邀请明明当小老师，让他给小朋友们讲一讲恐龙，明明马上变得很兴奋，非常认真地给小朋友讲起来。这一天下来，明明一直都很开心，还主动帮助小朋友捡起掉在地上的图书，这使得教师对他有了新的认识，对他有了信心。于是教师更多地关注明明，只要他有一点点进步，都给予认真的肯定和表扬。慢慢地，明明变得友善了，也懂事了。

案例分析：和谐的师幼关系有利于幼儿健全人格的形成，更有利于幼儿身心健康全面发展。特别是对于小班的幼儿，良好的师幼关系更有利于其尽快地适应幼儿园环境。教师要了解幼儿的生理和心理特点，对幼儿的态度、语言和交往上都应体现出教师的关爱，创造良好的师幼交往的氛围。

教师应注意培养幼儿在师幼关系上的主动性，在多种形式的教育和游戏活动中构建良好的师幼关系，让幼儿获得更多的探索机会，促使幼儿积极主动地与教师交流，培养自主、自理、自律的生活态度。教师要鼓励幼儿学会主动和教师交往，敢于向教师表达自己的愿望和意见；遇到困难时主动向教师求助、求教；能虚心接受教师的批评，有误会时敢申诉。因此，教师必须对自身角色进行定位与调整，教师不再是管理者、指挥者，而是良好师幼关系的创造者、组织者、支持者和指导者（见图3-3、图3-4）。

图3-3　我和老师一起开展活动

（衡阳市人民政府机关一幼儿园提供）

图3-4　老师给我们介绍"成长树"

（衡阳市人民政府机关一幼儿园提供）

（三）同伴交往

同伴交往是指以同伴为交往对象的活动。一般而言，幼儿同伴交往的双方都处于相同的年龄水平，在低龄儿童中经常会出现非言语交往、单向交往的情况。同伴交往比较能体现出幼儿的人际交往水平，幼儿的合作、分享、协商、互助等品质主要在同伴交往中得以表现和形成（见图3-5、图3-6）。在儿童心理发展的历程中，同伴之间的交往相比于儿童与成人的交往更具有特殊的意义。幼儿只有在与同伴的互相交往中，才能学会在平等的基础上协调各种关系；只有在与同伴的交往中，才能充分发挥他们之间的相互作用，充分发挥各自的活动积极性，有助于自我意识的形成。这种交往也有助于幼儿重新协调他们与成人的关系，幼儿在活动中对同伴的依从性增强，就会减弱他们对成人的依从性，这样也就促进了幼儿与成人，尤其是与父母之间的相互作用，从而逐步改变幼儿对父母单方面的顺从态度。幼儿之间的社会交往绝大多数是在游戏情境中发生的。幼儿在游戏中的同伴交往主要表现出如下特点。

3岁左右，幼儿在游戏中的交往主要是非社会性的，幼儿以独自游戏或平行游戏为主，彼此之间没有联系，各玩各的。此时，他们还不能很好地共同游戏，出现摩擦的时候多，玩到一起的时候少。成人对此时幼儿间的争吵应该有正确的认识，知道争吵可以促进幼儿的社会性发展。

4岁左右，联合游戏逐渐增多，并逐渐成为主要游戏形式。在游戏中，幼儿彼此之间已经有一

图 3-5　我们一起搭积木

（衡阳市人民政府机关一幼儿园提供）

图 3-6　我们一起滚"大铁桶"

（衡阳市人民政府机关一幼儿园提供）

定的联系，会说笑，互借玩具，但这种联系是偶然的、没有组织的，彼此间的交往也不密切。这是幼儿游戏中社会性交往发展的初级阶段。这个时候，幼儿能够主动地寻找游戏的伙伴了，而且也能形成较好的游戏氛围，但争吵更激烈了。3~4岁的同伴关系更多建立在口头上，而大一点的幼儿则会出现更为复杂和互惠的游戏。

5岁以后，合作游戏开始发展，同伴交往的主动性和协调性逐渐增强。幼儿游戏中社会交往水平最高的就是合作游戏。在游戏中，幼儿分工合作，有共同的目的、计划；幼儿必须服从一定的指挥，遵守共同的规则，要互相协作、尊重、关心与帮助，大家一起为玩好游戏而努力。

案例导入

争抢玩具

案例描述：中班的角色游戏区，明明和亮亮正各自拿着一挺冲锋枪对着对方"开火"，一个假装中弹后微仰身体，另一个被对方逗得哈哈大笑；站在旁边的小丽看着他们十分羡慕，手中什么玩具也没有拿，只是在一旁看着，跟着笑。一会儿，小丽就趁着明明不注意，一把抢过冲锋枪。两个人争夺起来，教师闻声走了过去。假如你是这个班的教师，你如何看待这一现象？怎么样解决孩子的这种交往问题？

案例分析：在孩子的活动中，并不是矛盾多，交往能力就低。主要是看矛盾冲突发生后，孩子的解决策略水平怎么样。生活中，矛盾是客观存在的，而解决这一客观存在的主观能力很重要。所以，教师要树立正确的矛盾意识，积极引导，提高儿童解决矛盾冲突策略的能力。如对于3~6岁的幼儿，当争夺同一件物品而发生矛盾冲突时，最有效的办法是用孩子感兴趣的物品或其他活动引开他的注意力。因为在冲突中，交往的策略不同，导致的结果也不同。如争抢玩具带来的结果就有"抓伤人""一起玩""协商解决""损伤物品"等。教师要以积极的状态正确对待幼儿间的矛盾冲突，以良好的交往方式避免矛盾的深化。

人际交往中遇到矛盾是不可避免的，而善于解决交往矛盾，是高水平的合作与交往能力的标志。在人际交往态度与策略的经验中，重在引导幼儿感受"友爱"，形成对他人的真诚、平等的态度。为保证核心教育价值观的实现，针对儿童人际交往的实际状况，提出了为达到真诚、平等、愉快交往与交流而应学习的基本策略。另外，这部分还强调了自律性规则的学习。当儿童在经历冲突、矛盾、不愉快的人际交往后，主动将这些有效策略约定为人际顺利交往的行为规范，有利于他们理解规则的含义，在生活与活动中自觉地遵守规则。

（四）与其他社会成员的交往

幼儿作为一个社会人，除了要与家长、同伴和教师交往外，还需要与社会上其他的成人交往，如亲戚朋友、幼儿园除教师以外的工作人员（保健老师、园长、保安、食堂工作人员等），还有营业员、司机等各行各业的人员。为了配合幼儿园的教学活动，教师可以组织参观访问等活动，让幼儿有机会与各种不同职业的人员接触，锻炼其人际交往能力。

三 分析人际交往教育活动主题

主题教育活动以教育的需要与幼儿的兴趣为出发点，从多方位、多层面，探究某一特定的主题，并将不同方面的认知及其相关的信息进行整合，以形成立体的认识与了解，从而让幼儿的身心得到愉悦，个性得到全面和谐的发展。幼儿园人际交往教育主题活动即指在组织上以人际交往教育为中心，在内容上可能包含或融合社会、语言、科学、健康、艺术等学习领域，或者家园合作，以促进幼儿人际交往能力的发展。

（一）确定适宜的主题

1. 明确主题的来源

幼儿园人际交往教育主题活动是以人际交往教育内容为基础来设计的，主题来源往往是幼儿与同伴、幼儿与教师、幼儿与家人或者幼儿与其他人的交往过程，如"幼儿园里朋友多""我和你是好朋友"等，以人际交往教育内容为中心，把与这个中心相关的内容组织在一起，但在主题的设计组织与实施过程中,又不只局限在社会这一个领域,还包括其他领域或者其他实践活动。

2. 制定主题活动的总目标

幼儿园人际交往教育主题活动的总目标是以提高幼儿人际交往能力为主要内容,并兼顾健康、语言、科学、艺术等其他领域的目标,主题活动目标包含认知、情感和技能三方面的目标。我们来看案例:

> **案例导入**
>
> **中班人际交往教育主题活动 "我们都是好朋友" 总目标**
>
> 1. 有主动与人交往的意识,尝试运用多种方法了解、关心朋友,学习与人交往的正确方法。
> 2. 有经常在一起的小伙伴,对大家都喜欢的东西能轮流分享,能用请求、商量、结伴、介绍自己、交换玩具等交往方式与同伴共同游戏。
> 3. 能运用合适的语言表达自己对同伴的认识和喜爱,并会用较完整的语言描述自己与同伴交往的趣事。
> 4. 会用动作、歌声表现歌曲轻松、愉快的情绪,能按歌词内容自编简单的表演动作并协调地跳邀请舞。
> 5. 学习5以内的相邻数,在实际操作中理解5以内数与数之间的关系,如:5比4多1。
> 6. 能为好朋友画像,尝试从五官、服饰等方面绘画,表现出人物的基本特征。
> 7. 有独立自主的意识,在遇到困难时能与同伴互相帮助,并想办法解决。

以上案例选择了幼儿与同伴的交往为主题,引导幼儿了解如何与同伴交往,掌握与人交往的技能,同时兼顾了艺术领域,引导幼儿学习关于好朋友的歌曲,通过歌曲的学习,了解人际交往的方法;还兼顾了科学领域的数学活动,了解数字之间的关系,提高幼儿的观察、分析、比较、合作及语言表达能力等。

(二) 编制主题网络图

人际交往教育主题网络图是将该主题下的所有相关内容绘制成图,以便教师与幼儿更好地围绕人际交往开展教育活动。我们来看案例:

小班人际交往教育主题活动"有礼貌的好宝宝",其主题网络图如图3-7所示。

环境创设:在班级创设"有礼貌的好宝宝"主题环境墙,在角色扮演区创设"宝宝做客"情境。

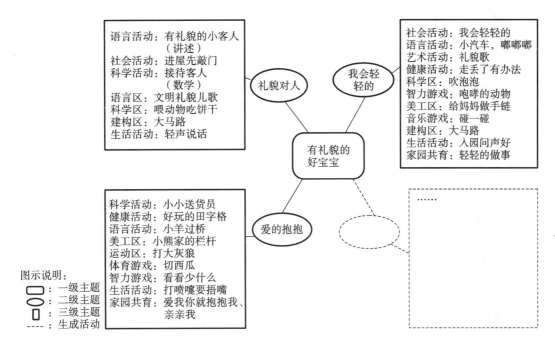

图 3-7 小班人际交往教育主题活动"有礼貌的好宝宝"主题网络图

四 设计人际交往教育活动方案

人际交往教育活动方案的活动意图、活动名称、活动目标、活动准备、活动过程和活动延伸的设计要求见项目一任务五，下面重点介绍人际交往教育活动过程的设计。

1. 创设人际交往情境

创设人际交往情境即导入，指运用多种方式引出活动主题，激发幼儿参与活动的兴趣，让幼儿在轻松、快乐的氛围中感受、参与、体验交往。

如"喜欢和你在一起"活动中，播放音乐《和你在一起》，请全体幼儿一起律动。

2. 引导幼儿学习人际交往技巧

主要使用两种方法：一是直接呈现法（正面）。就是直接学习人际交往的具体技巧，如面带微笑，使用礼貌用语，并让幼儿感受到这种交往技巧能够给他人带来快乐，从而使他们愿意使用交往技巧。二是间接呈现法（反面）。就是教师通过呈现一些反面事例，让幼儿进行讨论，逐步引出正确的人际交往技巧。例如，教师请幼儿看一个短片：A想参与其他几个幼儿的游戏，但他们不同意，于是，A开始捣乱，结果不但没能跟大家一起玩，还引起了冲突。教师组织幼儿一起讨论：片中哪些孩子做得好？哪些孩子做得不好？最后引出人际交往技巧，指导幼儿学会与人协商。

当然，不管用什么方法，学习人际交往技巧时必须包含以下两个方面内容：具体的人际交往技巧和方法，感受到人际交往技巧给他人带来的快乐并愿意使用技巧。

3. 组织幼儿运用人际交往技巧

在学习之后，教师要让幼儿学习使用，这是人际交往教育活动的核心环节。这一环节，主要是创设交往情境，运用交往技巧。

如在活动"喜欢和你在一起"中，教师指导幼儿如何交新朋友后，请幼儿到隔壁班和新朋友交往。

4. 总结良好的人际交往技巧

对所学习的人际交往技巧的具体方法、使用场合、使用对象及这些技巧带来的益处等进行总结，提升经验技巧。

例如，我们和朋友在起玩的时候，要谦让、分享、合作，这样，朋友就会喜欢自己，我们也会玩得很开心了。

五 人际交往教育活动案例

活动案例一

小班人际交往教育活动　学会打招呼
衡阳市人民政府机关一幼儿园　何亚会

◆ **设计意图：**

《3～6岁儿童学习与发展指南》中指出：3～4岁幼儿能在提醒下使用礼貌用语。然而对集体生活还不太适应的小班幼儿，处于紧张、害怕、陌生的情绪中，和人主动打招呼的意识很薄弱。我们在小班幼儿问好情况的调研中发现，老师和幼儿问好率为89%，然而幼儿回应的只有6%～18%，于是生成小班社会活动"学会打招呼"，借助绘本《小熊，你好》中小熊和小动物不同的问好情境，鼓励幼儿大胆地用自己喜欢的方式向身边的同伴问好，让幼儿逐渐养成主动与人打招呼的意识，做个文明礼貌的受别人喜欢的孩子。

◆ **活动目标：**

1. 在看、听、讲中理解故事，体会朋友见面要问好。
2. 积极参与活动，并能在活动中大胆地想象和表述。
3. 在理解故事的基础上，愿意尝试用语言"你好"和不同的肢体动作和朋友们打招呼，感受交往的快乐。

◆ 活动重难点：

1. 重点：理解故事，感受交往的快乐。

2. 难点：学会用礼貌用语打招呼。

◆ 活动准备：

1. 物资准备：ppt课件、小猪鼻子头饰。

2. 经验准备：了解绘本故事《小熊，你好》。

3. 环境准备：将10张椅子摆成U型；两组柜子，平行摆放。

◆ 活动过程：

1. 音乐律动《你好》导入。

教师：小朋友们，伸出你们的小手一起来做个小律动吧！

2. 用挥挥手的方式和小熊问好。

教师：今天也来了一个动物朋友，看看是谁呢？（小熊）一起用好听的声音和他打个招呼吧！

3. 分段欣赏故事，感受各种问候方式。

（1）小熊和小猴，抱一抱说"你好"。

教师：我们看，小熊走到了什么地方？小熊走到大树下，突然树上传来"吱吱吱"的声音，你们猜，大树上藏着谁呢？

教师：小熊和小猴是怎么说"你好"的？你会用抱一抱的方式和朋友说"你好"吗？我们来一起试一试吧！

（2）小熊和小刺猬，相互鞠躬说"你好"。

教师：你觉得小熊会怎么和小刺猬说"你好"呢？你会和朋友鞠躬说"你好"吗？

小结：好朋友见面可以抱一抱说"你好"，也可以鞠个躬说"你好"。

（3）在情景"不害羞的小猪"中，尝试用自己独特的方式与朋友问好。

教师：走着走着，小熊又碰到了谁？小熊很热情地和小猪打招呼，可是小猪看上去怎么样？（很害羞）你们是害羞的小猪吗？不害羞的小猪会怎么和朋友们打招呼呢？请你们去找个朋友试一试吧！

幼儿戴上小猪鼻子头饰，播放音乐，幼儿自由找朋友们问好。

（4）小熊和大象问好。

教师：又有动物朋友来了，你们猜会是谁呢？（教师播放录音）

小结：原来，和朋友们见面可以握握手、抱一抱，鞠躬说"你好"。

4. 观看打招呼的图片，总结打招呼的方式。

教师：老师这也有一些打招呼的方式，我们一起来看看都有哪一些？

请你们去找个朋友试一试用这些方式和他们打招呼问好吧！

5. 教师小结，结束活动。

◆ 活动延伸：

情感迁移，用不同的方式和同伴、老师问好。

◆ 活动反思：

本次活动来源于幼儿入园环节，我们在观察记录中发现幼儿问好意识不强，基于小班幼儿的年龄特点可以从以下几方面入手：

1. 情境导入：活动中以绘本《小熊，你好》为主线贯穿，请幼儿在猜一猜、说一说、演一演中感知各种不同的问好方式。

2. 多媒体手段：用课件形式，让幼儿在欣赏、聆听、讨论中轻松地了解不同的问好方式。

3. 环节层层递进：从模仿小熊用拥抱、鞠躬、挥手的问好方式，到借助情境"不害羞的小猪"，鼓励幼儿大胆交往，再到用自己的方式跟同伴、老师问好，逐步消除幼儿的胆怯心理。

当然，幼儿的习惯不可能通过一次集体活动就形成，接下来我们会继续对幼儿的问好意识、交往行为跟踪观察，适时引导，同时借助家校合作，共同帮助幼儿形成良好的文明礼貌习惯。

活动视频
小班人际交往教育活动"学会打招呼"

活动案例二

中班人际交往教育活动　合作真快乐
衡阳市人民政府机关一幼儿园　万莲花

◆ 设计意图：

合作是时代的要求，是幼儿日后生存和发展、适应、立足社会所必需的素质。《幼儿园教育指导纲要（试行）》指出：要在生活、学习、游戏中，引导幼儿形成初步的合作意识。因此，从小培养幼儿的合作意识和合作能力是十分重要的，也是当前教育的一个重要目标。

幼儿园中班是幼儿三年学前教育中承上启下的阶段，也是幼儿身心发展的重要时期。4~5岁的儿童喜欢和同伴一起玩，在活动中他们逐渐学会了交往，会与同伴共同分享快乐，也萌发了初步的合作意识，一些幼儿也具有愿意合作倾向，但让他们真正了解合作在人生中的重要性，还需要教师的引导和幼儿的进一步体验和感受，而本次活动就是为了引导幼儿在活动中讨论、发现与人合作的重要性和必要性，懂得什么是合作、如何合作，通过活动培养他们的合作意识和能力，并使之感受合作带来的成功和快乐。

◆ 活动目标：

1. 理解合作的意义。
2. 体验合作带来的快乐。
3. 愿意与同伴合作，能够在生活中学会与人友好合作。

◆ 活动重难点：

1. 重点：知道合作的重要性。
2. 难点：理解合作的意义，知道团结起来力量大。

◆ 活动准备：

1. 物质准备：教学课件、玩具框、游戏音乐、椅子。
2. 经验准备：幼儿已经有过合作的经历。
3. 环境准备：将椅子摆成U字形，创设"合作真快乐"照片墙和主题墙。

◆ 活动过程：

1. 游戏导入，让幼儿初步体验什么是合作。

（1）出示玩具图片1和2，幼儿观察。

教师：小朋友们上午好！今天老师要请大家一起来做游戏，游戏名字叫"有趣的分类"，我们先来看图片，老师的玩具框里有不同种类的玩具，我们的游戏就是分组把玩具进行分类。

（2）进行个人"玩具分类比赛"，幼儿体验一人的力量不足，需要帮助。

教师：在游戏前请大家听好游戏规则，在听到开始后进行分类，30秒后停止。下面的小朋友作为裁判，为比赛的孩子加油。大家听好了吗？（第一轮请两位孩子参与游戏）

提问：刚刚参加游戏的小朋友在规定的时间完成了分类吗？为什么？请你们来想想办法，怎样才可以在规定时间完成呢？（请小朋友帮忙）

教师：下面老师请小朋友来帮忙，每组4位小朋友来进行比赛，看看是否能完成？

提问：小朋友们，这一次他们完成了任务吗？为什么？

小结：小朋友们想一想，相互帮助、共同努力做一件事情应该叫作什么？是的，这就是"合作"。就像刚刚胜利的这组一样，玩具是他们一起相互帮助、合作分完的。所以"合作"就是两个或更多的人，一起共同努力，相互帮助完成一件事情。

2. 观看视频，再次感知什么是"合作"

教师：小朋友们，你们知道吗？不只是你们之间有合作，小动物它们也会有合作哦，我们一起来看看吧！

提问：小蚂蚁们遇到了什么困难？它们是怎么解决的？一只蚂蚁能够搬走树枝吗？

小结：通过刚刚的视频我们可以看出，大家一起齐心协力、相互合作可以完成自己一个人做不到的事情。就像小蚂蚁一样，它搬不动树枝，但是可以请大家一起帮忙完成。

3. 探究讨论，分清哪些是合作。

（1）出示图片，幼儿分辨合作。

教师：通过刚刚的游戏和视频，我们知道了什么是"合作"，现在你能分清楚哪些是合作，哪些不是合作吗？

出示相应图片：一人睡觉、一人跳绳、一人画画、拔河、玩游戏、叠被子、搭积木。

（2）给出情景让幼儿思考，应该怎么样合作。

提问：小朋友们，合作在我们的生活中无处不在，有哪些事情需要合作才能完成？当我们搬东西太重时该怎么做呢？玩具不够时该怎么做呢？当你们都想看同一本书时又该怎么做呢？

小结：合作就是大家一起努力做一件事情，会把事情做得又快又好。

4. 游戏体验，感受合作带来的快乐。

快乐坐椅子游戏：请所有孩子共同参与游戏，感受相互协助、共同合作的快乐。

教师：小朋友们，接下来老师要带大家一起来玩一个需要"合作"的椅子游戏，大家把椅子围成一个圈，站在椅子的外面，当音乐响起我们就走起来，当音乐停止时所有小朋友都要坐下来，游戏中老师会不断地撤掉椅子，没有椅子坐的小朋友也要想办法坐下来。大家准备好了吗？

提问：小朋友们，刚刚游戏中你们遇到了什么困难？你们是怎么解决的？你与小朋友相互帮助、共同合作，感觉怎么样？你被别人帮助心情又是怎么样的呢？

小结：合作需要大家在一起互相帮助、齐心协力。只有我们相互合作，才能取得胜利，从中获得快乐，就像刚刚小朋友玩游戏时一样，相互帮助大家都很快乐。

5. 巩固加深，知道生活中不一样的合作。

教师：小朋友们，你们知道吗？不止你们需要合作，我们大人也需要合作，我们一起来看看吧。（出示图片踢足球、划龙舟、消防员救火、医生做手术等。）

小结：在我们的生活中处处都有合作，通过今天的游戏与分享，我们知道了同伴之间需要相互合作，也知道了团结协作的重要性，希望在以后的生活中小朋友们能团结合作。大家在一起相互合作可以做到许多自己做不到的事情，而且合作的时候是很快乐的。

◆ **活动延伸：**

教师：下面我们一起去户外合作搭建积木，尽情体验合作的快乐。

◆ **活动评析：**

1. 本次活动的设计简单合理，突出实效。从目标的达成来看：了解什么是合作，认识合作的重要性，体会合作力量大。贯穿整个活动的主线是"合作真愉快"。各活动环节逻辑清晰，同时又有很强的内在联系，学习活动的发生和发展自然流畅，学习活动具有明显的融合性特征，在层层深入的活动中，学生的情感、态度、价值观得到了发展。

2. 本次活动设计了玩具分类比赛、看视频听故事、坐椅子游戏等幼儿感兴趣的活动，使幼儿在一个参与度高、内容丰富的活动中体验、感悟，体会学习的愉快。教师在充分考虑幼儿生活实际

项目三　幼儿园人际交往教育活动

的基础上，广泛挖掘活动内外的可用资源，通过创设生动有趣的游戏活动情境，引导幼儿在活动、交流的体验中感受合作的重要性及合作的愉快，增强了品德教育的针对性和实效性。

活动视频
中班人际交往教育活动"合作真快乐"

活动案例三

大班人际交往教育活动　快快乐乐交朋友

◆ 设计意图：

大班幼儿喜欢跟小伙伴一起玩，但是对好朋友这个概念不是很熟悉，也对交新朋友不是很感兴趣。《3~6岁儿童学习与发展指南》中指出：应和幼儿一起谈论他的好朋友，说说喜欢这个朋友的原因，引导他多发现同伴的优点和长处。由此我设计了"快快乐乐交朋友"这一活动，希望通过小朋友之间的交流、分享，营造快乐、和谐的同伴关系。

◆ 活动目标：

1. 乐意与同伴交流分享交朋友的方法，体验有朋友的快乐。
2. 学习交朋友的方法，知道与朋友在一起要相互帮助、谦让。
3. 能通过看影像、猜谜的形式，辨认自己的好朋友，并简单说出好朋友的特征。

◆ 活动重难点：

1. 重点：学习交朋友的方法，知道与朋友在一起要相互帮助、谦让。
2. 难点：能通过看影像、猜谜的形式，辨认自己的好朋友，并简单说出好朋友的特征。

◆ 活动准备：

1. 物质准备：课件、小朋友的照片、本班活动视频，去邻班交朋友的视频。
2. 经验准备：幼儿有交朋友的经验。
3. 环境准备：将椅子摆成U字形，创设"我的好朋友"照片墙和主题墙。

◆ 活动过程：

1. 欣赏视频，激发活动兴趣。

观看本班活动视频并回答："在录像中有没有你的好朋友？"

2. 说一说，喜欢和好朋友玩的原因。

教师：刚才你们在视频中看到了好朋友，现在谁想上台来跟大家介绍一下，你的好朋友是谁？你为什么喜欢和他玩？你喜欢和他在一起干什么？

幼儿上台分享原因，其他幼儿倾听。

小结：好朋友就是和别的朋友不一样的更重要的朋友。我们喜欢和好朋友做很多不同的事情。

3. 认一认图片中的小朋友，猜一猜谜语中的小朋友。

教师：大家都非常愿意和好朋友在一起游戏、玩耍。接下来看几张神秘的照片，请你们来看看他们是谁？

（1）看照片猜人。

观察一张背影的、侧面的、只露半张脸的照片并回答："这是谁的好朋友？他是谁？你是怎么看出来的？"

小结：我们不看脸可以从身高、体重、发型等看出谁是谁。

（2）听谜语猜人。

谜语：圆圆脸蛋，小小眼睛，扎着两小辫，笑起来还有个小酒窝。

教师："谜语的谜底就是小红，小红，你的好朋友是谁呀？她是什么样的呀？"

4. 回忆交朋友的方法，知道好朋友可以互相帮助。

（1）幼儿观看视频并回答："你们在邻班交的朋友是谁，你是怎么跟他交朋友的？"

小结：是通过和朋友一起画画、一起玩游戏等方式交朋友的。

（2）观看情境表演：两个小朋友抢玩具，知道好朋友要互相帮助、谦让。

教师：好朋友可以一起玩、一起分享，当朋友有困难的时候你会怎么办？怎样帮助他们？我们来看段情境表演，看这两个小朋友之间发生了什么事情？你们会怎样帮助他们？

教师：刚刚发生了一件什么事情？这样做对不对？如果是你，你会怎么做？

小结：好朋友就应该互相帮助、团结友爱，这样你的朋友一定会喜欢你，你也会交到更多的朋友。接下来我们一起和好朋友去室外玩玩吧！

◆ **活动延伸：**

1. 区域活动：和好朋友一起去户外游戏区玩游戏。

2. 家园共育：和爸爸妈妈一起分享怎么样交到新的好朋友。

◆ **活动评析：**

第一个环节。播放视频，引出好朋友的主题，激发幼儿参与活动的兴趣，引导幼儿体验交朋友的乐趣。

第二个和第三个环节，引导幼儿说一说自己的好朋友。此环节通过播放视频和图片以及猜谜语的形式，让幼儿找出自己的好朋友，并组织幼儿讨论，"他为什么是我的好朋友"，逐步引出如何才能交到好朋友。教师用协商性语言，鼓励幼儿大胆、主动表达交往的意愿，教会幼儿在不同场景下用适当的方式说服别人。

第四个环节，观看情境表演，让小朋友知道朋友间要相互谦让、互相帮助等。

在活动中，教师通过创设"快快乐乐交朋友"的情境，让幼儿在游戏中体验被接纳或被拒绝的感受，巩固了礼貌用语以及好朋友间要相互帮助、谦让等人际交往技巧。

活动案例四

中班人际交往教育活动　对不起，没关系

◆ 设计意图：

我班幼儿在日常生活中有时会发生小冲突，而幼儿在发生冲突时不知如何处理。《幼儿园教育指导纲要（试行）》指出："引导幼儿参加各种集体活动，体验与教师、同伴等共同生活的乐趣，帮助他们正确认识自己和他人，养成对他人、社会亲近、合作的态度，学习初步的人际交往技能。"基于以上内容，我结合大班幼儿能与同伴幼儿相处这一特点，设计了此次活动，在活动过程中我主要运用讨论法、谈话法、演示法、实践练习法等多种教学方法，引导幼儿乐意与同伴相处，在与同伴发生冲突时知道用"对不起""没关系"等文明用语解决问题。

◆ 活动目标：

1. 乐意与同伴相处，体验同伴一起玩耍的快乐。
2. 知道在恰当的时候表示道歉和原谅，学习用"对不起""没关系"等文明用语。
3. 能够在情境中正确使用"对不起""没关系"。

◆ 活动重难点：

1. 重点：知道在恰当的时候表示道歉和原谅，学习用"对不起""没关系"等文明用语。
2. 难点：能够在情境中正确使用"对不起""没关系"。

◆ 活动准备：

1. 物质准备："对不起，没关系"视频，奇奇和妙妙生气图片。
2. 经验准备：幼儿在日常生活中知道一些取得他人原谅的方法。
3. 环境准备：将椅子摆成U字形，创设"对不起，没关系"照片墙和主题墙。

◆ 活动过程：

1. 观看图片，激发活动兴趣。

教师出示图片并提问：奇奇和妙妙的表情是什么样的？妙妙看起来有些不太开心，她不高兴的原因是什么？奇奇看起来也有一些不高兴，他怎么摔倒在地上了呢？

2. 观看视频，知道在恰当的时候表达道歉和原谅。

（1）播放动画视频第一段，了解妙妙与小福之间发生的事情。

教师：妙妙为什么生气了？小福对妙妙说了什么？之后，妙妙又对小福说了什么？

师幼小结：小福在玩水枪时，把水射到妙妙脸上，所以妙妙感到很生气；小福知道把水喷到别人脸上是不对的。他向妙妙道歉并说"对不起"，之后妙妙原谅了小福并说"没关系"。

(2) 播放动画视频第二段，了解奇奇与小福之间发生的事情。

教师：奇奇骑车出来玩时，发生了什么事？他的心情怎么样？奇奇摔倒了很生气，小福对他说了什么？之后奇奇又对小福说了什么？

小结：小福在玩水枪时，把地板弄得湿答答的，导致奇奇骑车经过摔倒了，他很生气。小福知道弄湿地板，导致小朋友摔倒是不对的，他向奇奇道歉并说"对不起"，之后，奇奇原谅了小福并说"没关系"。

(3) 知道在恰当的时候表达道歉和原谅。

教师：小朋友们，为什么小福要道歉呢？我们做错事情时应该怎么做？

师幼小结：小福玩水枪把水弄到了别人脸上和弄到地上让别人摔跤，他做错了事，所以他需要道歉取得他人的原谅，当我们做错事情时也要向他人道歉。

3. 角色扮演，学会正确使用"对不起""没关系"。

(1) 出示图片"对不起""没关系"，巩固礼貌交往的技能。

教师："对不起"和"没关系"是两句很棒的话，还有什么场景中我们能用上呢？我们除了道歉，还能做一些什么动作，来争取别人的原谅呢？请小朋友一起去帮图上的小伙伴重新和好吧！

小结："对不起"是当我们伤害别人时，向对方道歉时说的话；"没关系"是我们原谅别人时，向对方说的话。除了说话，我们还能做一些动作比如抱抱对方，来表示我们的歉意。小伙伴之间玩耍时要有礼貌，这样才能成为受人欢迎的好宝宝。

(2) 在角色扮演游戏"我会说"中，学习正确使用"对不起""没关系"。

教师请幼儿两两结伴，在教师提供的情境下使用"对不起""没关系。"

教师：如果你不小心把你的小伙伴搭好的积木碰倒了，你们应该向对方说什么呢？和你的小伙伴一起演一演吧！

教师：如果你的小伙伴不小心碰倒了你的积木，你们会怎么做？怎么说？再来演一演吧！

4. 结合生活经验，思考取得他人原谅的其他方法。

教师播放动画视频第一、二段并提问：小福除了说"对不起"，还对奇奇和妙妙说了什么呢？如果你是小福，你会怎么道歉？

小结：小福除了说"对不起"，还说了"我不是故意的""请你原谅我吧"。当我们不小心伤害了别人时，可以用这些话让我们的道歉更真诚，来争取别人的原谅。除了说"对不起"，我们还可以和小伙伴拥抱、一起玩耍取得小伙伴的原谅。

◆ **活动延伸：**

1. 家园共育：家长有意识地让幼儿使用文明用语，帮助幼儿掌握人际交往技巧。
2. 区域活动：在美工区绘画"我的好朋友"。

◆ 活动评析：

第一个环节，教师通过出示图片导入，结合图片提问："奇奇和妙妙的表情是什么样的？妙妙看起来有些不太开心。"引发幼儿思考："她不高兴的原因是什么？""奇奇看起来也有一些不高兴，他怎么摔倒在地上了呢？"

第二个环节，教师播放视频，通过提问，引发幼儿讨论，找到解决问题的方法。环节层层递进，引导幼儿知道在恰当的时候表示道歉和原谅，学习用"对不起""没关系"等文明用语。

第三个环节，教师设计角色扮演的游戏，组织幼儿运用良好的人际交往技能。在此环节，教师创设情境，"如果你的小伙伴不小心碰倒了你的积木，你们会怎么做？怎么说？"，巩固幼儿正确使用"对不起""没关系"等文明用语，并且进一步挖掘其他的交往方法。

活动案例五

小班人际交往教育活动　去做客啦

郑州高新区第三幼儿园　苏哲

◆ 设计意图：

小班幼儿缺乏社会交往的经验，但是随着幼儿生活范围的扩大，幼儿会约着一起游戏，去好朋友家做客，但是由于缺乏相应的经验，往往不知道怎样才是正确的做法，如何更有礼貌地做客、待客是小朋友需要学习的。本活动通过创设情境引发幼儿思考，了解文明做客的方法。

◆ 活动目标：

1. 了解做客时的文明语言、行为等基本的礼仪。
2. 能够在做客时恰当地运用文明做客的方法，学做文明小客人。
3. 愿意和同伴交往，体验礼貌做客的快乐。

◆ 活动重难点：

1. 重点：了解文明做客的方法。
2. 难点：学习做客的礼仪和礼貌待客的方法，体会共同合作交往的乐趣。

◆ 活动准备：

1. 物质准备：房间图片。
2. 经验准备：有到别人家做客的经验。
3. 环境准备：在活动室墙壁上张贴文明做客礼仪图示。

◆ 活动过程：

1. 导入活动。

教师：告诉大家一个好消息，今天我们要做小客人啦，去×××家做客啦！做客的时候我们应该要做些什么呢？

2. 学习做客的礼仪和礼貌待人。

（1）出示客厅图片，教师创设情境，介绍主人与客人。

让幼儿知道今天是到×××家里去做客，×××小朋友今天是小主人。

（2）播放视频，了解文明做客的方法。

请幼儿讨论：做客时要注意什么？怎么样才算礼貌？

（我们去做客时要有礼貌，看见×××的家人要主动打招呼，在别人家里要安静地参观或坐着，轻声说话，注意保持桌面和地面的整洁；不要弄坏主人家里的东西，主人请吃东西时要说谢谢，并把垃圾放到垃圾桶里。离开时要礼貌地和他们说再见。）

（3）做小主人要热情，主动给客人倒茶，请客人吃东西，和客人说说话。

3. 动手操作，感知体验。

教师出示各种不同的做客情境图，请幼儿"送"笑脸和哭脸来判断做客行为是否文明，并询问幼儿为什么？

4. 混龄游戏，实践体验。

创设去大班哥哥姐姐家游戏的情境，体验如何做客，实践文明做客的方法，活动结束后邀请幼儿分享自己的感受。

◆ 活动延伸：

角色游戏区：创设做客的角色游戏环境，并投放相应的游戏材料，鼓励幼儿继续玩做客的游戏，强化幼儿文明做客的行为。

家园共育：创设机会去别人家做客，并邀请别的小朋友来自己家做客，结合生活实际，引导幼儿学习如何做好小客人和小主人。

◆ 案例评析：

本活动中，教师先通过问题情境导入，唤醒幼儿的已有经验，激发幼儿参与活动的兴趣和热情，帮助幼儿总结已知的做客礼仪，为活动奠定了良好的基础。接着通过视频介绍的方式和亲手操作的方式，调动幼儿多感官的参与，结合不同的做客情境，引导幼儿了解文明做客的基本礼仪和方法。最后开展互动合作游戏，引导幼儿在与大龄幼儿的互动中实践并巩固已学到的文明做客礼仪，使之潜移默化地掌握新经验，体验文明做客的乐趣。

任务三　组织与指导幼儿园人际交往教育活动

一　人际交往教育活动组织策略

《纲要》指出:"引导幼儿参加各种集体活动,体验与教师、同伴等共同生活的乐趣,帮助他们正确认识自己和他人,养成对他人、社会亲近、合作的态度,学习初步的人际交往技能。"幼儿园人际交往教育活动的类型多种多样,可以采取的实施策略如下:

(一)创设平等、民主、自由、和谐的氛围

人际交往能力是在与人交往的过程中培养的,在幼儿人际交往发展过程中,交多少个朋友不是目的,关键是要让幼儿"乐意与人交往,学习互助、合作和分享,有同情心"。《指南》中指出:"主动亲近和关心幼儿,经常和他一起游戏或活动,让幼儿感受到与成人交往的快乐,建立亲密的亲子关系和师生关系。"因此,交往氛围的创设很重要,要创设一个对于幼儿来讲平等、民主、自由、和谐的交往氛围,让幼儿在心情愉悦、精神放松的状态下主动、积极地与身边的人交流、沟通,发展人际交往的技能。从这一角度来看,教师要为幼儿营造良好的师幼关系、同伴关系,增强幼儿的自信心,帮助幼儿建立安全感、归属感,促进幼儿与他人交往。

(二)充分利用游戏活动,培养幼儿人际交往的兴趣

《指南》指出:"幼儿园应多为幼儿提供自由交往和游戏的机会,鼓励他们自主选择、自由结伴开展活动。"游戏活动的开展是培养幼儿交往的兴趣与能力的一条重要途径,它可以为促进幼儿身心全面发展提供良好条件。如在角色游戏的开展中,可引导换位思考:"假如你是小红,你怎么想?"让幼儿学习理解别人的想法和感受。在角色扮演游戏活动中,让幼儿通过游戏体验所扮角色的心情,从中学习理解别人。

(三)在一日生活中为幼儿创设交往的机会

1. 组织各种分享、合作活动

幼儿以自我为中心的表现比较突出,在人际交往过程中,通过分享、合作等活动可以帮助幼儿体会他人的感受,走出自我中心,发展良好的人际关系。例如,"分享日"的开展,让幼儿从家里带图书、玩具、食物等与同伴分享,并向同伴介绍自己带来的东西。在这一过程中,让幼儿认识到

"好东西只有与大家分享才快乐",增强幼儿之间的情感联系。

合作能力的发展同样有助于促进幼儿之间的交往。《指南》中指出:"幼儿园应多为幼儿提供需要大家齐心协力才能完成的活动,让幼儿在具体活动中体会合作的重要性,学习分工合作。"在一日生活活动中,教师要将互助、合作的精神贯穿在各项活动中,让幼儿参与小组或全班的互助、合作活动中。例如,让幼儿合作布置活动室、设计主题墙、合作绘画、合作搭建积木等。

2. 开展丰富多彩的活动,增加幼儿交往的机会

《指南》中指出:"创造交往的机会,让幼儿体会交往的乐趣。"借助一些节日开展丰富多彩的活动,如"六一"游艺会、生日庆祝会、运动会等,鼓励幼儿参与节目表演、分享蛋糕、点蜡烛、互送礼物等,增加交往机会。在交往中让幼儿学会关心同伴,感到在集体生活中的温暖和愉悦。愉快的交往经验可以提高幼儿的自信心,而自信心的增强又会引发更强的交往主动性,两者相互促进,形成良性循环。特别是对于交往能力差或性格较内向的幼儿,要引导他们加入活动,让他们体验交往的乐趣,使他们产生与同伴交往的欲望。

3. 利用日常生活中的随机教育,培养和锻炼幼儿的交往能力

交往行为方式包括语言和非语言两种,合适的交往行为方式是幼儿有效交往的重要保障。著名教育家陈鹤琴指出:"需要鼓励和提高儿童与人交往的勇气和兴趣。"在日常生活的许多环节中,都蕴藏着锻炼及增强幼儿交往能力的契机,如在日常交往中有意识地运用常用的交往语言与幼儿交流,使幼儿受到潜移默化的影响;当幼儿在与同伴交往中出现矛盾冲突时,及时根据情况,引导幼儿尝试用协商、交换、轮流玩、合作等方式解决冲突,提高幼儿的社交能力;利用相关的图书、故事,引导幼儿懂得什么样的行为受大家欢迎,想要得到别人的接纳应该怎样做;请幼儿介绍他的好朋友,说说为什么喜欢这个好朋友,引导他们多发现同伴的优点、长处。

总之,一日生活皆教育,在日常生活中,教师应及时关注幼儿、帮助幼儿,发展幼儿与人交往的能力。

案例导入

漂亮的发卡

案例描述:一天早晨入园时,老师看到颜颜头上带了一个新发卡,上面的蝴蝶结很漂亮,就夸奖道:"颜颜头上的发卡真漂亮!"颜颜听了非常高兴。不一会儿,老师却听到了颜颜的哭声。原来颜颜头上的小发卡被萌萌拿下来看时弄坏了,上面漂亮的蝴蝶结掉在了地上还被踩得变了形。老师过来问萌萌:"是你弄坏的吗?"萌萌生气地说:"谁让你只夸颜颜的发卡好看,都不夸我的?"通过交谈,老师让萌萌通过移情认识到了破坏别人的东西是不对的,同时让萌萌知道自己也有优点,老师也一样喜欢她。萌萌认识

到了自己的错误，主动向颜颜道歉并答应赔偿颜颜一个新发卡。从那以后，萌萌再也没有做出过类似的行为，她克服了对他人的嫉妒，并学会了与他人和谐相处。

案例分析：在幼儿社会性发展中，"嫉妒"心理的出现是不可避免的，如果没有及时纠正将导致幼儿在人际交往中虚荣心强，容易与他人产生对立和冲突。案例中的老师在发现了萌萌的这一行为时，及时对萌萌进行了教育，并让萌萌感觉到老师对她的关爱，克服了"嫉妒"心理。

（四）借助专门的教育活动教给幼儿正确的交流方式

为了使教育的针对性更强，在交往技能的培养中，教师可根据《纲要》的要求以及不同年龄幼儿的身心发展特点设计、组织专门的社会交往教育活动，教给幼儿正确的交往方法，锻炼幼儿的交往技能，如"大家一起玩""分享更快乐""我想对你说""我们都是好朋友"等活动。在活动中，教会幼儿，当其想加入别人的游戏时，如何正确表达自己的需求；设计一些问题与幼儿一起讨论，如"怎样和同伴合作玩""别人想玩你的玩具时应该怎么办"，认识哪些交往行为是对的；当与同伴出现矛盾时，如何去解决问题等。

（五）家园合作，强化交往技能

苏霍姆林斯基说过："没有家庭教育的学校教育和没有学校教育的家庭教育，都不可能完成培养人这一极其细微复杂的任务。"交往合作技能的培养是一个长时间的连续的过程，家长和教师只有一致要求，共同培养，才能取得较好的效果。

1. 教师多与家长沟通，让家长认识到人际交往在幼儿成长中的重要性

如利用家长开放日、家长座谈会、上门家访等形式指导家长学会和幼儿成为朋友，建立良好的亲子关系。一方面，幼儿园可以通过开放日开展亲子活动，促进家长与幼儿间亲子关系的发展；另一方面，帮助家长认识到要成为幼儿的好朋友，必须放下做父母的威严，把幼儿看作独立的个体，尊重幼儿，多听听幼儿的想法，甚至家庭中的大事也可以让幼儿"参政议政"。幼儿可以知道的应该让其知道，让其感受到自己是家庭的一员。

2. 指导家长教育的方式，让家长在家庭中有意识地培养幼儿的交往能力

家长应适当地带幼儿进入自己的社交圈，并注意观察幼儿是如何与别人交往的，交往技能如何；另外，邀请同龄幼儿来家里做客，让幼儿参与接待、倒茶，拿出自己的玩具与客人一起分享……让幼儿有充分的时间和同龄幼儿相处，从而得到更多的交往机会，体验和同伴交往的乐趣。

3. 指导家长对幼儿良好的交往技能进行强化

让家长知道，当幼儿能与同伴友好分享和合作时，用抚摸、拥抱、奖励等形式对幼儿进行肯定，不仅会使幼儿的交往与合作行为得到强化，增进幼儿与人交往的能力，同时会使亲子关系得到更进一步的发展。

专家精讲
"人际交往教育活动组织策略"

二　不同年龄班人际交往教育活动指导要点

（一）小班

小班幼儿主动交往意识不强，喜欢自己玩，大部分幼儿不拿别人玩具。但经常会有幼儿与同伴之间出现争执和纠纷，缺乏与人交往合作的能力。在观察中发现，幼儿正确运用语言交往的能力差。具体表现在不善于主动地与人交谈，不善于用语言表达自己的想法与态度，也不善于根据不同的情境运用恰当的词句、向对方做出应答，解决矛盾。[①] 因此，教师在人际交往教育活动中，可以帮助幼儿克服"自我为中心"的现象，利用移情训练的方法，引导幼儿站在别人的立场上考虑问题，与同伴平等交往；也可以创设多种情境或者提供多种游戏，突出培养幼儿交往的互动性，为幼儿创造同众多伙伴们相互接触的机会，使幼儿能够通过活动主动寻找朋友、尽快彼此认识，共同完成任务。

如可以开展"我们做好朋友""我们一块玩""请你猜猜我是谁"等游戏活动，培养幼儿积极主动的交往态度，帮助幼儿学习和掌握人际交往的技巧，激发幼儿的交往兴趣和愿望；教师和家长一起合作，有效培养幼儿语言表达能力，让幼儿能更完整、更清晰地表达自己，从而能够更加自信地与人交往。

（二）中班

中班幼儿的问题解决意识和是非观念随着年龄的增长而增强，但在同伴交往冲突的解决能力方面，比如在商量、容纳、分享等合作能力方面却需要教师的帮助。不同的幼儿，其合作水平参差不齐。有些幼儿在小朋友当中人缘好、朋友多，和小伙伴一起玩的时候让着别人；有些幼儿很"小气"，不肯把自己的东西让给别人……在商量、建议、劝说和容纳他人方面的合作技能处于低水平。

---

① 彭海蕾. 幼儿社会教育与活动指导［M］. 北京：教育科学出版社，2012：204-208.

中班是友谊发展的关键时期。幼儿渴望友谊，但在现实生活中，缺乏适宜的交往策略，经常导致不愉快的交往事件和冲突。随着年龄增长和幼儿与同伴交往的积极经验的积累，幼儿会萌发对同伴群体力量与荣誉的感知和关注。

中班幼儿应重点学习适宜的人际交往策略和形成同伴群体。因此，体验友谊，学习关心与帮助他人，学习解决同伴交往中的冲突，成为该阶段幼儿人际交往教育的主要内容。教师在一日活动中可以引导幼儿间合作完成任务；有礼貌地与人交流，注意倾听别人的交谈等；尝试利用玩具、游戏等方式鼓励幼儿大胆与同伴交往，学习一些简单的人际交往技巧，如尝试用协商、交换、合作等方式解决冲突；引导幼儿懂得朋友的重要性，培养幼儿初步的明辨是非的能力；通过活动，引导幼儿正确评价自己和他人的优点，互相学习，共同进步。

（三）大班

大班幼儿的人际交往能力有了很大的提高。他们更喜欢和同龄幼儿一起游戏，与同龄伙伴之间的关系得到迅速的发展。因此，在形成幼儿正常交往技能的基础上，需要教师帮助大班幼儿发展一些深层次人际交往技能，比如理解、移情等。大班幼儿对规则非常感兴趣，所以一起玩的时候，首先建立规则，对方同意后才玩。这对大班幼儿来说是一个承诺和契约。

教师应给幼儿创造宽松自主的环境，鼓励幼儿主动与人交往，还可以给幼儿创造分享的机会。例如，可以开展"我喜欢的玩具""读书俱乐部""跳蚤小市场"等活动，让孩子们把自己喜欢的玩具和图书带到幼儿园，大家一起游戏、分享、交换；通过开展活动，让幼儿在活动中共同完成某一任务，让幼儿体验到合作的快乐以及克服困难的成就感；还可以利用谈话、故事、诗歌等文学作品让幼儿理解合作的重要性，知道遇到问题要协商解决；还可以帮助幼儿理解规则的重要性，鼓励和引导幼儿自己解决问题；还可以利用榜样的力量来影响幼儿。

◇ 项目小结

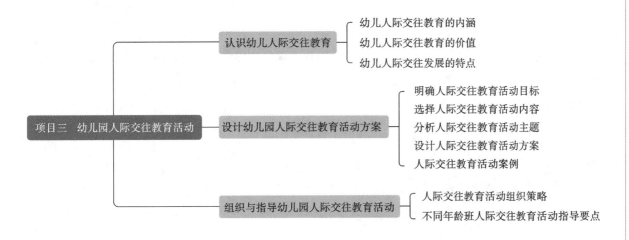

思考与练习

1. 多项选择题

（1）幼儿社会交往的类型有（　　）。

A. 受欢迎型　　　　B. 被拒绝型　　　　C. 被忽视型　　　　D. 一般型

（2）幼儿人际交往的途径有（　　）。

A. 游戏活动　　　　B. 生活活动　　　　C. 专门教育活动　　　D. 家庭活动

2. 材料分析题

琪琪在幼儿园是一个胆子很小的孩子，上课从来都不主动回答问题，老师点名让他回答，他就脸红，声音很小；也不愿意和同伴交往，老师和同学让他一起玩，他的头摇得跟拨浪鼓一样。

问题：

(1) 造成琪琪性格胆小的原因可能有哪些？

(2) 你认为应该怎样帮助琪琪？（选自2017年下半年版幼儿园教师资格考试笔试幼儿园保教知识与能力真题）

3. 活动设计题

（1）因幼儿所处家庭的自然环境和人文环境的不同，所处环境比较封闭的就害怕交往，所处环境比较开放的，就相对地善于与人交往。有的幼儿家长喜欢与人交往，乐于交往，爱与别人打招呼或者问好，有的家长不喜欢交往，所以幼儿在与他人交往时就表现出不同的状态，有的喜欢，有的害怕等。

要求：请设计一个"人际交往"的教育活动，写出活动目标、活动准备和活动过程。

（2）幼儿园教育活动设计（选自2019年全国职业院校技能大赛（高职组）"学前教育专业教育技能"赛项赛卷幼儿园教育活动设计）。

序号：第2卷

题目：主题活动——中班"好朋友"（相关素材见附件）

内容：

①主题网络图设计（书面作答）。

②教学活动设计（一课时）（书面作答）。

③说课（口头作答）。

项目三 幼儿园人际交往教育活动

基本要求：

①根据附件提供的素材，综合幼儿发展各领域以及幼儿园活动的类型，围绕主题设计主题网络图。主题网络图绘制要具有丰富性、科学性、具体化和操作性强等特点，充分考虑到生活化、兴趣性、适宜性、幼儿的主体性和家园合作等因素。网络图至少有三个层级（包含主题名称一级），第二、三层级至少有三个活动。

②根据主题素材与年龄段，设计一课时（30分钟左右）集体教学活动的教案。教案格式完整规范，语言清晰、简洁、明了，目标设计、内容选择、方法运用等符合幼儿年龄特征和领域特点。

③根据已设计的教案，就内容、目标、方法、过程设计等进行说课，说清楚"学什么、教什么""怎么学、怎么教"，以及"为什么"等问题，语言规范，条理清楚，逻辑性强，表达流畅。说课在7分钟内完成。

附件：

主题活动——中班"好朋友"

1. 主题背景介绍

经过一年的幼儿园生活，幼儿在与同伴的生活、学习和游戏中逐步认识了彼此，也初步有了自己的朋友。如何让幼儿更全面地相互认识，尤其是如何让幼儿认识什么是真正的好朋友，成了老师教育的一个课题。"好朋友"这一主题可以让幼儿更全面地认识身边的同伴，知道每个人都有自己的优缺点，懂得学习别人的优点，谅解、包容别人的缺点，懂得同伴间应相互帮忙。

2. 主题素材

（1）童话故事：《三只蝴蝶》。

花园里有三只蝴蝶，一只红的，一只黄的，还有一只白的。他们天天在花园里一块儿游玩，一块跳舞，非常快乐。

有一天，突然下起大雨。三只蝴蝶一同飞到红花那里，齐声请求说："红花姐姐，大雨把我们的翅膀打湿了，让我们飞到你的叶儿下避避雨吧。"红花说："红蝴蝶的颜色像我，请进来，黄蝴蝶、白蝴蝶快飞开！"三只蝴蝶只好飞到黄花那里，齐声请求说："黄花姐姐，大雨把我们的翅膀打湿了，让我们飞到你的叶儿下避避雨吧。"黄花说："黄蝴蝶的颜色像我，请进来，红蝴蝶、白蝴蝶快飞开！"三只蝴蝶又一起飞到白花那里，齐声向白花请求说："白花姐姐，大雨把我们的翅膀打湿了，让我们飞到你的叶儿下避避雨吧。"白花说："白蝴蝶的颜色像我，请进来，红蝴蝶、黄蝴蝶快飞开！"这时，三只蝴蝶一齐摇头说："我们三个好朋友，相亲相爱不分手，要来一块儿来，要走一块儿走。"他们三个宁可挨浇，谁也不愿意离开自己的朋友。

太阳公公从云缝里看见了三只蝴蝶着急的样子，连忙把天空的云赶走，叫雨别再下。一会儿，太阳公公发出了耀眼的光，把三只蝴蝶的翅膀晒干了。三只蝴蝶迎着阳光，一块儿在花园里快乐地跳舞、游戏。

(2) 歌曲：《朋友越多越快乐》。

附：歌曲

朋友越多越快乐

1=B 2/4　　　　　　　　　　　　　　　　　　　潘振声词曲

5 6 5 4│3 5│1 —│1 0│7 7│7 7 6 2│3 4 5 —│5 0│
一只 小鸟 树 上 落　　哟，　叽叽　喳喳 对我 唱起 歌　　呀。
一群 小鸭 下 了 河　　哟，　呷呷　呷呷 对我 笑呵 呵　　哟。
一群 小羊 在 山 坡　　哟，　咩咩　咩咩 对我 把话 说　　哟。

5 i│5 i│7 i 2 i 6 —│♪│5 3 5 i│2 2 i│i i│i 0‖
小鸟，小鸟，唱的 什么 歌？　噢！朋友 越多 越 快乐，越快乐！
小鸭，小鸭，你们 笑什么？　噢！朋友 越多 越 快乐，越快乐！
小羊，小羊，你们 说什么？　噢！朋友 越多 越 快乐，越快乐！

(3) 游戏：找朋友。

玩法一：伴随着《好朋友》的音乐，幼儿边做动作，边找班级的好朋友。音乐停，幼儿说出自己好朋友的一个优点。

玩法二：结合数学、科学等领域内容，幼儿玩"找朋友"的游戏。

参考答案
项目三思考与练习

实践与实训

实训一：围绕幼儿园人际交往教育活动内容，设计一个人际交往教育活动方案，并制作相应的课件、教具、学具，进行模拟试教。

目的：掌握幼儿园人际交往教育活动方案设计的方法，并能组织与指导科学、适宜的幼儿园人际交往教育集体活动。

要求：活动方案结构完整，考虑不同年龄段幼儿人际交往能力发展的适宜性；课件、教具、学具制作精美，能激发幼儿学习兴趣；模拟试教活动关注幼儿社会性发展，目标达成度高。

形式：小组合作。

实训二：幼儿园见习时，观摩幼儿园人际交往教育活动，记录并对幼儿的表现以及教师的活动设计、组织与指导做出评价。

目的： 进一步掌握幼儿园人际交往教育活动的设计、组织与指导策略，并能对活动进行评析。

要求： 撰写完整的听课记录；小组讨论并进行汇报；聆听专家点评。

形式： 实地观察与分析。

项目四　幼儿园社会环境教育活动

◇ **学习目标**

素养目标：树立尊重幼儿、关爱幼儿的儿童观，具备培养幼儿爱国主义精神的意识；感受社会环境对人类的重要性，树立热爱环境、保护环境，与自然和谐相处的绿色文明意识。

知识目标：了解幼儿园社会环境教育活动的概念和价值；掌握幼儿社会环境认知的发展特点；掌握幼儿园社会环境教育活动方案设计要点。

能力目标：能够组织与指导科学、适宜的幼儿园社会环境教育活动；在今后岗位中，具备培养幼儿爱国主义情感和保护环境的能力。

◇ **情境导入**

11月9日，在"全国安全消防日"来临之际，为进一步提高幼儿消防安全意识，提高幼儿自救及逃生能力，苏仙区小太阳幼儿园开展了幼儿消防安全教育主题活动。各班根据幼儿的年龄特点分别开展了"大火与小火""用电安全""着火了该怎么办""消防大演练"等消防安全教育活动，在活动中，孩子们热情高涨，并对消防车及消防队灭火救灾的故事产生了极大的兴趣。为满足孩子们的好奇心，增进孩子们对消防员职业的了解，激发孩子们向消防员叔叔学习的愿望，引导孩子们学会用自己的行动保护自己或向他人提供力所能及的帮助，小太阳幼儿园中一班陈老师计划组织孩子们去参观附近的社区消防大队。

如果你是这个班的老师，你会如何组织幼儿开展"参观社区消防队"活动呢？

你会在参观活动前做好哪些准备呢？在参观时有哪些要求和指导呢？参观后又要做好哪些总结延伸工作呢？

你会如何引导幼儿感受消防员的伟大，提升幼儿的自救和逃生能力？学习完本项目你就知道答案了。

任务一　认识幼儿社会环境教育

随着社会经济的发展，幼儿所处的社会环境发生了很大的变化，如幼儿从独生子女到面临弟弟妹妹的出生；信息化时代幼儿接触"扫一扫二维码"带来的便利；出行可乘坐地铁、高铁等快捷交通工具；外出游玩时可接触到各地美丽的风景等。幼儿通过与社会环境的积极互动，可以逐步了解家庭、幼儿园、社区、家乡、祖国和世界中的人、事、物，了解自己与其之间的关系，在成人的支持与引导的基础上，与社会环境积极互动，产生对环境保护的责任感和对美好社会环境的归属感。随着幼儿年龄的增长，他们逐步了解社会历史、社会经济和社会地理，萌发爱家乡、爱祖国和世界的情感；《纲要》社会领域目标中指出："爱父母长辈、老师和同伴，爱集体、爱家乡、爱祖国。"《指南》中指出："爱护身边的环境，注意节约资源。"2021年教育部颁布的《幼儿园入学准备指导要点》社会准备教育建议中也指出，"要培养集体荣誉感"，"激发爱家乡、爱祖国的情感"。由此可见，对幼儿进行社会环境教育十分重要。

一　幼儿社会环境教育的内涵

（一）幼儿社会环境

1. 社会环境

学术界关于环境的概念有很多种，从教育学角度来看环境，即指围绕在人们周围，对人的发展产生影响的外部世界，它包括自然环境和社会环境两个方面。社会环境包括所处的国家政治经济制度、经济生活、文化生活、风俗习惯以及家庭、邻里等。对于自然环境，在人们利用它对人施加影响的过程中，它也附加有某种社会因素在内，成为人化了的自然。在人的发展过程中，社会环境起着更为主要的作用。社会环境是人类发展的外部条件，人类通过活动对社会环境产生影响，从而使人类在适应和改造社会环境的过程中不断变化。

2. 幼儿社会环境

幼儿社会环境是一种特殊的环境，是对幼儿社会性发展具有教育影响的环境。幼儿社会环境是宏观上的环境，是指幼儿成长过程中接触到的一切人、事、物的总和，既包括能够直接影响幼儿的环境，如家庭环境、幼儿园环境和社区环境等，也包括社会文化、风俗习惯、邻里、亲戚、朋友、人与人的各种社会关系等间接影响幼儿的环境。幼儿园社会环境有大环境和小环境之分。大环境是指宇宙、地球、外国、中国以及对人类有用的自然资源，如土地、森林、矿产、水、大气、生物、植物等，也有对人类不利的自然灾害，如地震、火山、洪水、泥石流、海啸等；小环境是指幼儿园和家庭以及社会机构和社会部门，包括社区、商场、图书馆、公园、医院、游乐场等。① 这些环境通过潜移默化的方式对幼儿产生影响，需要教师合理地利用社会环境资源对幼儿进行教育，从而更好地促进幼儿社会性发展。

（二）幼儿园社会环境教育活动

幼儿园社会环境教育活动是指通过有目的、有计划、有组织的幼儿园教育活动，在引导幼儿认识身边的环境、理解自己与社会环境的关系、爱护动植物、爱护公物和公共环境基础上，引导幼儿感受家乡的变化和发展，初步认识祖国各民族和世界其他国家、民族的文化和生活环境，萌发爱家乡、爱祖国、爱世界的情感，对社会环境产生归属感。幼儿园开展的社会环境教育活动有"我的家人""我爱我的幼儿园""我要上小学了""消防员叔叔了不起""垃圾分类""认识人民币""我的家乡""祖国妈妈过生日"等。

二 幼儿社会环境教育的价值

皮亚杰认为个体是通过与环境的相互作用而获得发展的，环境是个体发展的动力。社会环境在幼儿社会性发展中起着极其重要的作用。幼儿社会环境教育能够丰富幼儿的生活经验，扩大幼儿的视野，使他们初步感受到自己与社会的依存关系，提高社会适应能力。

（一）有助于发展幼儿的社会认知

社会环境教育是影响幼儿认知发展的重要因素。温馨的家庭、有趣的幼儿园、热闹的马路、各行各业的人、美丽的家乡、祖国的名胜古迹和自然风光，都强烈地吸引着幼儿的兴趣。在教师的引导下，幼儿通过观察和探索周围的社会环境，获得对社会环境的认知，了解关于社会环境的各种经验和知识，感受社会环境之美，充分体验到自己是社会环境中的一员。我们来看以下案例：

在小班社会环境教育活动"我爱我的幼儿园"中，教师通过组织幼儿参观幼儿园美丽的风景，引导亲身体验幼儿园好玩的玩具，初步感知幼儿园的有趣好玩；在大班社会环境教育活动"我们去秋游"中，幼儿通过查阅北湖公园的地图、坐游船、捡树叶、抓小鱼、吹泡泡、去野餐等活动，感受北湖公园的人文景观和自然景观，进一步获得对北湖公园的认知。

---

① 周宗青. 幼儿园社会教育活动指导［M］. 武汉：华中师范大学出版社，2012：93.

（二）有助于形成幼儿对社会环境的归属感

幼儿的归属感是指让幼儿感觉到自己是家庭、集体或幼儿园的重要一员，被他人接受、被他人认为有价值以及与他人成为一个整体的一种情感；是对自己所处群体在思想上、感情上和心理上的认同与投入，愿意承担作为集体一员的各项责任和义务及乐于参与集体活动。[①]

幼儿通过与社会环境的积极互动，意识到良好的社会环境与我们的生活息息相关，从而促进幼儿关注到身边的环境，萌发初步的社会责任感，形成初步的归属感。在社会环境教育活动中，幼儿通过感受家人对自己的照顾和关心，了解自己与家人之间的亲密关系，萌发爱父母长辈的情感和对家庭的归属感；幼儿通过充分了解幼儿园的环境设施，了解幼儿园的老师、同伴与自己的关系，萌发爱幼儿园的情感和对班集体的归属感；幼儿通过参观社区，体验社区设施设备和社会机构给我们生活带来的便利，逐步产生爱护社区环境，为社区整洁做力所能及的事的社会责任感和对社区的初步归属感；幼儿通过调查、游览家乡的风景名胜，品尝家乡土特产，体验家乡风俗习惯，萌发热爱家乡的情感和建设美丽家乡的社会责任感，逐步形成归属感。

（三）有助于发展幼儿的亲社会性行为

幼儿的亲社会性行为不是天生的，而是在后天的教育和培养中获得的。幼儿亲社会性行为的发展是在一定的社会环境实现的。幼儿与成人、幼儿与幼儿的交往，需要一定的社会环境的支持。良好的环境能让幼儿产生团结、友爱、互助等亲社会性行为。同时在社会环境教育中，教师通过引导幼儿感知、欣赏和体验社会环境，引导幼儿产生对自己、对他人和对社会环境的正确态度，并学会与成人和社会环境友好相处。我们来看这个案例：

在大班社会环境教育活动"参观敬老院"中，幼儿通过与老人的交往，懂得要尊重老人，可以用为老人捶背、讲故事、唱歌、跳舞等方式关心老人。

（四）有助于激发幼儿的环保意识

幼儿是未来环境的主人，保护环境要从娃娃抓起。有研究表明，促进人类积极保护环境、关心地球的首要因素，是他们在儿童时期就认识和热爱大自然。因此，在幼儿生活经验的基础上，成人通过多种方式对幼儿进行社会环境教育，引导幼儿了解社会环境与人类的关系，关注周围社会环境，帮助幼儿树立环保意识，使之养成自觉保护环境的习惯。社会环境教育不仅能使幼儿受益终身，还能有效促进家庭和社区环境保护工作。

在社会环境教育中，幼儿通过了解生活中常见的设施设备及其功能，逐步养成爱惜物品的习惯；通过了解粮食的来之不易，体验农民播种的辛苦，逐步养成爱惜粮食的习惯；通过了解环境污

---

① 张明红. 幼儿社会教育与活动指导[M]. 上海：华东师范大学出版社，2015：107.

染给我们生活带来的影响，辨析保护环境的正确行为，萌发保护环境的意识，尝试为保护环境做好力所能及的事。我们来看这个案例：

在大班社会环境教育活动"保护大树妈妈"中，幼儿通过观看视频，了解人类砍伐树木给社会环境带来的危害，产生保护美好家园的意识，通过制作环保标志、扮演"环保小卫士"、植树等体验活动，学会保护树木，爱护环境。

（五）有助于促进幼儿审美能力的发展

日常生活、人文景观、自然环境中蕴涵着各种美的事物和现象，要经常借助它们引导幼儿去发现美，培养幼儿具有良好审美情操和审美能力。在社会环境教育活动中，教师创设出与教育相适应的良好环境，如请幼儿与教师一起布置温馨整洁的活动室，收拾整理玩具、材料，让他们置身在一个温暖有爱、干净整洁的环境，并从中得到美的享受，并从心底里产生要爱惜、保持美好环境的强烈愿望，养成讲卫生的好习惯。在幼儿一日生活中，要求幼儿礼貌用语美、谈吐语言美、交往礼仪美。大自然中蕴涵着各种美的事物和现象，幼儿在参观美丽的自然风光过程中，可以提高审美能力。我们来看下面这个案例：

在"参观三合村"户外活动中，幼儿在欣赏古村落古色古香的建筑、竞相争艳的花海、清澈见底的小河过程中，产生美的乐趣和遐想，感受到大自然的美，产生对美的追求。

三 幼儿社会环境认知发展的特点

掌握幼儿社会环境认知的发展特点，有助于教师在结合孩子年龄特点和兴趣需要的基础上开展社会环境教育活动，提高社会教育活动质量。经济社会、职业启蒙教育和地理空间教育也是幼儿社会环境教育中非常重要的内容，因此，教师还需要了解幼儿经济社会和职业认知以及地理空间认知发展的特点。

（一）幼儿社会环境认知发展的趋势

幼儿社会环境认知发展呈现以下三个趋势：

1. 由近及远

幼儿社会环境认知的发展，从幼儿最先接触的家庭环境开始，再到幼儿园、社区、家乡、国家、世界等，生活半径由近及远。幼儿最开始从对家庭成员、家庭环境的认知中获得必要的安全感，把自己当成家庭中必不可少的一员，从家人和家庭中获得安慰。到了3岁以后，幼儿会进入伙伴关系阶段。在这一阶段幼儿会与幼儿园教师、同伴进行互动，喜欢自己的班级、教师和好朋友，关心班集体的荣誉，会因为自己对班级做出贡献而感到高兴。随着幼儿生活圈的扩大，以及家庭和幼儿园的教育，幼儿开始了解到自己的社区和家乡的特点，也知道自己与外国人的明显区别，能因自己是中国人而感到骄傲。

2. 由小到大

幼儿社会环境认知的发展从最小的社会单位——家庭开始。家庭是幼儿社会性发展的摇篮，幼儿在家庭中掌握与家人交往的方法，为今后与他人交往打下基础。随后，幼儿开始接触社区，了解社区的构成、规则等，幼儿在社区环境中感知社会机构为自己带来的便利与欢乐。接着，幼儿对社会环境认知的发展逐渐扩大到家乡、国家乃至世界，会为家乡、祖国的发展与变化感到欣喜，能与他人共享这份自豪之情，从而形成对家乡和祖国的归属感。

3. 由熟悉到陌生

幼儿社会环境认知的发展，从了解家庭成员开始，体会自己在家庭中的位置、与父母的关系、亲人之间的远近疏离。接着了解自己生活的社区，经常接触的邻里，所在幼儿园的名字、环境，以及自己所在班级的老师与同学，感受幼儿园温暖的氛围。然后开始了解自己家乡的名称、在地图上的位置，了解本民族的特色和风俗。最后知道世界上还有许多其他的国家，有不同的文化和习俗，但全世界也是一个大家庭。

（二）幼儿经济社会和职业认知发展的特点

1. 经济社会认知发展特点

幼儿对经济社会的认知体现在对钱币的认知和比较、钱币的应用、对商品价格与材质对应关系的认识、商品等价交换的意识等。毛尼娜在对上海市3所幼儿园120名"3～6岁儿童对经济学知识理解的发展"研究中发现，3～6岁幼儿对经济社会的认知存在的特点如表4-1所示。

2. 职业认知发展特点

幼儿对于职业的认知首先来自父母的职业属性，如爸爸的职业是工程师，妈妈的职业是教师，幼儿最先认识的职业是工程师和教师。3～6岁幼儿职业认知发展特点如表4-2所示。

（三）幼儿地理空间认知发展的特点

随着信息技术的发展和交通的日益发达，幼儿的生活经验日益丰富，如幼儿已经能够通多种途径了解地理知识，了解不同地区的自然风光、地形地貌的特点等，这也为幼儿进行地理教育提供了可能。同时幼儿的空间概念认知发展特点也为幼儿进行地理教育提供了可能。研究表明，幼儿随着年龄的增长，有关空间的意识不断增强，对空间的理解日益广泛（见表4-3）。

表 4-1　3～6 岁幼儿经济社会认知发展特点①

	3～4 岁	4～5 岁	5～6 岁
经济社会认知发展特点	1. 能认识到货币的支付功能。 2. 认识到货币是进行消费的前提条件。 3. 部分幼儿能指出钱是通过劳动获得的。 4. 不能很好地分辨商品的价格高低，不知道价格是由谁来制定的。 5. 没有形成对生产的基本认识，倾向于把商品的来源定位到"营业员从家里带来的""叔叔阿姨带来的""爸爸妈妈买的"。 6. 半数幼儿有使用储蓄罐的经历，且多数幼儿都没有零用钱。	1. 能认识到货币的支付功能，且多数幼儿能指出钱是通过劳动获得的。 2. 许多幼儿能尝试分辨商品价格的高低。 3. 开始对银行有初步的认识，但是对银行功能的了解不够全面。 4. 对生产的认识也没有较大的提高。 5. 多数幼儿有使用储蓄罐的经历，并能指出储蓄罐的用途。 6. 部分幼儿提到自己有零用钱，来源大多是自己的父母。	1. 能认识到货币的支付功能，且能指出钱是通过劳动获得的。 2. 能明确区分各个消费场所，知道购物必须要使用货币，能很好地分辨商品价格的高低。 3. 认识到银行可以用来支取货币，能正确指出银行的一到两个功能，如借贷功能。 4. 多数幼儿认识到人们可以通过工作从老板那里支取报酬。 5. 开始把工人与工厂、把工厂与制造商品相联系，且有少部分幼儿开始把工厂的所有权与老板、管理员、经理挂钩。 6. 开始认识到价格是老板决定的。 7. 大多数幼儿家中有储蓄罐，能正确指出储蓄罐的用途。 8. 超过半数的幼儿有自己的零用钱、压岁钱等。 9. 部分幼儿能通过劳动换取父母或长辈给的报酬，且零用钱的用途也开始越来越广泛。

表 4-2　3～6 岁幼儿职业认知发展特点②

	3～4 岁	4～5 岁	5～6 岁
职业认知发展特点	1. 大多幼儿只能说出父母其中一人的工作，对父母职业的了解较模糊，只笼统地表示在公司或者在上班。 2. 已经能认识到父母通过劳动能得到报酬。 3. 知道有个人是给别人发工资的，但是却不能明确指出是老板或者公司经理，也不能指出拿工资的时间和频率。 4. 多数幼儿认为所有人拿到的工资都是一样多的，并不随着工作的不同而变化。	1. 约有半数幼儿已经能说明父母双方不同的职业，且有四分之一的幼儿能准确说出父母其中一人的职业。 2. 能指出父母的工作是可以获得报酬的。 3. 越来越多的幼儿开始认识老板这个角色，仍然不能说明发工资的时间和频率。 4. 多数幼儿已经知道不同的工作能得到不同的报酬。	1. 多数幼儿都能清楚地指出父母双方不同的职业，但对职业确切命名的正确率较低。 2. 知道父母的工作是可以获得报酬的。 3. 大多数幼儿已经认识到有"老板"这样一个人存在，人们可以通过工作从他那里支取报酬，个别幼儿能说明发工资的时间和频率。 4. 大多数幼儿已经知道不同的工作能得到不同的报酬。

---

① 毛尼娜. 3—6 岁儿童对经济学知识理解的发展研究 [D]. 上海：华东师范大学，2007.
② 毛尼娜. 3—6 岁儿童对经济学知识理解的发展研究 [D]. 上海：华东师范大学，2007.

表 4-3 2～7 岁幼儿地理空间认知发展特点①

	2～3 岁	4～5 岁	6～7 岁
地理空间认知发展特点	已形成了"地方空间"概念，能把握班级、游戏场地，邻居、亲朋好友的家庭地址等。	已形成了"国家空间"概念，能理解国家的地理特性。	已开始形成"全球空间"概念。

在对地理的认知发展方面，3～4 岁的幼儿会在"娃娃家"或扮演区，将小型地图当作玩具进行玩耍；5 岁的幼儿已经能将地图与自己的经验相互联系，他们能运用自己已有的知识，根据地图上的指示，在游戏场地进行寻宝游戏，找出宝藏所藏之处；5 岁以上的幼儿既能参考地图来建构积木，也能制作出学校及教室的地图。②

任务二 设计幼儿园社会环境教育活动方案

在设计幼儿园社会环境教育活动方案前应明确哪些总目标呢？幼儿园社会环境教育活动的内容包括哪些呢？如何分析幼儿园社会环境教育活动主题呢？如何在幼儿园进行社会环境教育活动方案设计，才能不断促进幼儿社会环境认知发展，建立归属感呢？

一 明确社会环境教育活动目标

幼儿园社会环境教育的总目标是以发展幼儿对社会环境的认知、产生亲社会性行为和建立归属感为主要内容的。

《纲要》社会领域中体现的幼儿园社会环境教育总目标："能努力做好力所能及的事，不怕困难，有初步的责任感"，"爱父母长辈、老师和同伴，爱集体、爱家乡、爱祖国"。《指南》社会领域中体现的幼儿园社会环境教育总目标及年龄阶段目标主要如表 4-4、表 4-5 所示。③

---

① 李生兰. 学前儿童社会领域教育中地理资源透析[J]. 早期教育（教师版），2006（5）.
② 幼儿社会教材教法[M]. 台北：华腾文化股份有限公司，2010：8-33.
③ 中华人民共和国教育部. 3～6 岁儿童学习与发展指南[M]. 北京：首都师范大学出版社，2008.

表 4-4 喜欢并适应群体生活

	3~4 岁	4~5 岁	5~6 岁
喜欢并适应群体生活	1. 对群体活动有兴趣。 2. 对幼儿园的生活好奇，喜欢上幼儿园。	1. 愿意并主动参加群体活动。 2. 愿意与家长一起参加社区的一些群体活动。	1. 群体活动中积极、快乐。 2. 对小学生活有好奇和向往。

表 4-5 具有初步的归属感

	3~4 岁	4~5 岁	5~6 岁
具有初步的归属感	1. 知道和自己一起生活的家庭成员及与自己的关系，体会到自己是家庭的一员。 2. 能感受到家庭生活的温暖，爱父母，亲近与信赖长辈。 3. 能说出自己家所在街道、小区（乡镇、村）的名称。 4. 认识国旗，知道国歌。	1. 喜欢自己所在的幼儿园和班级，积极参加集体活动。 2. 能说出自己家所在地的省、市、县（区）名称，知道当地的有代表性的物产或景观。 3. 知道自己是中国人。 4. 奏国歌、升国旗时能自动站好。	1. 愿意为集体做事，为集体的成绩感到高兴。 2. 能感受到家乡的发展变化并为此感到高兴。 3. 知道自己的民族，知道中国是一个多民族的大家庭，各民族之间要互相尊重，团结友爱。 4. 知道一些国家的重大成就，爱祖国，为自己是中国人感到自豪。

《幼儿园入学准备指导要点》体现的幼儿园社会环境教育目标如表 4-6 所示。

表 4-6 《幼儿园入学准备指导要点》体现的幼儿园社会环境教育目标

	发展目标	具体表现
身心准备	向往入学	1. 初步了解小学，对小学生活充满期待。 2. 希望成为一名小学生，愿意为入学做准备。
生活准备	参与劳动	1. 能主动承担并完成分餐、清洁、整理等班级劳动。 2. 能做一些力所能及的家务劳动。
社会准备	热爱集体	1. 喜爱自己的班级和幼儿园。 2. 愿意为集体出主意、想办法、做事情。 3. 初步形成爱家乡、爱祖国的情感。

二 选择社会环境教育活动内容

幼儿园社会环境教育活动的内容包括三个方面，即家庭、幼儿园、社区、家乡、祖国和世界，经济社会和职业以及地理环境。

（一）家庭、幼儿园、社区、家乡、祖国和世界

1. 家庭

（1）了解家庭成员及其与自己的关系。了解家人的称呼、姓名、年龄、生日、属相、兴趣、工作以及庆祝活动等，了解家人与自己的关系，感受生活中家人对自己的爱，萌发对家人的爱和关心等内在情感。懂得热爱、尊重和关心父母长辈，并懂得用一定的方法表达自己对家人的感谢与爱（见图 4-1、图 4-2）。知道不打扰他们工作或休息，为其做些力所能及的劳动和服务等，产生对家庭的责任感。

（2）了解家庭信息和设施设备。知道家庭地址和家人的联系方式。知道家庭的主要设施及其作用，熟悉家庭中常见生活用具的名称，能够使用简单家庭生活用具，懂得爱惜家中的物品，例如，爱惜电视机、爱惜绿植、爱惜自己的图书和玩具等。

图 4-1　给奶奶洗脚

（湘南幼儿师范高等专科学校附属幼儿园提供）

图 4-2　和哥哥下棋

（湘南幼儿师范高等专科学校附属幼儿园提供）

2. 幼儿园

（1）知道幼儿园教师、同伴及其与自己的关系。了解所在班级教师的姓名、年龄、爱好及其与自己的关系，认识幼儿园内其他教师和工作人员，如园长、门卫、厨师和儿童保健医生等（见图 4-3），知道他们的工作是为幼儿服务的；爱幼儿园，懂得感谢和尊重教师，并懂得用一定的方法表达自己对教师的感谢与爱。

（2）喜欢、关心幼儿园的同伴，愿意与他们友好地进行各种活动（见图 4-4）。能为集体做些力所能及的劳动和服务等，形成初步的集体意识。

（3）了解幼儿园信息和设施设备。知道自己幼儿园的名称、班级、地址，知道幼儿园内外的主要环境、主要设施和基本集体活动，懂得爱护幼儿园的设施设备，保持幼儿园环境的干净、整洁。

图 4-3　给炊事员伯伯送活动邀请函

（湘南幼儿师范高等专科学校附属幼儿园提供）

图 4-4　给同伴梳梳头

（湘南幼儿师范高等专科学校附属幼儿园提供）

3. 社区

（1）了解自己的邻居和社区中的人们；知道自己所在社区的名称、所在市区及明显的建筑标志。

（2）知道社区内主要的设施设备及其功能，如学校、银行、超市、医院、理发店、饭店、敬老院、社区广场等（见图4-5）。尤其是了解小学的一日生活和学习要求，知道小学和幼儿园的不同，对小学产生向往之情。

走进社区

参观小学

画一画小学

参观气象局

图 4-5　幼儿对社区的认知

（湘南幼儿师范高等专科学校附属幼儿园提供）

（3）认识社区内常见的交通工具及其功能，如小汽车、公交车、出租车、地铁、警车、救护车、消防车、洒水车、挖掘机。知道交通工具的特征及其为人们的生活带来的便利。

（4）能够参观调研社区环境，体验设施设备为我们生活带来的便利，萌发爱护社区的感情；能够为爱护社区环境做力所能及的事。

4. 家乡

（1）了解家乡的名称、所在城市和省份，初步了解、知道家乡在地图上的大致方位。

（2）初步了解家乡的历史名胜、自然风景、风俗习惯、美食特产等（见图4-6、图4-7）；了解家乡人物传说、历史名人、革命先烈、道德模范等。

（3）感受家乡的变化发展，为自己的家乡感到骄傲、自豪，从而产生热爱家乡的情感；能够表达对家乡的喜爱之情，能为建设美丽家乡做力所能及的事。

图4-6　参观植物园

（湘南幼儿师范高等专科学校附属幼儿园提供）

图4-7　参观石榴湾公园

（湘南幼儿师范高等专科学校附属幼儿园提供）

5. 祖国

（1）知道祖国的标志。了解祖国的名称、首都及主要省份和城市；知道国旗、国徽、国歌、首都是祖国的标志；了解国旗、国徽等的颜色、形状、组成及含义；感受国歌的旋律，萌发幼儿爱国之情。

（2）了解祖国地图的形状特征，能在地图上找出自己祖国的大致方位。

（3）了解中华优秀传统文化，如二十四节气、中国传统节日与饮食、中国四大发明、中华国学经典、中国成语故事和神话、中国民间工艺和服饰、中国动画片。

（4）知道社会主义核心价值观，围绕"敬业""友善""诚信""文明"等与幼儿生活贴近的核心价值观进行引导和教育。

（5）知道祖国统一和民族团结，知道我们的祖国是中国，中国的全称叫中华人民共和国，知道自己是中国人。

（6）了解基本国情。一是知道国家纪念日，知道每年的10月1日是国庆节；二是了解国家的名胜古迹；三是初步了解国家的成就和一些国家大事，引导幼儿了解国家最近发生的大事，了解新闻中对祖国发展的报道，关心祖国的发展情况，初步培养幼儿对国家发展的自豪感；四是初步了解国家的历史，引导幼儿了解祖国的发展历史，了解祖国的过去和现在，进一步感受我们的生活变得越来越美好，为祖国的飞速发展而自豪（见图4-8）。

（7）了解中国共产党。一是知道中国共产党，如引导幼儿知道党的生日是每年的7月1日，知道党的生日也是党的诞辰纪念日；知道党和国家的领导人，知道正是因为有党的坚强有力的领导，国家才发展得越来越好，我们的生活才过得越来越好，从而培养幼儿听党话、跟党走的朴素情感，培养幼儿对党的敬爱之情；认识党徽、党旗；知道党的历史、学会感恩党，知道没有共产党就没有新中国。二是知道和了解中国革命传统，如了解革命先辈的事迹和故事。三是学习英雄故事，如知道雷锋、刘胡兰等时代英雄的事迹。四是会唱爱党爱国歌曲，教师要引导幼儿听并且初步会哼唱如《我和我的祖国》《国旗国旗多美丽》等歌曲。五是初步了解教育扶贫政策和党的惠民政策，知道现在居民享受的住房优惠、各项补贴、免费医疗和免费教育等都得益于国家的政策。

（8）了解中国梦和自己的梦，引导幼儿将自己的梦想和中国梦相结合。

（9）知道国家安全和国防安全。一是知道建军节；二是初步了解军种和军服；三是初步了解军队的历史；四是参观军营，了解军队的生活；五是感恩人民解放军。

国庆节的由来

喜迎二十大主题墙

我是小小国旗护卫队

认识雷锋叔叔

图 4-8　幼儿对祖国的认知

（湘南幼儿师范高等专科学校附属幼儿园提供）

6. 世界

（1）了解世界上的国家和人种，知道世界上一些国家的名称和国旗。

（2）了解世界上不同国家人种的肤色、饮食和习俗，学会尊重外国人的风俗和习惯。

（3）适当了解世界主要国家的服饰、特色建筑、音乐和舞蹈。

（4）了解世界名人、世界著名的自然风景和奇特的自然现象，引导幼儿进一步了解多彩的世界，具备初步的国际意识。

（二）经济社会和职业

1. 经济社会

（1）了解人民币。能辨别人民币的面值、了解人民币的产生过程、认识人民币的作用，能用人民币进行简单的买卖活动，培养幼儿正当获取和合理使用人民币的态度。

（2）了解商品。了解商品的来源或生产过程，初步了解商品的种类、价格，知道商品的重要性，初步知道购买商品的流程和注意事项。

（3）了解资源稀缺性。了解商品的生产离不开资源，了解很多资源是有限的；知道过度使用资源、浪费资源的危害；懂得节约资源、珍惜资源的重要性，能够珍惜资源、节约资源。

拓展阅读
大班社会环境教育活动"钱币世界"

2. 职业

（1）认识常见的职业及种类，如清洁工、快递员、售货员、收银员、医生、护士、警察、消防员等。

（2）了解各种职业的主要工作内容、工作技能；了解各种职业的重要性，知道他们与自己的关系，感受其爱岗、敬业、奉献的精神，激发幼儿爱劳动、向榜样学习的情感。

（3）了解职业无高低贵贱之分，懂得要尊重各行各业的劳动者；在日常生活中能够做力所能及的事，养成热爱劳动的习惯。

拓展阅读
中班社会活动"爸爸妈妈的工作"

（三）地理环境

对幼儿进行地理环境教育不是要求幼儿向小学生那样学习地理知识，而是帮助幼儿获得关于地理的粗浅知识和经验，引导幼儿关注环境，理解环境中的人、动植物及其相互之间的关系，增强幼儿保护环境的意识和责任感（见图4-9、图4-10），改善幼儿对环境资源的态度，以实现人类与环境和谐共处，走可持续发展的道路。主要包括以下内容。①

图 4-9 了解气象气候

（湘南幼儿师范高等专科学校附属幼儿园提供）

图 4-10 参加种植活动

（湘南幼儿师范高等专科学校附属幼儿园提供）

1. 地理知识

主要包括以下五类：第一类是关于位置的知识，重在帮助儿童了解在地球表面上人的位置、地点和物体，如知道自己所在地；第二类是关于地方的知识，重在帮助儿童理解不同地方的不同的人、文化和物理特征，如了解气候、城乡、交通工具、娱乐活动；第三类是关于人与环境相互作用的知识，重在帮助儿童认识那些反映人与人之间、人与环境之间的关系的事件和行动，如知晓家庭和学校、污染和环境保护；第四类是关于运动的知识，重在帮助儿童认识世界人民的运动以及他们如何在新的地方进行相互作用，如了解移民、通信、货物运输；第五类是关于地区的知识，重在帮助儿童识别人类和土地的变化，如知道动物栖息地、人类住处。

2. 地理技能

主要包括以下五项：第一项是学会提出地理问题的技能，如能提出故事发生地、亲朋好友居住地等问题；第二项是获得地理信息的技能，如能通过参观一些地方来收集普通的信息，通过观看某地的照片和图片来收集特别的信息；第三项是知道如何安排地理信息的技能，如能利用日志记录天气的变化，运用绘画表现已观察到的信息；第四项是分析地理信息的技能，如能在地图上找出他们居住的地方，解释所看的照片的内容；第五项是回答地理问题的技能，如能在照片和图片上认出熟悉的地方，能用积木等物体表现某个地方。

3. 地理能力

主要由以下十六种能力组成：①能了解我们社区的位置；②能画出我们生活的地方；③能运用地图、地球仪等地理工具；④能探索社区的物理特征；⑤能研究社区的娱乐场所；⑥能参观动物生活的地方；⑦能学会照看植物和动物；⑧能了解其他地方的植物和动物；⑨能探索食物的产地；⑩能帮助保持环境的整洁；⑪能了解雨林；⑫能发现地理学家做什么；⑬能了解人们在其他地方种植的作物；⑭能探索其他社区、其他国家的人们的穿戴；⑮能研究在其他地方是如何建造房屋的；⑯能了解各种季节儿童的游戏和活动。

---

① 李生兰. 学前儿童社会领域教育中地理资源透析 [J]. 早期教育（教师版），2006（5）.

项目四　幼儿园社会环境教育活动

三　分析社会环境教育活动主题

幼儿园社会环境教育活动可以通过幼儿园最常见主题活动的形式来开展。幼儿园社会环境教育主题活动即指在组织上以社会环境教育为中心，在内容上可能包含或融合社会、语言、科学、健康、艺术等学习领域，促进幼儿社会情感、社会认知和社会能力多方面的发展。

在进行幼儿社会环境教育主题活动之前，要明确主题的来源、制定主题活动的总目标、编制主题网络图，然后根据主题的内容为幼儿选择、设计活动。

（一）明确主题来源

幼儿园社会环境教育主题活动是以社会环境教育内容为基础来设计的，主题来源往往是社会环境中幼儿关注的话题，同时还要考虑幼儿社会性发展的年龄特点和生活经验，如"马路上""我的家乡"等，以社会环境教育内容为中心，把与这个中心相关的内容组织在一起，但在主题的设计组织与实施过程中，又不只局限在社会这一个领域，还包括其他领域。

幼儿社会性的发展遵循由己及人的规律，小、中、大班可以选择的社会环境教育主题参考表4-7。

表4-7　小、中、大班适宜的教育主题

班级	适宜的教育主题
小班	我爱我家、我的幼儿园
中班	我升中班了、马路上、交通工具、我们的社区、我的家乡
大班	我要毕业了、我和我的祖国、身边的动植物、环保小卫士

拓展阅读

大班"上小学了"社会环境教育主题的选择与确定[①]

幼小衔接是一个全程准备、全面准备的过程，大班阶段是重点冲刺期，尤其是在第二学期的4—6月期间。在开展"上小学了"主题活动前，我们针对儿童在幼小衔接方面的准备情况，进行了面向儿童、家长和教师的调查。

---

① 林莉. 主题活动：上小学，准备好了吗［J］. 学前教育，2019（12）.

1. 儿童的想法

在开展主题活动前,孩子们或多或少已经积累了一些关于小学的感性认识。但在"关于小学,你知道什么"的自由讨论中,我们发现,大多数孩子提到的是"上课不能上厕所""上课不能唱歌、说话""上课不能睡觉""小学不能玩""不能大声吵闹""不能做鬼脸""没有玩具"等"不能……"的印象,以及"一节课要上40分钟""上课要坐好""回家要好好写作业""学习会很累"等认知。从这些印象中能够看出,孩子们对于上小学实际上有一种恐惧和隐隐抗拒的心理。

2. 家长的观点

调查发现,在此阶段,我园84%的家长已经了解过小学对孩子的要求,以及孩子刚上一年级时可能会出现的不适应情况。对于入学准备,49.38%的家长认为,习惯准备最为重要,家长们最担心孩子进入小学以后遇到的问题包括"不能管理好自己的时间,做事拖拉""老师不再像幼儿园那样精心照顾孩子,孩子不适应""不适应小学学习方式,成绩不好""没有基础,跟不上学习进度"。

3. 教师的分析

我园孩子在前期各种大型主题活动中已经积累了一定的应对改变和变化的经验。孩子们在升班主题教育中,通过采访爸爸妈妈、祖辈、老师对自己的期望,尝试主动给自己设立成长的目标;在为弟弟妹妹设计小书包的过程中,能够调研了解市面上各种书包及其用途,从而为自己的设计方案提供依据,学习到如何收集和整理信息;在策划组织全园运动会的活动中,学习了如何分工合作,调动各种资源实现自己的目的;在两园区互访的活动中,积累了面对"陌生环境""有关系的陌生人"的交往经验……综合我们的课程目标和教育内容,老师们认为,孩子们已经具备了作为一名主动研究者的初步素质,能够针对"上小学了"这一主题,进行自主探究和应对。我们要通过主题活动的开展,让孩子们不仅认识小学,更能在其中发现自己的能力,增强他们步入小学的信心。

可见,教师可以通过谈话、观察、儿童绘画和创设情境等多种形式,了解幼儿的兴趣、需要和已有经验,确定主题活动来源。

(二)制定主题活动的总目标

幼儿园社会环境教育主题活动的总目标是以发展幼儿对社会环境的认知、建立归属感为主要内容[①],并兼顾健康、语言、科学、艺术等其他领域的目标,主题活动目标又包含情感、认知和能力三方面的目标。我们来看案例:

---

① 李焕稳,焦敏,毛秀芹. 幼儿社会教育与活动指导[M]. 3版. 北京:北京师范大学出版社,2021:142.

案例导入

社会环境教育主题活动 "人·车·生活" 总目标①

1. 认识生活中常见的汽车，初步了解汽车的标志、构造、产地、尾气污染、作用等，丰富有关汽车的知识，知道汽车与我们现代生活的重要关系，产生对汽车的探索兴趣。

2. 认识并能正确区分常见的汽车行驶标记，知道行驶标记的重要性，提高幼儿安全意识。

3. 在对汽车基本知识了解的基础上，根据自己的想法和想象设计未来的汽车，发展幼儿的绘画表现能力和想象力。

4. 关心我们的生活环境，了解汽车尾气污染造成的污染后果，及与我们生存、生活的关系，提高幼儿的环保意识。

5. 认识生活中的其他交通工具，知道交通工具与我们生活的重要关系。

6. 培养幼儿探索兴趣和自我解决问题的能力，提高幼儿的观察、分析、比较、合作及语言表达能力。

案例以幼儿周围环境中熟悉的汽车与人们的生活为主题，引导幼儿了解汽车以及汽车与人们生活的关系，同时兼顾了艺术领域，引导孩子们去想象、设计未来汽车，提高了孩子们的想象力，还兼顾了科学领域，培养幼儿探索汽车的兴趣和自我解决问题的能力，提高了幼儿的观察、分析、比较、合作及语言表达能力等。

（三）编制主题网络图

社会环境教育主题网络图是将该主题下的所有相关内容绘制成图，以便教师与幼儿更好地围绕社会环境开展教育活动。我们来看案例：

中班社会环境教育主题活动"交通工具总动员"，其主题网络图如图4-11所示。

主题环境创设：创设"交通工具总动员"主题墙，活动区投放交通工具模型。

根据社会环境教育主题活动的总目标，幼儿的兴趣、需要、已有经验，可以利用的教育资源等因素，设计一系列子活动内容，初步确定每个活动的名称、目标，还可以标明每个活动主要涉及的活动领域。

---

① http：//www.gzzebra.com/news/detailed_257.html.

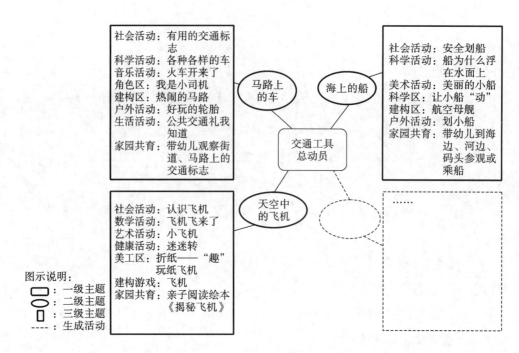

图 4-11 中班社会环境教育主题活动 "交通工具总动员" 主题网络图

活动案例

大班社会环境教育主题活动　离园倒计时（节选）[①]

◆ 主题来源：

经过三年的幼儿园生活，大班幼儿即将告别幼儿园里朝夕相处的老师和同伴，进入下一阶段的小学生活，他们的心理是很复杂的，既充满了对长大、对小学的好奇与憧憬，渴望自己早日成为一名小学生，又有着对幼儿园诸多的留恋和不舍……离别的依惜、升学的惊喜，交织成离园之际的复杂情感。为了帮助幼儿顺利度过人生的第一个转折期，我们设计了该主题活动。建议本主题在三周内完成。

◆ 主题总目标：

1. 感受小学生活，萌发上小学的愿望。建立对班级的归属感，为自己是班级中的一员感到自豪。

2. 在巩固认识整点、半点的基础上记录时间，并制订自己的一日活动计划。探索发现纸张形状与承重的关系。

3. 了解小学的规则，感受规则的重要性。明白违反规则被惩罚不代表不被爱。

4. 通过朗诵诗，感受诗歌表达的情感。

---

① 杨莉君. 体验与探究幼儿学习活动资源教师用（大班上）[M]. 长沙：湖南教育出版社，2017：361-364. 有删改。

5. 提高控球能力和团队合作意识。

6. 通过学唱歌曲，体验歌曲表达的情感。

大班社会环境教育主题活动"离园倒计时"，其主题网络图如图4-12所示。

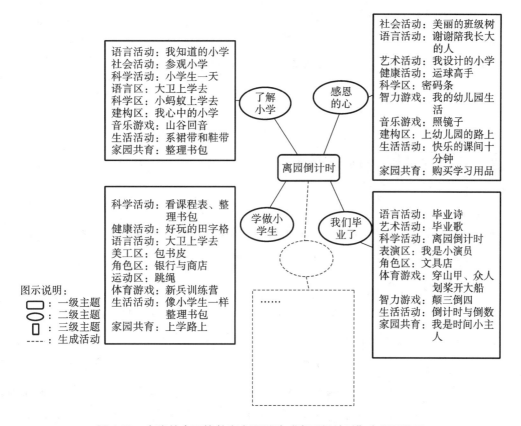

图4-12　大班社会环境教育主题活动"离园倒计时"主题网络图

◆ 主题环境创设：

1. 墙面

（1）利用活动室最大的墙面设置主题墙，根据活动内容逐步投放以下材料。

①"离园倒计时"操作角。在墙面一角、适合幼儿操作的高度张贴一张年历，旁边贴上幼儿毕业离园的具体日期，并用一个小盒子装上离园倒计时的天数数字卡片，引导幼儿每天关注这个栏目，每过一天就在年历上画上标记并更换上面的数字卡片，感受将要离开幼儿园的紧迫和不舍。

②"参观小学"主题墙。主题墙中间部分贴上参观小学的活动照片，在照片下配上相应的简单说明（引导幼儿观察和交流，回忆参观时的情景，强化小学生的正面行为）。

（2）利用走廊墙面设置"我的幼儿园生活"照片墙。在毕业典礼前投放幼儿在园生活的各个阶段的活动资料，引导幼儿在自由活动时交流和回忆幼儿园生活的美好，增强对班级和幼儿园的感情。

①空中吊饰。设置幼儿绘画和手工作品展览，不一定集中一起，可以用不同形式吊挂在活动室、走廊的天花板或窗台、栏杆等处，也可展示到墙面、活动区等。

②活动区。开设语言区、科学区、美工区、表演区、建构区、运动区、角色区。场地设置建议：语言区、科学区、美工区等相对比较安静的区域可设置在活动室内，角色区、表演区、建构

区、运动区等可设置在寝室或走廊，尽量与科学区等相对安静的区域隔离开来。

2. 家园共育

（1）和幼儿一起进行"离园倒计时"的记录。

（2）带幼儿去超市，让幼儿自己选购学习用品。

（3）每天固定一个时间进行亲子阅读，督促幼儿进行简单的书写，如写数字和自己的姓名等。

（4）每天给幼儿一段自由时间，让幼儿安排自己的活动。

四 设计社会环境教育活动方案

社会环境教育活动方案的活动意图、活动名称、活动目标、活动准备、活动过程和活动延伸的设计要求见项目一任务五，下面重点介绍社会环境教育活动过程的设计。

1. 创设情境，激发兴趣

幼儿园社会环境教育立足于幼儿真实的社会生活，创设真实（或拟真）的情境，将幼儿带入自己熟悉的生活状态中，通过多种形式将幼儿引入即将学习的情境中，让幼儿对学习的内容产生体验，产生学习兴趣。常见的形式有创设谈话情境和故事情境。我们来看看下面这个情境创设案例：

大班社会环境教育活动"地球妈妈生病了"中，教师通过故事情境导入，引出活动主题。"地球妈妈生病了"的主要目标是知道保护环境的重要性，萌发保护环境的意识。由于直接告诉孩子要保护环境，孩子不易产生兴趣，为此编写了一个有趣的故事，通过地球妈妈生病了这一情节引出谈话主题，既生动有趣，又引发幼儿思考地球妈妈生病的原因。当然社会环境教育活动中的故事和语言教学中的故事在讲述时应有所不同，社会环境教育中的故事只讲主要情节，不讲细节，这样更能突出活动目标。

2. 借助素材，初步感知社会环境

教师可通过出示与社会环境相关的教学素材，如照片、图片、调查表、视频、录像、音频、实物、模型、故事等，借助提问，调动幼儿的多种感官，引导幼儿初步感知社会环境的内容和特点。教学素材的使用方式有：情境表演、操作模型、看录像、欣赏作品、看图片等。下面以模型素材、照片或视频素材以及调查表素材的使用进行举例说明。

（1）借助模型素材。模型素材有玩具车模型、城市建筑模型、小医生玩具模型、游乐园模型等。我们看下面这个案例：

在中班社会环境教育活动"特殊功能的车"中，教师通过操作模型玩具的方式，引导幼儿感知警车的外形和特殊装置。教师请猜出谜底的幼儿到桌面前找到警车玩具车模，说说自己对警车的认识。教师提问："你是怎么猜出来的？"全班幼儿观察警车的外形和特殊装置，了解其颜色、用途、装置的特殊之处，自由交流对生活中警车的感受。指导语："你们知道警车有什么特殊装置？为什么要配警报器？"结合警车模型让幼儿了解警车的用途，知道车身底色是白色的，车头有红蓝警示灯，以及认识车头和车门上的字样和标志。

（2）借助照片或视频素材。照片或视频素材有全家福、幼儿成长故事、外出游览信息照片或视频等。我们来看这个案例：

在大班社会环境教育活动"我们的祖国真大"中，教师通过出示一组组祖国的照片以及祖国的视频录像，引导幼儿感知南北的差异。

（3）借助调查表素材。调查表可以根据不同的活动主题命名，如"社区里有什么""水果店开在哪里？""我知道的家乡的美食""调查身边可爱的劳动者"等，我们再来看看下面这个案例：

在中班社会环境教育活动"我们的社区"中，教师通过引导幼儿展示自己制作的调查记录表，了解社区的设施设备。教师可在活动前开展讨论：你想要了解社区的什么呢？师幼一起制作记录表格，幼儿实地参观社区并完成记录，在开展活动时，展示每个孩子的记录表格。

在运用教学素材和选择展示方式时，教师要注意幼儿的年龄特点，如小班幼儿多用故事、情境表演、桌面表演等方式，中大班幼儿多用录像、参观等方式。同时注意正面行为的演示多用现场表演，负面行为的矫正多用录像。例如乱丢垃圾、浪费粮食等，可以将表演拍成录像播放，会增强真实性，减少表演中的负面影响。

3. 深化情感，进一步感知社会环境与自己的关系

当教师将幼儿引入学习情境中，并帮助幼儿形成一种初步的体验之后，"讨论分析、形成共识"尤为关键。幼儿在上一流程中的初步感知有可能是模糊的，甚至会产生与学习目标相斥的想法。此时，需要教师不断地引导幼儿结合情境，师幼（幼幼）讨论社会环境的重要性，并采用价值澄清的方式引导幼儿分析、判断行为的对错及缘由，引导幼儿真正理解、内化某些行为，从而产生正确的观念。我们来看下面这个案例：

在大班社会环境教育活动"节约用水"中，教师在引导幼儿初步了解水的作用后，通过出示问题情境"大树死了，人类饥渴"，引导幼儿进行讨论，进一步了解节约用水的原因。通过出示图片或视频中幼儿和成人的用水行为，引导幼儿判断和分析图片或视频中人类行为的对错及原因。最后，请幼儿谈谈节约用水该如何做，进一步认知节约用水的正确方式，产生节约用水的意识。

4. 实践练习，获得体验

在幼儿产生正确认知的基础上，开展社会环境教育实践练习活动，使社会认知和情感转化为社会行为。实践练习可以是游戏、手工等。

（1）游戏实践活动。幼儿游戏包含多种类型，如角色游戏、表演游戏、建构游戏、体育游戏、安吉游戏等，在社会环境教育活动中游戏实践活动开展较多的为角色游戏。我们来看下面的案例：

在大班社会环境教育活动"节约用水"中，开展"我是节水小卫士"角色游戏实践活动，"小卫士们"在游戏中进行节水小知识抢答比赛，可以巩固幼儿的节约用水行为。在中班社会环境教育活动"了不起的快递员"中，开展"我是小小快递员"实践活动，为幼儿提供轻重、大小不同的快

递盒子，引导幼儿通过扮演快递员搬运快递，体验快递员职业的辛苦，萌发对快递员的敬意。

（2）手工实践活动。幼儿园手工活动包括泥工、纸工、制作和剪贴等，手工活动不仅可以培养幼儿的观察力、想象力、创新思维，锻炼手部灵活性，还可以增强孩子的亲身体验，萌发社会情感。在社会环境教育活动中手工实践活动开展较多的为各种手工制作。我们再来看下面的案例：

在小班社会环境教育活动"全家福"中，开展为自己的"全家福"照片制作相框活动，并将制作好的相框带回家，送给爸爸妈妈，表达对爸爸妈妈的爱。在中班社会环境教育活动"家乡的特产——擂茶"中，开展制作擂茶、品尝擂茶体验活动，体验擂茶的制作工艺，进一步了解家乡的特产，萌发对家乡的热爱之情。

5. 结束部分

师幼共同总结社会环境的内容、特点和重要性，强调为保护社会环境做力所能及的事。

专家精讲
"设计社会环境教育活动方案"

五 社会环境教育活动案例

活动案例一

小班社会环境教育活动　小兔的玩具店

湘南幼儿师范高等专科学校附属幼儿园　邢思颖

◆ 设计思路：

自理自立、爱护活动室环境是幼儿成长中应具备的基础品格，收纳整理是幼儿自理能力的一种。《幼儿园教育指导纲要（试行）》在社会领域目标中提出："幼儿能够做好力所能力的事情，不怕困难，有初步的责任感。"《3~6岁儿童学习与发展指南》中提出："幼儿应具备基本的生活自理能力"，"能按类别整理好自己的物品"。教师应在实践中指导幼儿掌握生活自理能力技巧。

在区域活动中，幼儿经常会出现材料乱摆乱放的现象，对区域环境的爱护也不重视，玩具掉了也不会主动捡起来，每次游戏结束后也不会分类摆放。为了激发幼儿爱护区域环境、养成收拾整理的习惯，我们开展了此活动。

◆ 活动目标：

1. 喜欢收拾整理，有爱护活动室环境的欲望。
2. 理解故事内容，知道玩具需要收拾整理。
3. 学会有序、整齐地摆放物品，掌握又快又好地整理玩具的技巧。

◆ 活动重难点：

1. 重点：理解故事内容，知道玩具需要收拾整理。
2. 难点：喜欢收拾整理，掌握又快又好地整理玩具的技巧。

◆ 活动准备：

1. 物质准备：一体机、各类玩具（根据幼儿的喜好每人带一个自己喜欢的玩具）、《小兔的玩具店》课件、两组柜子、玩具分类图。
2. 经验准备：幼儿有协助教师整理玩具的经验。
3. 环境准备：10张椅子摆成U型，两组柜子平行摆放。

◆ 活动过程：

1. 说说自己喜欢的玩具，导入活动。

教师：孩子们你们喜欢玩什么玩具？为什么喜欢呢？

2. 欣赏故事，发现和解决问题。

（1）欣赏故事第一段。

教师：小兔的玩具店里有什么玩具？谁去买了玩具？买到了吗？为什么？

小结：小兔店里有很多的玩具，有小汽车、积木、娃娃等。玩具摆放太乱了，所以大家都没有找到自己想要的玩具，最后都没有买成功。

（2）欣赏故事第二段。

教师：我们该如何帮助小兔子呢？

（请个别幼儿表达自己的想法）

小结：小兔商店玩具很多，但是摆放乱七八糟所以找起来很困难。我们应该把玩具分类摆放，把汽车放一起，把积木放一起，把娃娃放一起，而且要为它们贴上标识，这样玩具很容易就找到自己的"家"了。

3. 幼儿操作，帮助小兔子整理玩具。

请幼儿在一体机上操作，整理小兔的玩具店。

小结：小朋友们真厉害，把小兔的玩具店整理得又干净又整齐，商店看起来真漂亮，小兔说"谢谢小朋友哦"。

4. 游戏：整理玩具区。

教师：刚刚小朋友们将小兔玩具店整理得这么整齐，看看我们活动室整齐、漂亮吗？为什么？我们该怎么整理呢？

小结：我们在收拾整理时，要根据柜子上的标识，把材料分类摆放，这样我们活动室环境就会干净漂亮了。

◆ 活动延伸：

1. 请家长观察孩子是否能够将自己玩具区的材料分类整理，并将垃圾清理干净。

2. 请家长和孩子为孩子整理好的玩具贴上相应的标签，方便孩子下次更好、更快地完成收拾整理的任务。

◆ 附：故事

小兔的玩具店

小兔开了一家玩具店，它的店里有好多好多不同的、好玩的玩具，有玩具小汽车、绒毛玩具、彩色的积木等。可是这么多的玩具放在店里乱糟糟的，小猴来买一辆玩具小汽车，结果玩具小汽车被压在绒毛小熊的屁股下面，找来找去也找不到。小猪要买一套塑料积木，结果积木撒了一地，大大小小都有，不知道哪些是一套的。小动物们都说："小兔的玩具店东西多，就是找东西太麻烦了。"小朋友们，我们来想想办法帮帮小兔吧！

◆ 活动评析：

本次活动设计思路清晰，活动目标达成度高。活动前请幼儿提前准备好玩具带到幼儿园；活动中首先采用玩具导入，激发幼儿的兴趣；其次，以故事的形式引导带入情境，让幼儿主动帮助兔子整理玩具；最后，迁移生活经验，请幼儿一起来动手整理玩具，巩固整理玩具的方法。

活动案例二

中班社会环境教育活动　变废为宝我能行

湘南幼儿师范高等专科学校附属幼儿园　欧阳雪娟

◆ 设计意图：

《幼儿园教育指导纲要（试行）》中指出，教师应教育幼儿爱护玩具和其他物品，爱护公物和公共环境。幼儿园进行了垃圾分类的活动后，孩子们对分类后的垃圾到哪去了、可回收垃圾为什么要回收、回收做什么，产生了浓厚的兴趣。基于孩子们的兴趣，设计了此活动。让孩子们知道，除了将可回收物放入垃圾桶外，我们也可以将原本要丢入垃圾桶的可回收物进行手工制作，让可回收物在我们的生活中变废为宝。通过此活动，让幼儿了解可回收物的作用，能尝试将可回收物重复利用，感受变废为宝的乐趣。

◆ 活动目标：

1. 感受洁净环境的美，初步树立环保意识。

2. 了解可回收垃圾分类方法，知道可回收垃圾的作用。

3. 尝试区分可回收与不可回收垃圾，尝试使用可回收垃圾进行废物利用。

◆ 活动准备：

1. 物质准备：《垃圾分类》课件、笔、纸、纸盒、塑料瓶、玻璃瓶。
2. 经验准备：知道可回收物的重复利用性。
3. 环境准备："变废为宝"作品展示架、粘贴"变废为宝"成品示范图片。

◆ 活动重难点：

重点：了解可回收物能再次分类，尝试使用可回收物进行手工创造。

难点：分辨可再利用的垃圾，尝试使用可回收垃圾进行重复利用。

◆ 活动过程：

1. 说一说，了解有什么类型的可回收物，尝试进行分类。

教师：我们周末一起收集了很多可回收物，一起来看看有什么吧。

（1）出示可回收物，尝试将可回收物按照材质进行分类。

教师：这是什么？还有什么东西是用纸做的呢？

（2）观看课件，了解可回收物可以分为纸类、金属类、纺织类、玻璃类、塑料类和旧电子产品类。不同类型的回收物，回收后可制作的东西也不一样。

2. 做一做，利用可回收物制作手工作品。

教师：我们收集了这么多可回收物，那我们来试一试，将可回收物变成我们需要的东西。

幼儿选择不同可回收物，利用可回收物，尝试制作作品。

3. 讲一讲，将可回收物制作成什么作品。

幼儿介绍自己制作的作品，重点讲述自己用了什么材质的可回收物，制作出来的作品可以用来做什么。

4. 看一看，其他可回收物还可怎样废物利用。

教师：可回收物除了用来制作装饰品，还可以通过工厂制作成新的材料，我们一起来看看吧。

小结：可回收物的作用可真大，我们通过垃圾分类，将可回收物重复利用，可以减少垃圾，让我们的环境变得更加干净、美好。

◆ 活动延伸：

1. 美工区投放纸箱、塑料瓶等可回收物，利用可回收性进行创意制作。放置在"变废为宝"置物架中。
2. 回家与家长利用可回收物进行创意制作，将可回收物重复利用。

◆ 活动评析：

本次活动教师引导幼儿自主收集可回收物，并通过分一分、说一说、做一做等方式，充分调动幼儿的多种感官，引导幼儿了解生活中常见的可回收垃圾。活动通过让幼儿利用废旧材料，亲身体验"变废为宝"，加深对可回收垃圾的认识，极大地促进幼儿环保意识的提升，有利于幼儿从小养成保护环境的习惯。

活动案例三

大班社会环境教育活动　城市美容师

湘南幼儿师范高等专科学校附属幼儿园　何佳颖

◆ 设计思路：

每当我们睁开眼开始美好的一天时，是清洁工人带给了我们干净整洁的城市。而清洁工似乎成了被人遗忘的职业。《3~6岁儿童学习与发展指南》中指出，应该引导幼儿"尊重为大家提供服务的人，珍惜他们的劳动成果。"我想让幼儿从了解清洁工人的劳动开始，让幼儿明白劳动与人们的生活关系，引导幼儿关心、尊重清洁工人，从而对幼儿进行环保教育，增强他们的环境保护意识并使之参与环境保护。于是我设计了本次社会活动"城市美容师"。

◆ 活动目标：

1. 感知清洁工人的辛劳，懂得尊重清洁工人。
2. 积极讨论清洁工人的职业特点，初步了解清洁工人的工作。
3. 能大胆在集体面前表达和讲述，养成保护环境的良好习惯。

◆ 活动重难点：

1. 重点：积极讨论清洁工人的职业特点，初步了解清洁工人的工作。
2. 难点：能大胆在集体面前表达和讲述，养成保护环境的良好习惯。

◆ 活动准备：

1. 物质准备：清洁工人工作实录视频，抹布、扫把、撮箕、铁夹。
2. 经验准备：活动前，请家长带幼儿观察马路上的清洁工人，感知清洁工人的辛苦并做记录。
3. 环境准备：可供幼儿粘贴作品的环保小卫士主题墙。

◆ 活动过程：

1. 观看视频，了解清洁工人的劳动。

（1）教师：有这么一群人，他们每天早出晚归，只为让我们的城市变得更干净漂亮，你们知道这群人是谁吗？

（2）观看视频实录，认识清洁工人。

提问：你们看到了什么？她们是怎么工作的？

小结：不管是炎热的夏天还是寒冷的冬天，他们都穿着橘红色的马甲，在街道上，每天早出晚归，战高温斗酷暑，用辛勤的汗水换取城市的洁净。

2. 汇总交流，感知清洁工人的作用。

（1）提问：清洁工人需要做哪些工作呢？

小结：清洁工人要做的事情很多，如清扫垃圾、公厕保洁、疏通下水道、清理污水泥泞……

（2）提问：如果我们的城市没有清洁工人会是怎么样的呢？

小结：即使是炎热的夏天、雪花纷飞的冬天，他们每天都坚守岗位，清扫、托运垃圾，及时疏通、清理下水管道与积水。哪里脏，哪里就有我们清洁工人的身影，他们默默无闻，用实际行动诠释着什么叫"无私奉献"。

3. 互相讨论，尊重爱惜劳动成果。

（1）提问：清洁工人给我们的城市带来了整洁、干净，我们应该怎么尊重他们的劳动成果呢？

（2）幼儿集体交流，共同小结。

自己方面：不乱丢垃圾、废物利用、变废为宝……

其他方面：小学生3月5日参加学雷锋活动。

小结：没有清洁工人，就没有我们干净的城市；没有清洁工人的打理、保护，就没有漂亮的花草树木。面对清洁工人，我们应该多一份理解少一份歧视，多一份感恩少一份冷漠，从身边的小事做起，不乱丢垃圾，杜绝车窗抛物，尊重清洁工人的劳动成果，垃圾不落地，郴城更美丽。我们应该也争做环保小卫士。

（3）提问：从小事做起，我们可以为幼儿园做些什么呢？

幼儿层面：扫地、擦桌子、捡垃圾，爱护幼儿园的卫生，看到垃圾捡起来，不乱丢，提醒爸爸妈妈也不乱丢，等等。

社会层面：其实社会上还有很多的人、单位也在关心着我们的清洁工人。如：银行设置爱心桶，供清洁工人补给水分；设置清洁工人早餐点，免费发放早餐……

4. 实践操作，争当校园环保小卫士。

（1）自取工具，清洁活动室、幼儿园。

（2）幼儿自由结伴，参观大家的劳动成果，交流劳动过程中的感受。

小结：小朋友们，今天我们了解了清洁工人的工作，还进行了环保小卫士的实践活动，希望所有的小朋友以后都能关心、尊重清洁工人。保护环境，从小事做起，从现在做起。

◆ 活动延伸：

1. 在美工区，指导幼儿用图画或手工的形式表达自己对班级老师的感谢。

2. 将幼儿制作的环境保护宣传画、设计的宣传标语和倡议书等张贴在适宜的地方，提醒幼儿从自身做起，用实际行动保护环境。

3. 请家长带幼儿参加社会实践活动，并让幼儿参与力所能及的家务劳动。

◆ 活动评析：

本次活动幼儿通过观看清洁工人的视频，初步了解清洁工人的工作。幼儿通过了解清洁工人不论严寒酷暑，都在坚守岗位努力工作，进一步了解清洁工人工作的不易以及给我们城市带来的干净整洁。在活动中，教师提出问题："清洁工人给我们的城市带来了整洁、干净，我们应该怎么尊重他们的劳动成果呢？"引导幼儿积极讨论、大胆表达，学会尊重清洁工人，达成活动目标。

活动案例四

小班社会环境教育活动　抱抱

湘南幼儿师范高等专科学校附属幼儿园　张金花

◆ 设计意图：

入园初期的小班新生，容易产生恐慌、失落、不安的情绪，他们渴望得到各种形式的安慰，特别是肢体上的抚触。心理学研究发现，当幼儿被拥抱时，他的幸福感和安全感都比较强烈，温暖的拥抱能赋予幼儿战胜压力的力量。《抱抱》是幼儿们非常喜欢的绘本，其情节简单、角色分明、富有感染力，故事内容特别能够引起幼儿情感的共鸣。通过各种动物间不同的、简单的抱抱画面，生动地诠释了拥抱的魅力和作用，正好符合了这一阶段幼儿情绪安抚的需求，贴合幼儿的生活经验，充分满足了幼儿被爱、被拥抱的心理需求，并为幼儿学习表达内在的情绪感受提供了载体。

◆ 活动目标：

1. 体验小猩猩的心情变化，感受小动物之间的浓浓亲情。
2. 懂得拥抱是表达爱的一种方式，乐意与老师、同伴亲密拥抱。
3. 愿意与同伴、老师分享并交流与人拥抱的感受。

◆ 活动重难点：

1. 重点：懂得拥抱是表达爱的一种方式，乐意与老师、同伴亲密拥抱。
2. 难点：愿意与同伴、老师分享并交流与人拥抱的感受。

◆ 活动准备：

1. 物质准备：绘本《抱抱》课件、音乐《爱我你就抱抱我》等。
2. 经验准备：幼儿与亲人拥抱过。
3. 环境准备：营造温馨的氛围。

◆ 活动过程：

1. 出示图片，导入主题。

教师：小朋友们，老师给你们请来了一位小客人，看一看是谁呢？（小猩猩）

2. 欣赏故事，感受"抱抱"。

（1）发现"抱抱"。

教师：小猩猩看起来怎么样？小猩猩蹦呀跳呀地往前走，它看见了谁？

大象妈妈和大象宝宝在干什么？

教师：小猩猩继续往前走，又看到了谁？（变色龙、蛇）

教师：小猩猩可开心了，连说"抱抱，抱抱"。它们是怎么抱抱的呀？（师幼一起学一学、抱一抱。）

（2）寻找"抱抱"。

教师：小猩猩怎么了？从哪里看出来它不开心？它想什么呢？（小猩猩看到那么多妈妈和宝宝在抱抱，它也想妈妈，也想要抱抱了。大象来帮忙了，大象妈妈让小猩猩坐在它的头上，带着它一起去找抱抱）

教师：它又看到谁在抱抱？（狮子、长颈鹿、河马）你觉得它们和妈妈抱抱是什么感觉？（甜甜的、暖暖的、很开心、很幸福）

教师：看到了这么多抱抱，可是小猩猩还没有找到妈妈。小猩猩是什么心情？

（3）找到"抱抱"。

教师：谁来了？它们在做什么？（小猩猩和妈妈紧紧地抱在了一起）

小结：小猩猩终于找到妈妈了，它和妈妈紧紧地抱在一起。所有的朋友们都在一起抱抱。抱抱的感觉很温暖、很幸福，抱抱真好！

3. 抱抱游戏，体验"抱抱"。

（1）教师：孩子们，你喜欢抱抱吗？你喜欢谁的抱抱？

小结：我们都愿意和爱的人、喜欢的人抱抱。有没有喜欢我的抱抱的？来，抱抱！（教师逐一与每个幼儿深情拥抱，并恰当做出回应）

（2）玩音乐游戏：大家一起来抱抱。

教师和幼儿一起站个圆圈，播放音乐《爱我你就抱抱我》，音乐响起时进行走动，当音乐停止时，大家与旁边的朋友一起抱一抱。

4. 你说我说，表达"抱抱"。

教师：刚才我们和好朋友抱了抱，也和老师抱了抱，抱抱的感觉是怎样的呢？

小结：老师抱你们的时候感觉暖暖的、香香的、甜甜的，非常舒服。原来和别人抱抱的感觉是温暖的、舒服的。

◆ 活动延伸：

1. 带幼儿到活动室外，鼓励幼儿与遇到的园内工作人员，如保健医生、园长、保安等抱抱。
2. 引导幼儿回家后主动地与家庭成员抱抱。

◆ 活动评析：

活动以猩猩引入，以绘本为载体，让幼儿跟随猩猩一起在发现抱抱、寻找抱抱、找到抱抱中感受心情的变化，同时在游戏中体验抱抱的感觉、表达自己的感受。活动中，充分调动幼儿的视觉、听觉、触觉等多种感官参与活动，帮助幼儿全方位地感受、体验抱抱所带来的愉悦情绪和温暖感觉。同时注重幼儿的个别差异，对于没有主动参与抱抱的幼儿，主动过去抱抱，给予幼儿以温暖，让幼儿自然地、恰当地学会表达情感。

活动案例五

大班社会环境教育活动 探秘中国

湘南幼儿师范高等专科学校附属幼儿园 王柏欢

◆ 设计意图：

基于一次"超市初体验"的活动，幼儿有手机扫码购物、线上点单的经验，知道去超市可以扫码结账，有幼儿提出还能在生活中其他地方扫二维码，如：植物园通过扫码可以了解植物信息，电话手表扫码就能加好友，扫码可以到丰巢拿取快递……基于幼儿对使用移动终端扫描二维码这一兴趣点，从幼儿的实际生活经验出发，将信息技术与爱国主义教育相融合，选取具有代表性的中国的世界之最和环境破坏的视频资源，将其转化成二维码，让幼儿在活动中借助扫码这种既新鲜又充满挑战的方式，运用看、听、讨论等活动形式去探秘伟大的祖国，激发幼儿的爱国主义情感，增强民族自豪感。同时使幼儿看到中国资源的匮乏，激发幼儿保护社会环境和资源的情感。

◆ 活动目标：

1. 探秘中国的世界之最，感受祖国的伟大，为自己生活在中国感到幸福和自豪。
2. 尝试使用移动终端扫码功能观看视频资料并做记录。
3. 愿意参与环保行动，为保护环境尽自己的一份力量。

◆ 活动重难点：

1. 重点：了解中国的世界之最。
2. 难点：知道环境保护的重要性，愿意以实际行动做环保小卫士。

◆ 活动准备：

1. 物质准备：中国的世界之最视频资料（世界上海拔最高的高原铁路——青藏铁路、世界上最长的城墙——中国万里长城、世界上最大的石刻佛像——乐山大佛、世界最大的皇宫——故宫、世界海拔最高的宫殿——布达拉宫、世界最长的石窟画廊——敦煌莫高窟、世界最大的水利发电工程——三峡大坝、世界最高的桥梁——北盘江第一桥、世界最长跨海大桥——港珠澳大桥、中国木材砍伐量居世界第一、中国煤炭产量居世界第一）；交互式课件（环保知识大 PK）、平板电脑、手机、各种二维码、记号笔、记录表等。

2. 经验准备：幼儿了解二维码的特征和作用，和家长一起搜集中国的世界之最资料。
3. 环境准备：祖国的典型环境。

◆ 活动过程：

1. 展示祖国，唤醒经验。

指导语：小朋友，你们看，这是什么？你是从哪些地方认识我们祖国的？

教师出示中国的地图、国旗、国徽等，引导幼儿讨论，丰富对祖国的认知。

小结：小朋友外出旅游领略了祖国的大好山河，从祖辈口中听到了祖国的历史故事，从生活中看到了祖国的快速发展。

2. 尝试扫码，探索记录。

(1) 初步体验二维码的作用。

指导语：今天我们要用一种特别的方式来认识我们的祖国，你们看，这是什么？如何使用？这个二维码里面藏了什么秘密呢？我们用手机扫一扫，一起来看一看吧。

课件上出示二维码，教师用手机扫码，投屏到大屏幕上，师幼一起欣赏短视频《厉害了，我的国》。

指导语：原来二维码里有我们伟大的祖国呀，看完这段视频，你有什么样的感受？你想对我们的祖国说些什么呢？（幼儿自由发言，教师引导幼儿完整表达）

(2) 了解长城是世界之最。

指导语：小朋友们看，这是什么？关于万里长城你们都知道些什么呢？

课件上出示万里长城的图片，幼儿观察图片，分享自己搜集到的相关知识，教师引导幼儿准确表达，或尝试用身体构筑"万里长城"，教师检验"长城"的坚固程度。

小结：中国的万里长城又长又坚固，它高大、坚固而连绵不断的长垣中，凝结着中国古代劳动人民的智慧和汗水。长城是中国古代的军事防御工程，堪称世界上最长的城墙，全世界的人民都对这一伟大的工程赞不绝口。

(3) 扫码了解更多中国的世界之最，并记录下来。

指导语：后面操作台上有许多二维码，每个二维码中都藏了一个有关中国的世界之最。请小朋友四人一组，扫一扫，看一看，记一记，比一比，看哪一组了解得最多。

①提出要求：使用平板电脑上的扫码功能识别二维码，欣赏中国的世界之最短视频；小组内幼儿轮流进行扫码操作，遇到困难时其他小组成员提供帮助，共同解决问题；认真观看视频资源，集体讨论如何记录，规范填写记录表。

②倒计时七分钟，幼儿分组扫码操作，教师巡视，重点发现幼儿在探索中出现的问题，观察幼儿的解决方法和过程，帮助幼儿解决移动终端出现的问题，并引导每组幼儿合理分工，通力合作。

③幼儿手持记录表，教师将记录表投屏到大屏幕上，幼儿逐一进行分享，要说清楚世界之最的名称、特点和功能等。

④以小组为单位，每组选派代表，参照记录表分享自己小组看到的中国的世界之最。每分享一条，小组获得小国旗贴纸一张，其他小组成员可以补充。（分享结束，统计哪组得到的小国旗最多）

小结：小朋友的分享很精彩，让我们了解到祖国的伟大，我们的祖国是那么美丽，看着这些世界之最，谁不赞一声"厉害了，我的国"，我们为自己是一名中国人感到自豪。

3. 提出倡议，激发情感。

（1）提出世界之最视频中中国存在哪些环境污染的问题。

指导语：刚才在扫码的过程中除了看到中国伟大的成绩，你们还扫到什么不一样的世界之最？

①鼓励幼儿大胆提出中国资源匮乏、环境污染出现的问题。

②引导幼儿分组讨论，找出保护环境的办法。例如：植树绿化、不用一次性塑料袋、一水多用、不往河里乱丢垃圾，等等。

小结：地球妈妈是我们人类赖以生存的环境，如果树木被砍伐，洪水、泥石流就会泛滥；江河海洋受到污染，鱼儿们就没有家……爱护地球、保护环境应该从小做起，从身边的小事做起。

（2）出示保护环境的互动式课件，幼儿游戏，引导幼儿从身边的小事做起，参与环保行动。

指导语：请把你认为应该做的事情或者应该使用的物品拖到绿色框里，把你认为不应该做或者禁止使用的物品拖到红色框里。

请两位小朋友一组操作，比比谁知道得多，进一步巩固环保知识。

结束语：孩子们，听了这么多，看了这么多，你们一定对祖国充满了强烈的情感，现在你们最想说的是什么？（我骄傲，我是中国人）让我们一起坚持做好力所能及的小事，向最美中国致敬。

◆ **活动延伸：**

1. 鼓励幼儿通过扫一扫"中国世界之最"二维码，了解我们的祖国。

2. 开展"环保小卫士"活动，带领幼儿做维护周边环境的守护者。

3. 在区角中投放二维码供幼儿扫码了解更多知识。如利用阅读区的二维码指导幼儿如何读书；作品展示区的二维码，展示幼儿作品的内容和小作者简介；自然角的小树、小花标有二维码，介绍养护小常识，等等。

◆ **活动评析：**

幼儿的学习活动本就来源于生活，最终还是要回归生活，从而提高幼儿解决生活问题的能力。借助将视频资源转换成二维码、移动终端扫码、白板分组竞赛和实时投屏等技术手段，幼儿在一个全新的教学活动中，不仅对伟大的祖国有了进一步的了解，更是掌握了一项智慧生活的新技能，同时也看到环境被破坏亟待治理的现实问题。通过讨论和游戏，激发幼儿保护祖国妈妈的情感，引导他们关注身边的环保问题，积极参与环保，凸显活动设计的价值和意义。最后通过延伸，把教学活动中生成的二维码投放到幼儿园的展示区，和幼儿园的信息化环境融为一体，真正地实现了教育即生活、生活即教育的理念。

任务三　组织与指导幼儿园社会环境教育活动

随着幼儿年龄的增长，他们对外界的好奇心与日俱增，《纲要》中指出："与家庭、社区合作，引导幼儿了解自己的亲人以及与自己生活有关的各行各业人们的劳动，培养其对劳动者的热爱和对劳动成果的尊重。"《指南》教育建议中指出："经常和幼儿一起参加一些群体性的活动，让幼儿体会群体活动的乐趣。如：参加亲戚、朋友和同事间的聚会以及适合幼儿参加的社区活动等，支持幼儿和不同群体的同伴一起游戏，丰富其群体活动经验。幼儿园组织活动时，可以经常打破班级的界限，让幼儿有更多机会参加不同群体的活动。带领大班幼儿参观小学，讲讲小学有趣的活动，唤起他们对小学生活的好奇和向往，为入学做好心理准备。"教师应该充分重视社会环境教育活动的价值，并根据幼儿的实际年龄特点，选择适宜的社会环境教育活动组织策略，促进幼儿社会性发展。

一　社会环境教育活动组织策略

（一）提供条件，引导幼儿充分感知体验

1. 组织幼儿参加社会实践活动

社会实践活动的场所可以分为园内和园外。园内社会实践活动场所，包括幼儿园及周围环境，可组织幼儿参观幼儿园及周围环境、组织"大带小"活动等，引导幼儿了解幼儿园的名称、设施、幼儿园的工作人员及其与自己的关系。园外社会实践活动场所，有菜市场、超市、公园、露营基地、警察局、消防队、科技馆、博物馆、烈士公园、果园、风景区、小学、游乐园、福利院、特殊学校等，让幼儿通过对实际事物和现象的观察与思考，获得新的社会知识与社会规范的教育。我们来看下面这个案例：

幼儿对警察、消防员等职业十分感兴趣，觉得他们能救人、救灾，是大英雄，在社会实践活动中，可以提前与警察局、消防队进行联系，协商好时间，邀请警察、消防员等来园，开展安全教育活动；定期请解放军来园指导幼儿做操，也可开展参观军营半日活动，带领幼儿参观解放军的寝室，观看他们的队列训练，体验亲手扛一扛真枪，在军营中自由地开展参观交流活动。

（1）社会实践活动前的准备。师幼共同确定活动对象和行走线，一起制订活动计划，引导幼儿明确活动任务；家园合作做好物质方面的准备，如提前告知家长活动时间和活动目的，请家长协助幼儿提前准备好水壶、纸巾、记录纸等，也可请家长对幼儿进行活动主题相关的教育。

（2）社会实践活动中的组织。出发前整队集中清点人数并检查物品，提醒幼儿注意安全，如步

行时教师走在马路外侧，坐车时提醒幼儿不要将手和脚伸出窗外。到达时组织幼儿有序参观，根据不同的任务要求进行观察、讨论、记录和体验活动。

（3）社会实践活动后的组织。返回时应再一次清点人数，并引导幼儿回幼儿园后分享活动感想，提升孩子的社会经验。

2. 组织幼儿观看模拟场景

由于条件的限制，遇到特殊情况或有些场景不适合，不能够及时地组织社会实践活动，比如自然灾害、城市的著名景点、历史古迹等，教师可运用直接演示、播放录像、情境表演、生活故事等来模拟场景，引导幼儿感知体验。我们来看下面这个案例：

在大班社会环境教育活动"地界地球日"中，教师和幼儿一起观看环保宣传片、地球、"地球生病"、自然风光、动植物等照片，和幼儿一起讨论保护地球的方法，引导幼儿了解"世界地球日"的由来，知道保护地球的重要性，培养幼儿关爱地球的意识。

（二）适时引导，引导幼儿大胆表达感受

1. 认真观察和分析幼儿的行为

教师不仅要观察幼儿对社会环境教育内容是否理解，教育内容是否生动，也要关注幼儿的情绪，了解幼儿的积极性，判断幼儿的心理活动，从而提供适当的帮助。

2. 利用启发性提问进行引导

在社会环境教育活动过程中或者活动刚刚结束时，幼儿的情绪依然比较兴奋。这时，教师可以结合幼儿社会环境教育活动过程的基本情况设计一些启发性的问题。我们来看下面的案例：

在重阳节前，教师可问幼儿在家和爷爷奶奶是如何相处的？如果到社区看望福利院的爷爷奶奶，我们要怎样做？幼儿有了和自己爷爷奶奶相处的经验，到福利院后就会主动为爷爷奶奶们敲敲背、捶捶腿、表演节目，把自己的礼物送给老人（见图4-13）。教师应充分调动幼儿的多种感官，鼓励每个幼儿大胆表达自己的所见所想，进而使幼儿在情感共鸣的基础上产生爱护社会环境的行为。

图4-13 爱满重阳节

（湘南幼儿师范高等专科学校附属幼儿园提供）

3. 适时参与幼儿活动

教师或其他成人参与活动可以让幼儿产生一种亲切感，同时感受到他们的活动和想法是重要和有意义的。这又可以给教师提供机会为幼儿引进新经验，拓展幼儿的知识。我们来看下面的案例：

在"理发店"角色游戏活动中，如果教师仅仅说，"你们的理发店很好玩"，游戏就不可能往更多创造性的方向发展了。如果教师说，"我是一名电视台记者，我觉得你们理的发型很好看，能不能在你们的店里拍视频？向我的朋友们宣传宣传你们的店？"，游戏就可能会变得更加好玩，从而可以启发幼儿尝试做出挑战。

（三）总结提炼，提升幼儿社会经验

1. 联系实际生活，拓展教育内容

教师可以联系周围生活中的社会环境现状，结合幼儿感兴趣的内容，培养幼儿探索兴趣，规范幼儿行为，强化幼儿环保意识。

拓展阅读
中班社会活动　春游踏春

2. 事先拟定好讨论的主题，和幼儿一起总结出具体的做法

一般采用讨论评议法，引导幼儿自由发表意见，表达自己的感受。我们来看下面的案例：

在大班社会环境教育活动"家乡的名人——雷锋"中，教师在采用故事的方式引导幼儿了解雷锋叔叔无私奉献、助人为乐的故事后，可引导幼儿讨论、总结、学习雷锋叔叔好榜样的具体做法，如打扫卫生、整理玩具、修补图书、扶老年人过马路等，传承社会主义传统美德。

（四）创设区角，延续幼儿学习兴趣

教师可利用各种活动区角的设置，让幼儿在游戏中巩固、加深对外界环境的认识和理解。在角色游戏中幼儿根据角色的社会行为来调节自己的行为，处理角色间的人际关系；在结构游戏中幼儿可养成认真仔细、克服困难、团结协作的习惯。我们来看下面的案例：

在"参观小学"活动后，师幼可以在建构区，用积木、废旧易拉罐、卷纸筒等搭建小学。在搭建过程中，教师鼓励幼儿尝试采用多种方法进行搭建并进行创意构想，鼓励幼儿遇到困难坚持克服，并认真负责地完成任务。该活动不仅能激发幼儿对小学的向往和美好期待，为幼小衔接打下坚

实的基础，同时，还能在引导幼儿在体验童年幸福与快乐的同时，培养幼儿参与环境保护的责任心。当然，材料的投放要根据幼儿的兴趣和认知能力，操作性要强。

专家精讲
"社会环境教育活动组织策略"

二 不同年龄班社会环境教育活动指导要点

（一）小班

小班幼儿对周围世界充满浓厚的兴趣，对新鲜事物充满好奇，对社会环境接触较少，对社会环境的认知从家庭、幼儿园等比较熟悉的事物开始，教师在社会环境教育活动中应以增强幼儿的情感体验为主，以行为技能训练及习惯养成为辅。教师应选择幼儿比较熟悉和感兴趣的活动内容，如家庭成员、玩具，教师应在活动中创设夸张、拟人的游戏情境，提供丰富的物质材料，采用讲故事、情境表演等方式，鼓励幼儿参与扮演，引导幼儿体验和理解他人的情感，对熟悉的环境产生初步的归属感。

小班社会环境教育活动"小兔的玩具店"，教师结合故事，创设了小兔的玩具店玩具太多、需要帮忙收拾整理的情境，引导幼儿学习简单地收拾整理的技巧，让幼儿产生收拾整理活动室环境的欲望。

活动视频
小班社会环境教育活动"小兔的玩具店"

（二）中班

中班幼儿较小班幼儿有了较大的进步，对社会环境的接触范围进一步扩大，也能粗浅地认识到职业经济与地理环境，教师应采用多种方式引导幼儿进行情感体验，适当地进行行为技能训练及习惯养成教育。教师可在小班的基础上扩大幼儿的认知范围，选择社区机构、交通工具、家乡等内容，在活动中，提供相关照片、图片、视频或引导幼儿参加社会实践活动，通过语言讲解、情景体验、实地参观等方式，调动幼儿的多种感官进行体验，引导幼儿了解社会环境，初步产生对周围社会环境的归属感。如组织幼儿参观菜场、到菜场买菜是十分开心的体验过程，幼儿不仅认识了更多的蔬菜，而且对钱有了进一步的认识，同时促进了幼儿交际能力的发展，语言得到了锻炼，情感获得了满足。

在"变废为宝我能行"活动中（见图4-14），幼儿观看树被垃圾遮掩的图片和聆听小树说的话。教师可以向幼儿提问：发生了什么事？怎样才能减少垃圾呢？垃圾有哪些分类呢？哪些是可回收垃圾？哪些是有害垃圾？哪些是厨余垃圾？哪些是其他垃圾？废旧物品还能有用吗？有什么用呢？

图 4-14　垃圾分类

（湘南幼儿师范高等专科学校附属幼儿园提供）

活动视频
中班社会环境教育活动"变废为宝我能行"

（三）大班

大班幼儿的生活经验进一步丰富，抽象思维开始萌发，对职业经济与地理环境有了进一步的认识，喜欢有一定挑战性的任务。教师应创造机会，进一步增强幼儿的社会体验并促进行为习惯养成，同时要注意促进幼儿社会认知发展。教师应在活动前引导幼儿进行讨论，制定计划表、调查表，教师应充分利用园内外教育资源，尤其是利用爱国主义教育基地，如博物馆、烈士公园、军营等，对幼儿进行社会环境教育，通过故事讲述、现场参观、启发性提问、拓展延伸等多种方式拓展孩子的社会经验，引导幼儿了解祖国的人、事、物，进一步激发幼儿的爱国主义情感，进而产生热爱祖国、保护环境的行为，对祖国产生归属感。

在"城市美容师"活动中，活动前，请家长带幼儿观察马路上的清洁工人，使之感知清洁工人的辛苦并做记录。活动中，教师通过播放清洁工人的故事，有启发性地提问："如果我们的城市没有清洁工人会是怎么样的呢？"组织幼儿讨论"我们应该怎么尊重他们的劳动成果呢？"，通过实践操作清洁校园环境等方式，引导幼儿认识清洁工人工作的重要性和懂得尊重清洁工人。活动后进行延伸，引导幼儿制作环境保护宣传画、设计宣传标语和倡议书等，并将其张贴在适宜的地方，提醒孩子从自身做起，用实际行动保护环境。

活动视频
大班社会环境活动"城市美容师"

◇ 项目小结

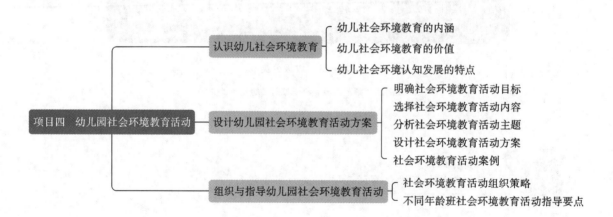

思考与练习

1. 单项选择题

（1）小班幼儿的归属感主要表现（　　）。

A. 对同伴的依恋　　B. 对教师的依恋　　C. 对家乡的依恋　　D. 对家庭的依恋

（2）幼儿社会活动"家乡的土特产"属于社会教育（　　）内容。

A. 社会环境　　B. 多元文化　　C. 社会规则　　D. 自我意识

2. 活动设计题

（1）幼儿园准备组织一次春游，大一班的小朋友很高兴，有的说要去这里玩，有的说要去那里玩；有的说坐地铁去，有的说还是乘汽车好，还有的在谈论自己要带什么美食……陈老师想，既然小朋友有这么多问题，那么是否可以生成一个教育活动，带着小朋友一起研究解决这些问题呢？

要求：请帮助陈老师设计一个"我们要去春游了"的教育活动，写出活动目标、活动准备和活动过程。（选自2021年上半年幼儿园教师资格考试笔试保教知识与能力真题）

（2）幼儿园教育活动设计（选自2022年全国职业院校技能大赛（高职组）"学前教育专业教育技能"赛项赛卷幼儿园教育活动设计）。

序号：第10卷

题目：主题活动——大班"我要毕业了"（相关素材见附件）

内容：

①主题网络图设计（书面作答）。

②教学活动设计（一课时）（书面作答）。

③说课（口头答）。

基本要求：

①根据附件提供的素材，综合幼儿发展各领域以及幼儿园活动的类型，围绕主题设计主题网络图。主题网络图绘制要具有丰富性、科学性、具体化和操作性强等特点，充分考虑到生活化、兴趣性、适宜性、幼儿的主体性和家园合作等因素。网络图至少有三个层级（包含主题名称一级），第二、三层级至少有三个活动。

②根据主题素材与年龄段，设计一课时（30分钟左右）集体教学活动的教案。教案格式完整规范，语言清晰、简洁、明了，目标设计、内容选择、方法运用符合幼儿年龄特征和领域特点。

③根据已设计的教案，就内容、目标、方法、过程设计等进行说课，说清楚"学什么、教什么""怎么学、怎么教"，以及"为什么"等问题，语言规范，条理清楚，逻辑性强，表达流畅。说课在7分钟内完成。

附件：

主题活动——大班"我要毕业了"

1. 主题背景介绍

长大是幼儿向往和感到骄傲的事情。随着年龄的增长，进入大班下学期的幼儿即将要幼儿园毕业了，这是人生成长中的第一个毕业季，是幼儿自我意识和独立性发展的重要阶段。让我们和幼儿一起怀着喜悦和兴奋的心情迎接毕业的到来，在幼儿即将毕业的时候，开展一系列丰富多彩的活动，让幼儿感受到长大的自豪和自信吧。

2. 主题素材

(1) 诗歌:《毕业诗》。

时间、时间像飞鸟,

嘀嗒、嘀嗒向前跑,

今天我们毕业了,

明天就要上学校。

忘不了幼儿园的愉快欢笑,

忘不了老师们的亲切教导。

老师、老师再见了,

幼儿园、幼儿园再见了,

等我戴上红领巾,

再向你们来问好。

(2) 诗歌:《再见了,我的老师妈妈!》。

学生:老师,今天,我们要毕业了,

我们,舍不得你。

还记得我们在一起的快乐时光吗?

春天,我们一起在植物角栽树苗、种豆子,

夏天,我们在雨后,一起看彩虹,找蜗牛,尽情地嬉戏,

秋天,我们在欢乐的歌声中捡拾落叶,与树叶共舞,

冬天,我们在院子里堆雪人,打雪仗,任雪花打湿了鞋子。

我第一次上幼儿园,是您把我紧紧搂在怀里,对我说:"孩子,老师爱你!"

我尿床了,着急又害怕,是您在我耳边说:"没事,老师这么大的时候也尿床!"

我打预防针怕总疼,是您轻轻捂住我的眼睛,对我说:"别怕,老师在这儿!"

我生病了,妈妈的电话打不通,是您为我买来退烧药,一口一口,喂进我嘴里……

三年的幼儿园生活,不仅让我学会了知识,也学会了怎样做人、怎样做事。

我们在一起的点点滴滴,也是我们最美丽的回忆。

老师:孩子们,今天,你们要毕业了,

老师,舍不得你们。

还记得我们在一起的快乐时光吗?

春天,我们一起在植物角栽树苗、种豆子,

夏天,我们在雨后,一起看彩虹,找蜗牛,尽情地嬉戏,

秋天,我们在欢乐的歌声中捡拾落叶,与树叶共舞,

冬天,我们在院子里堆雪人,打雪仗,任雪花打湿了鞋子。

还记得吗?你对我说:"老师,我爱你!"

还记得吗?你说:"老师,我长大了,也上幼儿园,天天和你在一起!"

还记得吗？你折了纸飞机，说长大要开飞机，带我去周游世界。

还记得吗？你曾在饭店吃饭时悄悄为老师带回两颗花生米。

老师不会忘记，和你们在一起的点点滴滴，

你们带给我的快乐，是我最珍贵的记忆。

学生：再见了老师，

谢谢您的教导，

等我们戴上了红领巾，

一定回幼儿园来看你！

老师：再见了，孩子们，

带上我们的期盼和祝福，

自信地走进小学，迈上一个新的阶梯。

（3）手工活动：制作请柬。

材料：剪刀、卡纸、胶棒、水彩笔、油画棒等，教师指导幼儿制作邀请爸爸妈妈参加毕业典礼的请柬。

（4）歌曲：《老师再见了》。

老师再见了

龚之华 张友珊 词
王履三 曲

1=F 3/4
中速 亲切地

(3 − 1　5 − 3　4· 5 4 3　2 − − |
7 − 6　5 5 3　2· 1 2 3　1 − −) |

‖: 1 − 5　3 − 1　2 − 5　3 − − |
1.老　师　老　师　您　真　好，
2.老　师　老　师　您　真　好，

2 − 3　1 − 7　6 − 1 2　5 − − |
辛　勤　培　育　好　苗　苗。
辛　勤　培　育　好　苗　苗。

3 − 1　5 − 3　4 − 3　2 − − |
教　我　画　画　做　游　戏，
苗　苗　活　泼　又　健　壮，

7 − 6　5 5 3　2· 1 2　1 − − :‖
教　我　唱　歌　和　舞　蹈。
聪　明　勇　敢　有　礼　貌。

5 6 5 3　2 3 2 1　6· 5 2 3　1 − −) |

6 − 1　4 − 6　5· 6 5　3 − −　6 − 1 |
今　天　我　们　毕　业　了，　　　明　天

4 − 6　5· 6 5　3 − −　1 − 1　2 − 3 |
就　要　上　学　校。　　　等　我　戴　上

4· 3 4 6　5 − −　7 − 6　5· 1 3 |
红　领　巾，　　再　来　向　您

2· 1 2 2　1 − −　1 1 7 6　5· 1 1 2 |
问　个　好。　　老　师　老　师　再　见

3 − − 　5 − 3　4 − 3　2 − 2 3　1 − − ‖
了，　　老　师　老　师　再　见　了。

（5）歌曲：《毕业歌》。

毕 业 歌

$1={}^{b}B \dfrac{2}{4}$

(3．4 5 | 3．4 5 | 5 i | 2 — | 3． 2 | i i 7 6 | 5 5 6 7 |
i —) 3．4 5 | 3．4 5 | 5 3 | 1 — | i 5 | i 5 |
　　　　时 间 时 间 像 飞 鸟， 嘀 嗒 嘀 嗒

5 4 3 2 | 3 — | 3．4 5 | 3．4 5 | 5 i | 2 — | 3． 2 |
向 前 跑。 今 天 我 们 毕 业 了， 明 天

i 6 | 5 2 | i — | 3． 3 | 3 — | i 6 6 5 | 3 5 |
就 要 上 学 校。 忘 不 了 幼 儿 园 的 愉 快

6 — | 6 — | 6． 6 | 6 — | 2 3 2 i | 6 i | 2 — |
欢 笑， 忘 不 了 老 师 们 的 亲 切 教

5 — | 3．4 5 | 3．4 5 | 5 3 | i — | i i 5 | i i 5 |
导。 老 师 老 师 再 见 了 幼 儿 园 幼 儿 园

5 4 3 2 | 3 — | 3．4 5 | 3．4 5 | 5 i | 2 — | 3． 2 |
再 见 了， 等 我 带 上 红 领 巾， 再 向

i 6 | 5 2 | i — ‖
你 们 来 问 好。

参考答案
项目四思考与练习

实践与实训

实训一： 围绕幼儿园社会环境教育活动内容，设计一个社会环境教育活动方案，并制作相应的课件、教具、学具，进行模拟试教。

目的： 掌握幼儿园社会环境教育活动方案设计的方法，并能组织与指导科学、适宜的幼儿园社会环境教育集体活动。

要求： 活动方案结构完整，考虑不同年龄段幼儿社会环境认知发展的适宜性；课件、教具、学具制作精美，能激发幼儿学习兴趣；模拟试教活动关注幼儿社会性发展，目标达成度高。

形式： 小组合作。

实训二： 幼儿园见习时，观摩幼儿园社会环境教育活动，记录并对幼儿的表现以及教师的活动设计、组织与指导做出评价。

目的： 进一步掌握幼儿园社会环境教育活动的设计、组织与指导策略，并能对活动进行评析。

要求： 撰写完整的听课记录；小组讨论并进行汇报；聆听专家点评。

形式： 实地观察与分析。

项目五　幼儿园社会规则教育活动

◇ **学习目标**

1. 素养目标：树立幼儿为本的科学的儿童观和教育观，具有培养幼儿良好行为习惯的意识；认识到言传身教的重要性，能够从自我做起，自觉规范个人行为，为幼儿树立良好的榜样。

2. 知识目标：了解幼儿园社会规则教育活动的概念和价值；掌握幼儿社会规则意识的发展特点；掌握幼儿园社会规则教育活动方案设计要点。

3. 能力目标：能够初步设计和组织科学、适宜的幼儿园社会规则教育活动；在教育实践中，具备培养幼儿良好社会规则的能力和责任感。

◇ **情境导入**

幼儿园活动区的材料可以共享吗？[①]

图 5-1　一起分享过家家区角的材料
（郑州幼儿师范高等专科学校附属郑新路幼儿园提供）

在一次区域活动中（见图 5-1），一位小朋友（"餐厅师傅"）拿着美工区做好的"鸡蛋"去"小餐厅"那里烹饪。"餐厅师傅"大显身手，"煮鸡蛋、炒鸡蛋"，还做了小朋友爱吃的"茶叶蛋"，吸引不少小朋友前来品尝，一时"小餐厅"的生意红火起来。其中一位"顾客"说："有蛋羹吗？我奶奶做的蛋羹可好吃了！""餐厅师傅"说："我们现在还不会做，很快就学会，你可以吃其他的吗？"正在他们玩得高兴的时候，老师走

———

① 2018 年全国职业院校技能大赛学前教育专业教育技能赛项案例分析。

过来问："你们那个鸡蛋是从哪拿的呀？我不是说过哪个区的东西就在哪个区玩吗？赶紧把它放回去。"于是，幼儿只好乖乖地将鸡蛋放了回去，脸上显出无奈的表情。老师对此的看法是："如果不规定游戏材料的区域，活动室一会儿就乱糟糟了，没法收拾，不利于养成孩子的规则意识，影响班级正常游戏的开展。"

活动区的材料可以共享吗？教师制定的幼儿园区域活动规则合适吗？什么是幼儿社会规则教育？幼儿社会规则教育对幼儿的发展价值有哪些？包括哪些主要特点？如何设计并实施幼儿园社会规则教育活动？学习了本项目你就会对这些问题有一个全面的了解和正确的认识。

任务一　认识幼儿社会规则教育

我国现代幼儿教育的奠基人陈鹤琴先生十分重视幼儿的社会化教育，注重在社会环境中教育幼儿、发展幼儿。幼儿社会化教育就是使幼儿在与社会环境相互作用的过程中，逐渐掌握社会规则并适应社会生活，逐渐从一个自然人发展成为一个社会人。正是社会规则的存在才使我们的环境变得可以预知，要让幼儿知道什么事情可以做，什么事情不可以做。《纲要》社会领域目标中指出："理解并遵守日常生活中基本的社会行为规则。"《指南》在社会适应这一子目标中指出："帮助幼儿了解基本行为规则或其它游戏规则，体会规则的重要性，学习自觉遵守规则。"《幼儿园入学准备教育指导要点》在生活准备中指出："能自觉遵守基本的安全规则和交通规则，有自我保护的意识。"在社会准备中指出："能遵守游戏和日常生活中的规则。"由此可见，对幼儿进行社会规则教育具有非常重要的意义。

一　幼儿社会规则教育的内涵

（一）社会规则和幼儿社会规则

社会规则是在一定社会背景下，社会成员为了更好地共同生活而制定或约定成俗的规范社会成员的行为准则。幼儿为了能够更好地融入社会群体和生活之中，成为适应社会生活的未来合格的社会成员，就必须在与他人相处过程中不断习得并内化各种社会规则，这也是幼儿社会化的过程。因此，幼儿社会规则就是在一定社会背景下，幼儿在与成人和同伴长期相处过程中所必须遵守的社会行为规则。

（二）幼儿社会规则教育

幼儿社会规则教育是指围绕幼儿生活的家庭、幼儿园、社区和公共场所应遵守的社会行为规则而组织的有目的、有计划、有组织的幼儿园教育活动，引导幼儿理解并遵守日常生活中基本的社会行为规则，习得并内化相应的社会规则，体验、理解规则的重要性，学习自觉遵守规则。比如：幼儿和同伴争抢玩具或者发生冲突时，大哭或者动手打人，父母教育幼儿遇到问题时要用嘴巴沟通，协商解决问题，小手不是用来打人的，这些就是人际交往规则教育。从开始的幼儿在父母的教育和指导下知道不抢玩具，不动手打人，到幼儿主动分享，提醒小朋友要协商、分享，不能争抢玩具等，幼儿逐渐将外在的人际交往规则内化为自身的社会规则意识，这就达到了幼儿社会规则教育的目的，也是幼儿社会规则教育的过程。幼儿园可以开展的社会规则教育活动有"游戏规则我知道""遵守班级规则""红灯绿灯眨眼睛""守规则真好""生活中的规则""交通规则我遵守""遵守规则我最棒"等。

活动视频
中班社会规则教育活动"我会懂规则"

二 幼儿社会规则教育的价值

《纲要》中明确指出："在共同的生活和活动中，要以多种方式引导幼儿认识、体验并理解基本的社会行为规则，学习自律和尊重他人，让幼儿理解并遵守日常生活中基本的社会行为规则。"学龄前阶段是幼儿社会化发展的关键时期，幼儿社会规范教育对幼儿从自然人发展成为社会人有促进作用，因此对幼儿开展社会规则教育十分必要，主要包括以下重要价值：

（一）有助于加强幼儿社会适应性

俗话说"无规矩不成方圆"，幼儿只有遵守相应的社会规则才能更好地与他人相处，更好地融入相应的社会群体之中。幼儿社会规则教育对于促进幼儿社会化的发展具有积极的作用。在成人的教育和指导下，幼儿能够了解并内化社会规则，遵守相应的行为规则，提高社会适应能力，发展成为适应特定社会环境和社会文化的个体，完成从自然人到社会人的过渡。虽然个体社会化进程贯穿其一生，但是正所谓"三岁看大，七岁看老"，幼儿时期所形成的良好行为习惯会跟随我们一生并具有重大的作用，如诺贝尔物理学奖得主卡皮察在被问到"您在哪所大学、哪个实验室里学到了您认为是最重要的东西"时，他如数家珍地说道："把自己的东西分一半给同伴，不是自己的东西不要拿，东西要放整齐，吃饭前要洗手，做了错事要表示道歉，午饭后要休息……"由此可见，幼儿社会规则教育是幼儿社会教育的重要组成部分，能够帮助幼儿学会如何与他人共同生活，加强幼儿社会适应性。

（二）有助于促进幼儿与同伴交往

幼儿在进入幼儿园之前生活范围小，人际交往对象相对比较单一，且多以幼儿为中心，加上幼儿思维发展处于前运算阶段，因此幼儿在与同伴或成人交往、游戏过程中常表现出以自我为中心的特征。幼儿园的班集体是由不同年龄、不同性别、不同个性和不同家庭背景的幼儿组成的，为了维护班集体的正常教学和生活秩序，避免幼儿之间频繁发生冲突，促进幼儿亲社会性行为以及同伴交往能力的发展，必须制定规则并教育幼儿遵守相应的规则，强化幼儿的规则意识，逐渐使幼儿将规则内化为自主行为。遵守规则不仅要求我们在做事情的时候要替他人着想，不给他人添麻烦，还需要时刻注意自己的行为是否符合社会规则，要注意控制或者限制自己不符合社会规则的行为。比如：在幼儿园中我们会提醒幼儿"不要随意打断别人的话"，"别人讲话时要注意倾听"，"玩沙子的时候不要扬沙或将沙子弄到别人身上"，"要学会关心、安慰同伴"，"不要把水弄到其他小朋友的身上"等，这些都是幼儿需要遵守的利他性的幼儿园班级规则，只有这样幼儿与同伴交往才能更和谐和顺畅，幼儿园的各项活动才能顺利开展（见图 5-2）。

图 5-2 两个小朋友通过协商游戏规则后一起玩耍不争抢玩具

（郑州幼儿师范高等专科学校附属郑新路幼儿园提供）

（三）有助于培养幼儿行为规范

从社会作用来看，良好的社会秩序和社会和谐发展需要靠社会规则来维持，社会的有序运行和社会局面的安定团结也需要通过建立的一系列社会行为规则来保障，最终取决于个体对社会规则的接受和内化程度。从小对幼儿进行社会规则的教育，可以帮助幼儿了解和接受社会规则，如幼儿在小的时候看到花园美丽的花朵总想去摘，在妈妈利用幼儿的同理心，对幼儿说花园是用来美化环境的，小花小草也是有生命的，要爱护花草树木后，幼儿能限制并控制住自己的行为，不再摘花，并在看到其他小朋友摘花时，能够指出并制止错误的行为，这就是幼儿理解并内化社会规则，最终外化为规范行为的过程。"少成若天性，习惯成自然"，作为未来公民的幼儿，能够从小接受社会规则教育，有利于培养其良好的行为规范，为良好的社会秩序、社会风气、社会精神文明水平和和谐的人际关系打下坚实基础。

（四）有助于构建幼儿健全人格

个体健全人格的养成与其所处的社会环境、家庭教育以及自我教育息息相关，是多方面因素共同作用的结果。个体在幼儿时期通过学习所内化吸收并外化实践的社会行为规则，为其今后健全人格的构建奠定了良好的基础，这对于幼儿的发展至关重要，正如蔡元培先生所说，"决定孩子一生的不是学习成绩，而是其健全的人格修养"。古今中外优秀的人才，无不肯定和重视个体在幼儿时期所接受的良好的养成教育，如叶圣陶先生曾说，"教育就是培养习惯，增强能力"；南怀瑾先生认为，根据中国传统文化来说，真正的儿童教育学的是"洒扫应对"，小孩子要知道怎么扫地、抹桌子，与老师、大人、朋友讲话的礼貌态度和规矩，这是最重要的。由此可见，幼儿社会规则教育是幼儿社会教育的一项重要内容，是构建幼儿健全人格的必要条件。

专家精讲
"幼儿社会规则教育的价值"

三 幼儿社会规则意识发展的特点

梁邦福曾强调，要通过形象化的方法和手段把规则要求具体化，使其具有可操作性，能够落实到人们的行为上。用简洁明了的语言向孩子提出行动的规则，并说明为什么，让孩子在感知的基础上理解规则，帮助孩子建立规则意识。[①] 遵守规则的意识与能力是幼儿社会化的基础，幼儿社会规则意识的培养离不开成人的教育和指导，我们要了解幼儿社会规则意识发展特点，加强对幼儿的社会性教育，培养幼儿良好的社会规则意识。

皮亚杰提出了"规则内化"，即一种把行为要求（或规则）纳入主体的认知结构体系中去的过程，它使外部的信息经过同化和顺应，为主体占优势的价值观念所接纳和重新组合，从而使主体的认知结构得到了丰富和扩展。简单地说，"规则内化"就是我们所强调的"规则意识"，即遵守一些制度或章程的良好态度和习惯。

---

① 梁邦福. 论规则教育[J]. 景德镇高专学报，2007（3）.

皮亚杰在《儿童的道德判断》一书中强调幼儿规则意识的发展是其道德判断能力发展的标志，且幼儿的游戏行为源自对成人社会行为的模仿，皮亚杰通过弹珠游戏实验，将幼儿规则意识分为三个阶段[①]：

第一阶段：这个阶段幼儿认为规则不是强制性的，是随意的，幼儿不认为它们是需要负责任的现实，只是在无意中接受规则。

第二阶段：这个阶段是从自我中心阶段开始，在协作阶段的中期结束。规则被认为是神圣不可改变的，是具有强制性的，永久存在的。

第三阶段：这个阶段包括协作阶段的其余部分和规则编集成典阶段的整个部分。规则被视为互相协商后共同制定的法律，是合理的，大家必须尊重它。当然，如果大家一致同意，也可以进行修改。

学龄期幼儿处于第三阶段，逐渐认识到社会规则是一种可以改变的社会契约。违反规则并非总是错误的，不一定非要受到惩罚。对权威的遵从既非必要，也不总是正确的，并且在判断他人行为时开始考虑到动机与情感问题，试图寻求一种更为公正、平等的公理，即幼儿规则意识的发展经历了从"他律"到"自律"的转变。

关于幼儿接受社会规范发展的过程和水平，你知道哪些呢？

拓展阅读
"幼儿接受社会规范发展的过程和水平"

任务二　设计幼儿园社会规则教育活动方案

一　明确社会规则教育活动目标

（一）《纲要》中有关幼儿社会规则教育的目标

教育者只有在了解幼儿社会规则教育的目标和教育策略的基础上，才能更好地实施幼儿社会规

---

①　房玮．社会科中的规则教育研究［D］．上海：华东师范大学，2010．

则教育活动,促进幼儿社会性的良好发展。

《纲要》和《指南》均明确阐述了幼儿社会规则教育的目标和内容要求。《纲要》为说明幼儿园社会领域的价值取向和施教重点,明确提出了五条总目标,其中第三条目标"理解并遵守日常生活中基本的社会行为规则"是关于幼儿社会规则教育的目标要求。

(二)《指南》中有关幼儿社会规则教育的目标

"喜欢并适应群体生活""遵守基本的行为规范"和"具有初步的归属感"是《指南》在"社会适应"这个目标下所提出来的三条子目标,其中"遵守基本的行为规范"这一条子目标,对不同年龄段幼儿社会规则教育方面的学习与发展目标提出了一定的要求,其具体内容如表5-1所示。

表5-1　3~6岁幼儿遵守基本的行为规范的学习与发展目标

3~4岁	4~5岁	5~6岁
1. 在提醒下,能遵守游戏和公共场所的规则。 2. 知道不经允许不能拿别人的东西,借别人的东西要归还。 3. 在成人提醒下,爱护玩具和其他物品。	1. 感受规则的意义,并能基本遵守规则。 2. 不私自拿不属于自己的东西。 3. 知道说谎是不对的。 4. 知道接受了的任务要努力完成。 5. 在提醒下,能节约粮食、水电等。	1. 理解规则的意义,能与同伴协商制定游戏和活动规则。 2. 爱惜物品,用别人的东西时也知道爱护。 3. 做了错事敢于承认,不说谎。 4. 能认真负责地完成自己所接受的任务。 5. 爱护身边的环境,注意节约资源。

可以看出,在目标表述的用词上,《纲要》和《指南》采用了"理解""能""知道""感受"和"遵守"等动词,说明幼儿社会规则教育目标非常注重幼儿主体性和主动性,以及目标的全面性和整体性。

二 选择社会规则教育活动内容

为了促进幼儿身心健康的发展,使之成为对社会有益的人,不仅需要幼儿具有良好的人际交往能力,积极与周围环境中的社会成员进行交往,形成良好的人际关系,而且需要幼儿能够适应所生活的环境及其变化,能对所生活的环境产生归属感和认同感。这对于幼儿终身发展具有重要的影响和意义。因此,我们要重视幼儿社会规则教育活动内容的选择。

（一）选择社会规则教育活动内容的依据

1. 围绕《纲要》的"内容与要求"进行选择

《纲要》在社会领域"内容与要求"中对幼儿社会规则教育提出了以下要求：

（1）在共同的生活和活动中，以多种方式引导幼儿认识、体验并理解基本的社会行为规则，学习自律和尊重他人。

（2）教育幼儿爱护玩具和其他物品，爱护公物和公共环境。

2. 根据《指南》的"教育建议"进行选择

《指南》在社会领域子目标遵守基本的行为规范"教育建议"中，对幼儿社会规则教育提出了以下要求：

（1）成人要遵守社会行为规则，为幼儿树立良好的榜样。如：答应幼儿的事要做到、尊老爱幼、爱护公共环境，节约水电等。

（2）结合社会生活实际，帮助幼儿了解基本行为规则或其他游戏规则，体会规则的重要性，学习自觉遵守规则。如：

· 经常和幼儿玩带有规则的游戏，遵守共同约定的游戏规则。

· 利用实际生活情景和图书故事，向幼儿介绍一些必要的社会行为规则，以及为什么要遵守这些规则。

· 在幼儿园的区域活动中，创设情境，让幼儿体会没有规则的不方便，鼓励他们讨论制定规则并自觉遵守。

· 对幼儿表现出的遵守规则的行为要及时肯定，对违规行为给予纠正。如：幼儿主动为老人让座时要表扬；幼儿损害别人的物品或公共物品时要及时制止并主动赔偿。

（3）教育幼儿要诚实守信。如：

· 对幼儿诚实守信的行为要及时肯定。

· 允许幼儿犯错误，告诉他们做错了改了就好。不要打骂幼儿，以免他们因害怕惩罚而说谎。

· 发现幼儿说谎时，要反思是否是因自己对幼儿的要求过高过严造成的。如果是，要及时调整自己的行为，同时要严肃地告诉幼儿说谎是不对的。

· 经常给幼儿分配一些力所能及的任务，要求他们完成并及时给予表扬，培养他们的责任感和负责的态度。

3. 幼儿社会规则教育内容要符合幼儿道德发展理论

皮亚杰通过大量的实验和观察研究发现，幼儿在一定的年龄阶段对一定问题的回答或反应具有很多相似的地方，而随着年龄的增长，幼儿又会自然而然产生正确的观点并摒弃曾经持有的错误看法，进而在道德认知发展方面表现出明显的年龄段特征：无律阶段、他律阶段和自律阶段。

科尔伯格根据其在学校道德教育和实验研究中的发现，认为幼儿的道德发展是幼儿认知发展的一部分,而幼儿道德认知发展过程和幼儿的道德成熟过程是同一过程,并提出了"三水平六阶段"的道德发展理论。"三水平"指前习俗水平、习俗水平和后习俗水平;"六阶段"指与"三水平"相对应的服从与惩罚的道德定向阶段、相对功利道德定向阶段、寻求认可(或好孩子)定向阶段、维护权威或秩序的道德定向阶段、社会契约定向阶段、普遍原则的道德定向阶段。

道德认知发展学派主张幼儿道德教育应遵循以下要求:第一,应将幼儿的认知能力和道德发展结合起来,幼儿的道德认知能力是幼儿道德教育的出发点和归宿点,所以在进行幼儿道德教育时要尊重和培养幼儿的道德认知能力。第二,要重视道德认知的内化,注重引导幼儿在自我经验的基础之上内化外在的道德规范和要求,使幼儿的道德认知和道德行为协调、同步发展,达到知行合一。第三,重视"经验"和"情境"对幼儿道德发展和道德教育的重要作用,教师要通过创设丰富的教育情境和道德教育课程为幼儿营造浓厚的道德教育氛围,增强幼儿参与道德教育的主动性,增强幼儿园道德教育的有效性。第四,道德发展是一个具有阶段性特征的动态的发展过程,应为幼儿构建一个科学的、循序渐进的道德教育模式。①

关于幼儿的道德发展理论都有哪些呢?

拓展阅读
皮亚杰道德认知发展理论和科尔伯格的道德判断发展
"三水平六阶段"理论

4. 根据幼儿的发展需求进行选择

幼儿社会规则教育内容的选择必须以幼儿现有的发展特点、水平以及发展需求为依据。教师一方面要通过查阅相关的文件了解幼儿的身心发展特征和水平,确定进行幼儿社会规则教育的内容;另一方面教师也要善于观察幼儿,发现幼儿在一日生活中所存在的问题,确定规则教育的内容,对幼儿开展有针对性的教育活动。例如,当教师发现小班幼儿在吃完早餐后送餐具时没有把餐盘、勺子和小碗摆放整齐,而且在垃圾桶里倒掉了很多的食物,教师可以随手拍下这些图片,为幼儿开展"我是光盘小达人"这样的活动,帮助幼儿了解餐具正确的摆放方法,养成良好的行为习惯,知道粮食的珍贵,萌发争做"光盘小达人"的意识。

专家精讲
"选择社会规则教育内容的依据"

———————————
① 杨威. 道德认知发展学派的道德教育观评析 [J]. 思想理论教育,2005(10).

（二）幼儿社会规则教育内容的分解

社会规则是用来规范人们的行为的准则，一般包括道德规则和习俗规则。国内学者张文新在Smetana等人的研究基础上，提出社会规则是由道德规则、社会习俗规则和谨慎规则组成。幼儿社会规则是用来规范幼儿的行为的准则，因此，参照社会规则的分类，我们将幼儿社会规则分为道德规则、社会习俗规则和谨慎规则。[①]

1. 道德规则教育内容

道德规则被定义为儿童正在获得和发展的社会知识的一部分，指基于他人福祉、公平和权利的社会规则，它是人际交往中具有义务性的成分，如不能骂人、不能偷东西、不能打人等。通常可以假设道德规则具有强制性、普遍性（可以应用到所有人）、不可变性，违背道德规则，会对他人权利和福利造成一定的危害。比如：幼儿知道"不能对别人说'你是坏蛋'等骂人的话"对别人进行语言攻击，不能用手打人进行肢体攻击，不能在别人不允许的情况下偷拿别人的物品，不能为逃避惩罚而说谎等，这些都属于道德规范的内容。

具体而言，对于幼儿的道德规范基本要求有尊敬父母和其他长辈，见到老师、长辈主动问好、问早；能与同伴友好相处，有爱心；爱护公共财物，不破坏公物，不攀折花草树木；爱惜生活学习用品，不浪费；知道一些基本的公共规则，人多的场合学会等待或排队，不乱扔垃圾，公共场所保持安静，不高声喧哗；不说谎，不拿别人的东西，知错要改；有粗浅的是非观，不做明知不对的事情；乐于帮助别人等（见图5-3）。[②]

2. 社会习俗规则教育内容

社会习俗规则是一种更为武断的调节规范，人们对这种规范彼此认同，并达成特定社会情境下适宜行为的统一标准和规范，对人们之间的社会交往和人际互动起着重要的调节作用。例如，有事打扰时说"请"，不同国家、地区有不同的社会风俗、礼节礼仪等，这些社会习俗并不具有道德强制性，而是具有情境相对性、权威依赖性、规则依赖性和可变性，可以随着社会舆论、具体的规则或权威要求而改变。比如：幼儿要知道"男孩子不能涂口红"，"外出回家要洗手"，"见到长辈或熟人要打招呼"，"不能直呼长辈的名字或直接使用'他'这样的词汇"，"不要随便打断别人的说话"，"上课的时候要遵守课堂秩序"，"人多的时候要排队"，"懂得通过沟通协商和交流等方式解决问题"等（图5-4），都属于习俗规则的内容。

3. 谨慎规则教育内容

谨慎规则是指那些儿童经常遇到的用来调节与安全、伤害、舒适和健康相联系的行为的规则。谨慎规则通常规定个体行为的内容，用于调节对自身可能造成伤害的行为，其"正误"依赖于是否

---

① 刘国雄，李红. 儿童对社会规则的认知发展研究述评[J]. 华东师范大学学报（教育科学版），2013，31(3)：63-69.

② 裘指挥. 幼儿社会教育与活动指导[M]. 北京：高等教育出版社，2014：200.

图 5-3　幼儿园的小志愿者参与社区活动关爱老人
（郑州幼儿师范高等专科学校附属郑新路幼儿园提供）

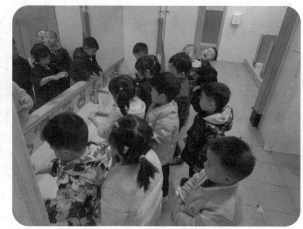
图 5-4　小朋友们遵守班级规则排队盥洗
（郑州幼儿师范高等专科学校附属郑新路幼儿园提供）

会对个体本身而不是对他人造成伤害，谨慎规则也不取决于个人喜好，如"吃东西的时候不要说话或大笑"，"不要拿着筷子跑"，"插座有电，不要用手摸它"，"不要玩火，会烫伤"，"水深危险，不要独自到河边玩耍或游泳"等。

具体而言，可以包括卫生规则和安全规则。如：养成勤洗手的习惯；不咬指甲；不把玩具放入口中；进餐时知道爱惜粮食；逐步养成桌面干净、地面干净、身上干净、碗内干净的"四净"习惯；活动时爱护植物、动物及环境；外出活动时注意安全，走人行道，看红绿灯等。

三　分析社会规则教育活动主题

幼儿的发展是整体和全面的，因此在进行幼儿社会规则教育的时候可以通过主题活动帮助幼儿获得有关社会规则的整合、协同的经验。幼儿社会规则教育主题活动是在一定时间内将不同的内容融合到同一个中心主体范围之内来组织的教育教学活动，能够打破学科之间的界限，将相关知识有机地结合起来，更有利于幼儿社会规则教育目标的达成。

（一）确定主题来源

幼儿社会规则教育活动的主题的来源很丰富。第一，幼儿社会规则教育活动的主题可以来源于一些传统的节日或者宣传日，如教师可以结合"全国交通安全日"组织开展关于交通安全的主题活动。第二，幼儿社会规则教育活动的主题可以来源于幼儿的一日生活经验和问题，如教师发现幼儿在自主游戏或活动时经常出现争抢玩具、吵闹、插队等现象，就可以开展"班级规则我来定"这样的主题活动。第三，幼儿社会规则教育活动的主题可以来源于一些时下的热点问题，如"光盘行动"这样的主题活动。第四，幼儿社会规则教育活动的主题还可以根据季节来组织，如"防溺水"

"防火灾"等主题活动。第五，幼儿社会规则教育活动的主题还可以从课程目标中来寻找，以便更好地实现课程目标。

（二）制定主题活动的总目标

主题活动的总目标为主题活动的探索提供了方向，有助于教师设计各种有助于总目标实现的各种活动。幼儿社会规则教育主题活动总目标应以提升幼儿行为规范为主要目的，要体现整合的观念，从幼儿认知、能力和情感三方面发展要求总体规划和考虑，要兼顾五大领域的集体教学活动目标，同时渗透幼儿一日生活，既要面向全体幼儿，又要照顾到个别幼儿，尊重幼儿的个性特征，促进幼儿全面、整体、和谐的发展。我们结合具体案例来分析：

案例导入

大班社会规则教育主题活动"做个守时的孩子"总目标
1. 感受时间的变化，知道昼夜交替的规律。
2. 了解时间是不停在流逝的，感知时间的不可逆性，懂得珍惜时间。
3. 通过科学实验和观察知道光影之间的关系。
4. 知道钟表是记录时间的一种方法，学会看整点和半点。
5. 形成做事有计划，遵守时间、不拖拉的好习惯。

中班社会规则教育主题活动"争做文明小宝贝"总目标①
1. 注意倾听对方讲话，不乱插嘴。
2. 遵守纪律，不打扰别人做游戏，活动时不打闹。
3. 懂得和小朋友友好相处，在游戏中不争抢玩具，不独占玩具。
4. 会礼貌地称呼人，见到熟人主动打招呼。
5. 传承中华礼仪，建立健全人格。
6. 养成尊重、真诚、谦让、友善的优秀品质和良好的行为习惯。

从以上两个案例可以看出，主题活动的总目标包含了教育价值和发展价值，两个主题活动总目标均至少包含了科学、社会、语言等方面的教育价值，涵盖了认知目标、技能发展目标和情感目标。

（三）编制主题网络图

主题网络图的构建有利于教师从整体上把握课程的内容和课程的框架，有利于教师对主题活动的范围和内容做出初步思考，对后续活动的框架和幼儿可以获得哪些有益经验做到心中有数。② 幼

---

① 资料来源于郑州幼儿师范高等专科学校附属郑新路幼儿园。
② 王小郢，蔡珂馨. 主题活动与幼儿成长［M］. 长春：东北师范大学出版社，2008：66.

儿社会规则教育主题活动网络图就是要求教师围绕幼儿社会规则教育的某一中心主题，也就是一级主题，然后逐步分解衍生出更多的能够支撑上一主题的二级主题或者三级主题，同时每一级主题都要有留白（虚线表示），为生成的主题和活动留下空间（见图5-5）。我们来看案例：

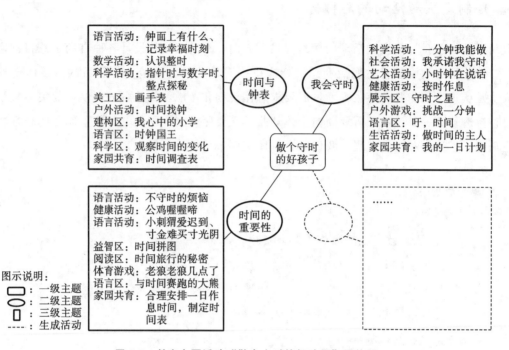

图 5-5　教育主题活动"做个守时的好孩子"网络图

环境创设：在班级创设"做个守时的好孩子"主题环境墙。

四　设计社会规则教育活动方案

社会规则教育活动方案的活动意图、活动名称、活动目标、活动准备、活动过程和活动延伸的设计要求见项目一任务五，下面我们重点以集体教学活动为例，来说明如何进行社会规则教育活动过程的设计。

1. 运用多种方式引出活动主题

此环节为社会规则教育活动的开始部分，教师可以灵活地采用多种方式如看图片、讲故事、创设情境等导入活动主题，激发幼儿参与活动的兴趣和积极性。

例如，小班"我会当小主人"活动中，教师可以通过创设"小客人来家做客"这样的情境来导入。

2. 引导幼儿充分观察，组织幼儿自由表达、表现自己的体验

教师要让幼儿在观察中认识新环境及规范。观察可以是实地观察，或是对图片、录像的观察，尽可能调动幼儿的多种感官进行观察。在观察过后，要为幼儿提供交流、讨论、对话、表达的机会，也可以让幼儿通过绘画、表演、操作等方式进行表达。

例如，在"超市真方便"活动中，教师引导幼儿观察超市的建筑、超市的结构、商品的摆放、

超市的工作人员，以及顾客是如何买东西的，在超市购物要遵守哪些社会规范等。在幼儿充分感知过认知对象后，教师要为幼儿提供交流和表达的机会，如通过谈话、讨论、调查表和绘画等方式。例如，"你看到了哪些行为？哪些是文明的行为？哪些不文明行为？我们应该怎么做？"等。

3. 在教师的组织下，提供一定的生活场景，让幼儿进行实践练习，掌握社会技能技巧

通过观察、自主讨论和表达之后，幼儿对认知对象已有了正确的认知，所以教师在此环节要进行再次的强化和提升，引导幼儿正确认知社会环境，学习正确的社会规则，同时可以创设相应的情境，为幼儿提供实践正确社会规则的机会。

例如，"超市里物品是如何摆放的？为什么这样摆放？"，"在超市中不想买的东西是否可以随便放，为什么？"。结合图例向幼儿出示超市购物不正确的做法和正确的做法，如"把物品随意乱放和归还原处"，"随意拆食品包装和结账后食用"等。教师要根据幼儿的需要和问题合理引导幼儿，适时进行总结提升，并让幼儿模拟超市购物。

4. 引导幼儿正确认知社会环境和规范，使幼儿学会遵守社会规范

在观察、讨论、实践后，引导幼儿对活动中获得的经验进行归纳，分享情感体验，深化活动效果，教师和幼儿共同进行小结。具体结束形式可以是语言总结、作品展示、教师布置任务等。

"超市真方便"活动结尾师幼共同回顾了购物流程，并总结超市的便利：我们在超市这么快就找到了想买的东西，我们很开心，超市真方便。我们生活离不开超市，超市的工作人员也很辛苦，我们在买东西时要有礼貌，要做个文明的小顾客。

五、社会规则教育活动案例

活动案例一

小班社会规则教育活动　我不打扰别人

郑州高新区第三幼儿园　胡永泺

◆ 设计意图：

幼儿进入幼儿园以后每天都参与社会生活，并接触到不同的人，在与他人相处过程中需要掌握一定的交往规范。通过"我不打扰别人"的活动设计，引导幼儿在与他人沟通的过程中，不要随意地打乱别人的交谈，了解礼貌的沟通和交流的方式，养成文明的习惯。

◆ 活动目标：

1. 知道不随便打扰别人，紧急情况下能够用礼貌方式打扰。

2. 能主动参与讨论，积极思考问题。

3. 树立做文明小宝贝的观念。

◆ 活动重难点：

1. 重点：知道不随便打扰别人，紧急情况下能够用礼貌方式打扰。

2. 难点：能主动参与讨论，积极思考问题。

◆ 活动准备：

1. 物质准备："我不打扰别人"的情境图片。

2. 经验准备：初步了解不能随便打扰别人的情景。

3. 环境准备：创设与活动主题相关的主题墙。

◆ 活动过程：

1. 问题导入，引出主题。

教师：猴妈妈和兔妈妈正在谈话。这时电话响了，小猴接听后知道是找妈妈的，怎么办呢？妈妈说不让打扰它，该不该传电话呢？

鼓励幼儿思考并大胆表达自己的想法。

2. 图片展示，提升认识。

出示"我不打扰别人"图片，引导幼儿仔细观看，体验有重要的或紧急的事可以礼貌地打扰对方。

图一：老师正低头准备教具，小猴肚子痛。

讨论：小猴该不该在老师最忙的时候去找老师说话？有重要的事怎样说才有礼貌？

图二：猴妈妈正在睡觉，查煤气的来了，小猴该不该叫醒妈妈？

讨论：该不该叫醒妈妈？怎样有礼貌地叫醒妈妈？（引导幼儿学会说：对不起，打扰您了，我有重要事要说）

小结：懂礼貌的孩子知道什么时候能打扰别人，什么时候不能打扰别人，当我们有紧急事情必须打扰别人的时候，可以先道歉并轻声地说话，做一个有礼貌的好孩子。

3. 讨论总结，迁移经验。

讨论1：举例说明，在幼儿园里有很多幼儿会因为一些小事告状，还会打扰别的幼儿。这类行为应该尽量避免发生。

讨论2：哪些情况下不要打扰别人？

小结：长辈谈话时，爸爸妈妈工作时，小弟弟、小妹妹睡觉时，爸爸妈妈正在打电话时等，这些情况下尽量不要打扰别人。

◆ 活动延伸：

语言区：投放《我会讲礼貌》《我会安静等待》等绘本故事。

◆ 案例评析：

本活动结合情境图片通过谈话法和讨论法，创设问题情境，引导幼儿思考：是否可以打扰别

项目五 幼儿园社会规则教育活动

人，什么时候能打扰别人，什么时候不能打扰别人，知道有急事需要打扰别人时应该注意礼貌。最后，教师引导幼儿迁移经验，了解身边哪些情境不能打扰。本活动创设幼儿喜欢的角色和情境，帮助幼儿了解与他人相处过程中需要掌握一定的交往规范，促进幼儿的社会性发展。

活动案例二

中班社会规则教育活动　兔子先生去散步
郑州幼儿师范高等专科学校附属郑新路幼儿园

◆ 设计思路：

绘本《兔子先生去散步》是一本讨论标志的书，许多标志串成一个故事，有些是我们常见的，有些是从来没见过的，但只要稍稍用心体会便能猜出它们代表的意思。故事里还暗含了情感教育的内容，如兔子先生从斜坡上摔下来会有小猫马上去扶起来；兔子先生掉进洞里了小老鼠会去安慰它，带它去家里做客、去航海，最后成为好朋友。

中班的孩子思维发展比较快，生活经验有所丰富，想象力和表达能力都有所发展。本活动依托绘本内容，设计了一次社会领域活动，希望孩子们通过绘本了解生活中标志的重要性，并能留心观察身边大大小小的标志。

◆ 活动目标：

1. 理解故事内容，认识生活中指示、警告和禁止等常见标志。
2. 能够按照标志行动，体会标志的重要性。
3. 乐意表达自己的想法，愿意倾听同伴的猜测。

◆ 活动重难点：

1. 重点：理解故事内容，认识生活中指示、警告和禁止等常见标志。
2. 难点：能够按照标志行动，体会标志的重要性。

◆ 活动准备：

1. 物质准备：《兔子先生去散步》课件；生活中指示、警告和禁止等常见的标志若干。
2. 经验准备：在生活中对标志已经有了一定的了解。
3. 环境准备：在班级进行有关标志的主题环创。

◆ 活动过程：

1. 图片导入，激发兴趣。

教师播放故事封面，引导幼儿观察，说出故事的主人公兔子先生，引出故事《兔子先生去散步》。

教师：看，今天老师给你们请来了谁？（出示兔子先生）他是兔子先生还是兔子小姐？为什么？

（因为有领带）有一个关于兔子先生的故事，我们一起听听吧。故事的名字叫《兔子先生去散步》，散步是什么意思？（到外面去走走）

2. 故事讲述，了解标志。

（1）以故事情节为线索，联系生活经验，展开想象，试着根据事物的主要特征想象各种标志的意思。

教师：在一片美丽的树林里，有一栋漂亮的房子，你知道这是谁的家吗？为什么？（是兔子先生的家，因为门上有兔子的标志）

教师：有了标志真方便，很快就知道这是谁的家了。

教师：一天，兔子先生出门去散步，一出门就看到一个标志。（往前走）于是兔子先生按照标志接着往前走，咦？这是什么标志？（楼梯）兔子先生看了看，哦，是楼梯的标志。于是，兔子先生就上了楼梯。提问：上、下楼梯要注意什么？接下来又是什么标志？这是什么形状？（桥）

小结：标志上弯弯的形状代表拱形的桥洞，上面是平坦的桥面。

教师：小朋友平时过桥要注意些什么呢？

小结：上桥、下桥时桥面很陡，我们要慢慢走，小心摔跤。兔子先生小心地走过了桥。

（2）教师继续播放课件。

教师：他继续往前走，又看到了一个奇怪的标志，（小心斜坡）这个标志兔子先生好像不知道，结果摔了下来。孩子们，当你遇到不懂或不知道的事情，你会怎么做？（幼儿尝试求助）

小结：遇到困难不要着急，先仔细观察，再动动小脑筋，也可以去求助别人。

教师：又有一个奇怪的标志，你们看这个标志像什么呢？兔子先生刚刚从斜坡上摔了下来，摔破了腿，很痛，所以他会怎么样啊？（哭了）所以这是眼泪汪汪的标志。幸运的是他遇到了猫医生，猫医生帮它擦了点药水。接下来兔子先生要做一个选择，是回家去还是继续往前走？（幼儿猜测）

教师：不管你的选择是什么，只要能说出合适的理由，这就是最好的答案。看看兔子先生是怎么选择的。当然是继续往前走喽！猫医生提醒它：路上小心，一定要看清楚标志哦！兔子先生说：知道了，谢谢你！这又是一个什么标志？（小心坑洞）兔子先生光顾着跟猫医生说再见了，没看清楚标志就继续往前走，结果掉进了洞里。

教师：有些标志可以提醒我们，避免可能发生的危险，所以我们要注意观察周围的标志哦。你们猜猜接下来会发生什么？（幼儿猜测）

小结：原来这是小老鼠的家。小老鼠家的门上也有一个标志（船）。小老鼠邀请兔子先生到他家里做客，他们一起去划船、看海。看，这又是什么标志？（鼓励幼儿大胆猜测）这是好朋友的标志，他们成了好朋友。

3. 总结提升，迁移经验。

（1）回忆兔子先生一路上看到哪些标志。

教师：兔子先生在散步的路上都遇到了哪些标志？

（2）认识生活中各种常见的标志。

教师：在我们的生活中也有很多标志，我们一起看一看、说一说。

指示标志：告诉我们正确的做法。

警告标志：提醒我们可能发生的危险。

禁止标志：告诉我们这些事情不可以做。

（3）开展"小小司机"情境游戏，引导幼儿按照标志行动。

4. 实践操作，巩固认识。

教师：小朋友们，我们一起出去散散步，找一找我们的幼儿园里有哪些标志吧。

◆ **活动延伸：**

美工区：投放画笔、颜料和画纸，引导幼儿画一画自己认识、设计的标志。

◆ **案例评析：**

在认识标志的过程中，幼儿的注意力很集中，他们的观察很仔细，能根据画面的提示很快猜出标志的含义。教师在与幼儿共读绘本的过程中，总结了几个知识点，比如："有了标志真方便，很快就能知道这是谁的家了。""有些标志可以提醒我们避免可能发生的危险。""遇到不明白的事情要仔细观察，再开动小脑筋，也可以请大人帮忙。"幼儿的知识经验是零散的、不完整的，需要教师加以总结、提升，使之系统化，教师通过唤醒幼儿已有经验提高集体活动的有效性。

活动视频
中班社会规则教育活动"兔子先生去散步"

活动案例三

大班社会规则教育活动　光盘行动

◆ **设计意图：**

勤俭节约是中华民族的传统美德。《3~6岁儿童学习与发展指南》指出，教师要引导幼儿尊重他人劳动及成果，爱护身边的环境，注意节约资源。但是发现幼儿园大班幼儿挑食、剩饭的现象比较普遍。幼儿期是个体良好人格和品质发展的奠基时期，对幼儿从小进行节约资源、反对浪费的教育有重大的意义。本活动围绕着节约资源的主题，帮助幼儿认识光盘行动、知道光盘行动的方法，使之养成节约不浪费的良好习惯，并愿意为光盘行动代言，争做"光盘小达人"，推广"光盘行动"。

◆ 活动目标：

1. 知道光盘行动的内涵和意义。
2. 感受粮食的来之不易，产生珍惜粮食的意识。
3. 探索"光盘行动"的方法，争做"光盘小达人"。

◆ 活动重难点：

1. 重点：知道"光盘行动"的内涵和意义。
2. 难点：探索"光盘行动"的方法，争做"光盘小达人"。

◆ 活动准备：

1. 物质准备：介绍"光盘行动"的动画片、视频片段，展示生活中浪费粮食的图片。
2. 经验准备：有到幼儿园种植基地"耕种园"种土豆、挖土豆的经历。
3. 环境准备：在墙面装饰"光盘行动"的标志，为幼儿提供有准备的环境，渲染气氛。

◆ 活动过程：

1. 谈话导入，引发兴趣。

(1) 教师引导幼儿观察活动室环创，通过提问引出话题。

教师：小朋友们，请你们仔细观察我们的活动室，我们的墙面多了些什么东西？是什么内容呢？

(2) 幼儿自由讨论，引导幼儿说出"光盘行动"。

2. 视频演示，认识内涵。

(1) 教师播放介绍"光盘行动"的动画片、视频片段，引发幼儿认识"光盘行动"的内涵。

教师：小朋友们，动画片、视频看完了，这个故事告诉了我们什么？什么是"光盘行动"？

(2) 幼儿自由讨论并表达自己的想法。

(3) 教师小结："光盘行动"要求就餐时做到不浪费粮食，吃光盘子里的东西，吃不完的饭菜可以打包带走。

3. 迁移经验，了解"光盘行动"的意义。

(1) 教师：小朋友们，请你们动动小脑筋想一想我们为什么要进行"光盘行动"啊？（教师引导幼儿自由表达自己的看法。）

(2) 教师出示《悯农》中介绍农民伯伯辛苦劳作的图片，引导幼儿体会粮食的来之不易。

教师：你们看到了什么？想到了什么？（幼儿自由讨论）

教师：你们之前在我们的耕种园种土豆的时候都做过哪些事情？你们挖土豆那么辛苦，为什么还要挖？挖到自己种植的土豆后你们有什么感受？

184

(3) 教师引导幼儿自由讨论、回顾经验。

(4) 教师引导幼儿迁移经验并讨论，感受粮食的珍贵和来之不易。

师幼共同小结：农民伯伯和小朋友一样都是粮食的守护者，农民伯伯为粮食的生长付出了非常多的劳动，非常辛苦，所以我们在生活中要像珍惜我们的小土豆一样，珍惜他们的劳动成果，珍惜粮食，积极地践行光盘行动。

4. 图片展示，认识并探索进行光盘行动的方法。

(1) 教师逐一展示幼儿生活中"过量盛饭、挑食、掉饭、剩饭、倒饭、铺张浪费"等图片，引导幼儿思考应该如何做到"光盘行动"。

重点提问：这个小朋友做得对吗？为什么？我们应该怎么做？

(2) 师幼共同小结：粮食来之不易，我们要进行"光盘行动"，做到吃饭的时候吃多少盛多少（不过量盛饭），养成良好进餐习惯（不挑食、不掉饭）、吃不完要打包（不剩饭、不倒饭），按需点餐（不铺张浪费），争做"光盘小达人"。

(3) 动手操作，巩固对"光盘行动"的认识

教师指导幼儿制作"光盘小达人"检核表。请幼儿根据"光盘行动"的行为要求，制作一周"光盘小达人"检核表，记录每天午餐是否做到了相应的行为，由值日生轮流检查，并根据其表现在相应的行为下粘贴小红花，督促幼儿养成良好的行为习惯。

◆ 活动延伸：

生活活动：在午餐时开展"自助餐"的活动，引导幼儿践行"光盘行动"，并在日常生活中倡导幼儿进行"光盘行动"。

家园共育：在家中进行"光盘行动"打卡活动，和家人一起践行"光盘行动"。

实践活动：外出吃饭时发现浪费现象主动劝阻，并宣传"光盘行动"，由家长记录并做成美篇以便与同伴进行分享。

◆ 案例评析：

本活动通过谈话导入活动，引发兴趣；通过动画片、视频展示，引入新经验；幼儿回顾种土豆、挖土豆的精力，新旧经验迁移，萌发珍惜粮食的情感；图片直观展示，讨论"光盘行动"的方法；最后动手操作，制作"光盘小达人检核表"，巩固经验。从而突出活动重点，解决难点。幼儿在有趣的活动中，能积极主动地同化外部世界的知识。

案例分析
大班社会规则教育活动"光盘行动"

活动案例四

小班社会规则教育活动 马路上的斑马线

郑州高新区第三幼儿园 王佳

◆ 设计意图：

红灯停绿灯行是幼儿耳熟能详的交通安全儿歌，时刻提醒幼儿牢记交通安全规则。当今幼儿所生活的环境车水马龙，车多人多，每个人都是交通安全的参与者，对于幼儿而言交通安全尤为重要。为了提高幼儿交通安全的意识，从小养成遵守交通规则的良好习惯，组织了本次活动。本活动从《马路上的斑马线》故事出发，吸引幼儿的兴趣，再通过讨论，加深幼儿对斑马线各方面的认识，使之产生做个遵守规则的好宝宝的意愿。

◆ 活动目标：

1. 萌发做个遵守交通规则的好孩子的意愿。
2. 理解故事内容，知道斑马线在交通安全中的重要性。
3. 能在生活中主动、正确地走斑马线过马路。

◆ 活动重难点：

1. 重点：理解故事内容，知道斑马线在交通安全中的重要性。
2. 难点：能在生活中主动、正确地走斑马线过马路，萌发做个遵守交通规则的好孩子的意愿。

◆ 活动准备：

1. 物质准备：斑马、斑马线等图片，《马路上的斑马线》课件。
2. 经验准备：在生活中见过斑马线。
3. 环境准备：在班级创设与马路相关的主题环境。

◆ 活动过程：

1. 介绍斑马，引出主题。

出示斑马图片，引出故事。

教师：今天有个小动物到我们班级来，先来看张照片，猜猜它是谁？

小结：这是一只身上有黑白条纹的动物，没错，就是斑马。

教师：今天斑马要给我们说个好听的故事——《马路上的斑马线》。

2. 欣赏故事，初步感知。

（1）教师讲述故事，通过提问回顾和感知故事内容。

教师：小动物们是怎么过马路的？斑马叔叔每天这么背小动物过马路，他多累啊，你们有没有好办法？

（2）教师：你们想了很多好办法，小动物们也想到好办法了，让我们来听听它们的办法。

小猴子想了个什么办法？为什么要叫斑马线？

现在小动物们有了斑马线，他们是怎么过马路的？

小结：小猴子在马路上涂上跟斑马身上一样的白色条纹，画斑马线。第二天，来来往往的车辆看见小动物们拉着手从斑马线上过马路，都自觉地放慢了速度。这下好了，大家要过马路时先看清来往车辆，再通过斑马线，就一点儿也不害怕了。

3. 集体讨论，提升认识。

出示斑马线图片，通过集体经验的分享，了解斑马线的作用。

教师：你过马路的时候是走哪里的？为什么要走斑马线？斑马线到底有什么用？

小结：过马路要走斑马线，斑马线是专门为行人准备的。来来往往的车辆看见我们从斑马线上过马路，都自觉地放慢了速度，这样我们就可以放心地过马路了。

4. 游戏体验，加深体验。

师幼共同游戏"过马路"，在游戏中总结经验：要遵守交通规则，过马路时要走斑马线。

◆ 活动延伸：

美工区：为幼儿提供绘画工具，引导幼儿画一幅小朋友们排队走斑马线的图画。

◆ 案例评析：

小班幼儿喜欢生动有趣的故事，本活动通过故事《马路上的斑马线》，吸引幼儿的兴趣和好奇心，引导幼儿了解斑马线的作用和重要性。接着通过集体讨论，引导幼儿回顾生活经验，知道如何安全过马路，斑马线对于保障安全的重要作用，鼓励幼儿大胆表达自己的想法。最后通过游戏体验，加深幼儿要遵守交通规则、过马路时要走斑马线的认识和体验，使之萌发做个遵守交通规则的好孩子的意愿。

活动案例五

大班社会规则教育活动　做个诚实的孩子

◆ 设计意图：

《3～6岁儿童学习与发展指南》中指出：在幼儿园教育中要教育幼儿诚实守信，对幼儿诚实守信的行为要及时肯定。就现状而言，幼儿说谎是一种时常发生的现象，是幼儿心理发展过程中的一个特殊阶段。开展"做个诚实的孩子"这个活动是为了正确引导幼儿，减少撒谎次数，改正撒谎毛病，让幼儿养成良好的行为习惯，做到诚实待人。

◆ 活动目标：

1. 知道"诚实"的含义，知道诚实是一种好品质。
2. 做错了事能够敢于主动承认，做个诚实的好孩子。
3. 愿意诚实待人，喜欢说真话。

◆ 活动准备：

1. 物质准备：带角发箍一个、教学课件、故事绘本《"说谎角"尼恩》。
2. 经验准备：幼儿有在生活中交往的经验，学习过歌曲《我是诚实好宝宝》。
3. 环境准备：将椅子摆成U字形，创设"诚实的孩子"照片墙和主题墙。

◆ 活动重难点：

1. 重点：知道"诚实"的含义，知道诚实是一种好品质。
2. 难点：做错了事能够敢于主动承认，愿意诚实待人，喜欢说真话。

◆ 活动过程：

1. 图片导入，激发幼儿兴趣。

小结：小朋友们，接下来要跟着老师认真阅读这个故事，让我们看看有什么发现吧！

2. 教师带领幼儿阅读绘本，让幼儿知道做错了事要敢于主动承认，做个诚实的好孩子。

教师带领幼儿阅读绘本《"说谎角"尼恩》，教师在过程中通过适当提问引导幼儿理解接下来的剧情发展。

小结：说谎话的尼恩受到了惩罚，长出了"说谎角"。你们害怕吗？虽然在我们的生活中，说谎的人并不会长出"说谎角"，但是如果我们说了谎话，心里就会不舒服。所以，我们要做一个不说谎话、勇敢承担错误的好孩子。

3. 开展"遇到问题怎么办"小小交流会，让幼儿明白诚实是一种好品质，知错就改还是好孩子。

（1）播放视频，并提问。

教师：视频里发生什么事了？玩具为什么会打翻？两个女孩一起打翻的，她们却在说什么？应该谁承担责任？如果是你，你会怎么说？怎么做？（邀请个别幼儿使用表演的方式来呈现）

（2）播放视频的后半段，加深幼儿的理解。

出示行为图片，让幼儿观察图片并讨论图片中幼儿应该怎么做，从而明确诚实的含义。

小结：诚实就是对自己做的事情负责任，主动承担责任，不相互责怪。

（3）教师出示图片，幼儿判断对错。

小结：小朋友们，都很棒！能够勇于改正说谎的行为。经过这次活动，老师相信你们都清楚了什么是诚实，希望小朋友们在生活中也可以做一个诚实的好孩子，遇到事情自己承担，不找借口，不找理由，不撒谎，做错事情后能够敢于承担自己的错误。

◆ 活动延伸：

区域活动：请幼儿到音乐区唱《我是诚实好宝宝》这首歌。

项目五 幼儿园社会规则教育活动

◆ 活动评析：

本次活动中，为了充分调动幼儿的积极性，教师首先以图片导入的形式激发幼儿的兴趣，引出绘本故事《"说谎角"尼恩》直奔主题。我通过提问引导幼儿运用已有经验对尼恩这个小主人公的言行进行是非和原因判断，幼儿懂得不能说谎，说谎的孩子没人喜欢，后果很严重，要做个诚实的孩子，并了解"诚实"的第一层含义："诚实就是不说谎"。

再通过视频和图片，引导幼儿讨论视频和图片中的幼儿是不是个诚实的孩子，在接下来的谈话活动中，我注重加强孩子间的互动，保证他们每个人全过程的有效参与。通过让幼儿亲自表演并讨论"如果是你，你会想什么、怎样说、怎样做"，"猜一猜他会怎样做"，一方面提醒幼儿集中精神倾听，另一方面引导他们对事件发表自己的看法。我通过提问，让幼儿能思考：面对突发事件，怎样以诚实的品德、恰当的方式解决问题。在讨论活动中引导孩子们明白：只有诚实，才会有更多的好朋友，生活才会更快乐。

通过一系列的活动，幼儿很好地展现出做错事敢于主动承认的态度，愿意诚实待人，喜欢说真话。这使他们真正获得诚实的思想，并且在行动上有所体现。幼儿对诚实的品德有了具体的认知，对诚实的美德有了感知，对诚实的行为产生积极的体验，知道做个诚实的好孩子。

活动视频
大班社会规则教育活动"做个诚实的孩子"

任务三　组织与指导幼儿园社会规则教育活动

社会规则教育活动组织策略

幼儿期对于萌发规范意识和形成规范的行为而言非常重要，在日常的教育活动中，为了帮助幼儿提升自己的规则意识，养成良好的规则行为，同时为幼儿融入集体生活，独立自主参与社会活动提供保障，教师应根据幼儿的发展和需要采取相应的策略。

（一）在一日生活中，通过榜样示范潜移默化的作用提升幼儿对规则的认识

其身正，不令而行；其身不正，虽令不从。幼儿天生好模仿，幼儿的规则意识是在长期的环境

中通过观察及成人对其行为的强化而实现的。因此，教师以身作则的榜样示范能够对幼儿的行为产生积极的影响和作用，同时能够潜移默化地促进幼儿规则意识的形成，提升幼儿对规则的认识。同时，教师要及时肯定幼儿遵守社会规则的行为，纠正幼儿违反规则的行为。

例如，一次小朋友们在幼儿园排队接水的时候，两名幼儿要插队时遭到了别的小朋友们的反对："不可以插队，插队是不对的。""我就要接水，我口渴了，我先接水。"小朋友你一言我一语争吵起来，主班教师见状拿起水杯走到队尾说："老师和小朋友一样都要排队接水，这样才安全又舒服。"随后其中一名插队的小朋友排到了主班教师的后面，主班教师看到后立即表扬："图图真是一个守规则的好孩子，看，他遵守规则排队接水，这样我们才能又快又安全地喝到水。"接着，另一个插队的小朋友也赶忙跑到了主班教师的后面。从案例中可以看出，通过教师和幼儿的榜样示范作用，幼儿了解到行为的具体标准，提升了对规则的认识，增强了规则意识。

（二）在主题活动中，通过多种形式帮助幼儿加深对规则的认识

社会规则教育要循序渐进，逐步渗透规则。幼儿在与他人相处过程中会面临一些共同的问题，需要共同的指导，采用主题教育活动会很有效。教师可以通过精心设计教案，利用多媒体、录像、实际生活情境、图片、故事、诗歌等形式进行系统和生动的解释，帮助幼儿直观、形象、生动地了解相应的社会规则，知道社会规则是什么、为什么和怎么样等问题。如在"参观超市"这一主题活动中，教师通过组织参观活动，可以加深幼儿对逛超市的认识，知道超市物品摆放的规则，以及不乱拿乱放等购物规则。

（三）在游戏活动中，通过自定规则引导幼儿自觉养成规则行为

《纲要》指出：要寓教育于生活、游戏之中。游戏是幼儿的基本活动，对幼儿了解不同的社会规则、养成规则行为有重要的作用，教师应有意识地为幼儿创设一定情境的社会性游戏和活动，引导幼儿在玩中学、玩中做、玩中发展。如在角色扮演游戏中可以引导幼儿通过扮演不同职业的人，实践相应的行为规则。又如在"马路上"这一主题活动中，教师可以通过请幼儿扮演小司机、行人和交通警察等游戏角色，让幼儿体会红绿灯的作用和遵守交通规则的重要性。

此外，《纲要》中还提出，"幼儿园教育应尊重幼儿的人格和权利，尊重幼儿身心发展的规律和学习特点"。因此，除了教师设计的游戏外，还应尊重幼儿的自主性，发展幼儿的自主意识，让幼儿自主地去思考、去比较，引导幼儿自己制定并接受良好的游戏规则。

如在户外游戏出现幼儿乱跑不听指挥的时候，可以进行随机教育，组织幼儿讨论在户外游戏时小朋友应该怎么做？为什么？如果违反了规则该怎么办？又比如，在区角活动中，出现幼儿争抢区角或争抢材料的时候，教师要抓住教育契机——幼儿体会到没有规则的不方便，鼓励幼儿讨论区角里需要哪些规则，并自己制定规则。当幼儿参与游戏规则的制定并成为规则制定的主人时，他们就会将这些规则"内化"到自己的认知结构中，而不是将其视作"外在"的强制性行为，他们参与游

戏和配合游戏的积极性会相对更高，同时会相互监督，自觉遵守规则，表现出更多的规则行为（见图 5-6）。

图 5-6　幼儿自己制定班级公约

（郑州幼儿师范高等专科学校附属郑新路幼儿园提供）

（四）在环境创设中，通过图标暗示引导幼儿理解并遵守规则

《纲要》指出教师要"以多种方式引导幼儿认识、体验并理解基本的社会行为规则，学习自律和尊重他人"。幼儿思维具有直观形象性，教师要善于利用环境这一隐性的课程，和幼儿一起精心准备和设计幼儿所在的环境，借助直观形象的图标进行暗示，帮助幼儿理解并遵守规则。所谓图标就是把规则画成有趣的画面，通过观察、模仿、暗示等途径去刺激幼儿做出相应的反应，从而抑制其不良行为的萌芽，促使幼儿在不断地操作中形成自律。[①]

如幼儿在区角活动时常常会出现争抢玩具、争抢角色、争抢区角等行为，以及在阅读区大声喧哗打扰别人，盥洗的时候不按规范的方式洗手，在上、下楼梯时打闹，打饭、喝水时插队等问题。

---

① 陈央儿. 用隐性规则引导幼儿有序活动［J］. 学前教育研究，2004（6）：23.

教师可以和幼儿通过谈话和绘画的方式一起制作需要遵守的规则图标,并张贴在相应的位置。如插卡标志,限定游戏人数;安静标志,告诉幼儿要保持安静等。虽然画面出自幼儿之手,会比较简单,但是这种环境暗示没有强制性,可以帮助幼儿在轻松愉悦的氛围中接受教育,幼儿更容易理解和遵守规则(见图5-7)。

图5-7 幼儿园通过主题环创墙潜移默化影响幼儿行为

(郑州幼儿师范高等专科学校附属郑新路幼儿园提供)

(五)在同伴交往中,通过亲身体验增强幼儿规则意识并养成规则行为

《纲要》中明确指出让幼儿"理解并遵守日常生活中的基本的社会行为规则"。在培养幼儿规则意识和养成规则行为方面,教师可以通过自然后果法让幼儿亲身体验违反规则所带来的后果,更好地帮助幼儿内化规则,控制自己的行为。"自然后果法"是法国教育家卢梭所提出来的,指当幼儿有过失行为时,成人不是去人为地限制儿童的自由,而是用过失产生的后果去约束儿童的自由,从而使儿童明白其危害,并下决心不再重犯的方法。[①] 如当幼儿总是违反和同伴共同制定的规则时,幼儿就必须接受自然后果的惩罚,不准继续参加游戏或者小朋友不和他做好朋友等,并视情况及时调整,帮助幼儿学会自我管理,久而久之,幼儿的规则意识和自制能力都会有明显的提高。

(六)在家园合作中,通过家园联动共同培养幼儿遵守规则的习惯

社会规则教育,不只存在于幼儿园中,也需要家庭的积极参与和配合。家庭和家长对于幼儿的成长起着重要的作用,幼儿园教师要正确认识家庭教育的作用和地位,让家长更好地成为幼儿园教育的合作者,家园联动,步调一致,共同促进幼儿社会规则的学习。幼儿园应通过家长群、家委会

---

① 吉亚玲. "自然后果法"在幼儿惜物感培养中的作用[J]. 早期教育,2002(9).

和家园讲座等和家长联系，完善家长的育儿知识和理念，帮助家长提高规范自己行为的意识，以身作则，做好幼儿的榜样和典范。定期定时地给家长们提供教育孩子的方法，指导家长如何配合幼儿园培养幼儿的规则意识，等等。只有这样有效进行家园联动，才能更加有效地促进幼儿遵守规则意识的不断发展。

二、不同年龄班社会规则教育活动指导要点

（一）不同年龄班社会规则教育活动学习要求[①]

1. 小班

熟悉并愿意遵守一日生活常规与必要的行为规则，知道其与自己行为的关系；在成人指导下愿意遵守集体活动的行为规则（如轮流与分享等）；在成人帮助下辨别明显的、对与错的行为。

2. 中班

学习待人处事的基本礼貌；知道生活常规与行为规则对自己有好处，对他人有好处，愿意主动遵守；对照常规与规则，能初步辨识行为的对与错；在成人的指导下，知道自己与同伴产生某些冲突时，可以用互相约定的规则解决；在成人的指导下，了解并遵守社会公德。

3. 大班

初步体验规则与公平；结合具体活动，了解自己对集体负有的责任，以及自己在集体中应享有的权利；了解自己在家庭中应承担的任务和责任，以及应享有的权利；根据常规和规则，能初步分析行为的对与错，并讲出简单的道理；有与同伴协商约定、主动解决争执的意识，承认并愿意遵守自己与同伴或他人的约定；在规则、任务意识与责任、学习方式和自我管理等方面，获得向小学学习生活过渡的经验。

（二）不同年龄班社会规则教育活动指导要点

学前期是幼儿社会性发展的关键时期，为了使幼儿更好地适应社会生活，教师需要根据不同年龄班幼儿的特点，采取不同的教育方式和策略，有效促进幼儿社会规则行为的养成。

1. 小班

小班幼儿初入园，是进入集体生活的最初时期，由于生长环境、家庭背景等方面有差异，家长育儿方式有所不同，加之幼儿没有接受过正式的规则教育，没有形成一定的规则意识，而小班又是幼儿规则意识形成的关键期，处于皮亚杰所说的他律道德发展时期，是进行生活常规教育的关键时

[①] 廖贻. 幼儿园社会认知教育的重要性及其目标与内容[J]. 学前教育研究，2010（1）.

期。具体包括：

（1）创设良好的教育环境，建立生活规则意识。可以通过相应的规则图示，如游戏区的入区卡片、正确洗手方法、如厕方法、引导幼儿上下楼梯靠右行的小脚印等。

（2）通过集体教育活动，用生动的榜样案例，如幼儿和教师的示范行为，增强幼儿社会规范认识。

（3）为幼儿创设相应情境进行实践，巩固幼儿规范行为。

（4）及时强化幼儿的规范行为，当幼儿表现出规范行为的时候，教师要及时给予幼儿强化，如颁发小红花或者口头表扬等。

（5）家园携手配合，利用幼儿在家的亲子时光，一对一指导陪伴练习，促进小班幼儿规则意识和良好常规的养成。

2. 中班

幼儿进入中班以后，具有了初步的规则意识，自律意识也开始萌芽，但是执行能力不强，需要教师不断地引导和启发，具体特点和指导要点是：中班幼儿处于规则意识形成的关键期，教师把握这一时期对幼儿进行良好的规则意识教育，对幼儿的发展具有重要意义。

（1）教师可以通过奖励的形式帮助幼儿建立初步的规则意识和执行能力。

（2）为幼儿制定或者让幼儿自行制定活动规则，如进入区角的方式、人数等，避免因为争夺玩具或者空间而引发同伴冲突，同时也能够增强幼儿游戏的积极性和自主性。

（3）在幼儿园一日生活中，教师要对幼儿进行正面引导，告诉幼儿正确的做法，提高幼儿执行规则的能力，帮助幼儿尽早建立良好的行为规则。

3. 大班

大班幼儿处于幼小衔接的关键时期，其规则意识及执行规则的能力不仅影响其是否能够顺利进行幼小衔接，同时也会影响其今后适应社会的程度。

（1）教师要明确活动规则，且在讲解规则时要简洁、明了便于记忆，帮助幼儿认识规则、理解规则。同时可以让幼儿自定规则，成为规则的主人。

（2）教师要为幼儿创设更多实践规则的情境或游戏，帮助幼儿养成良好的习惯和行为。

（3）教师要以身作则，通过树立榜样潜移默化影响幼儿的行为。

（4）赋予幼儿权利，通过设立"小小行为管理员"，鼓励幼儿进行自我管理。

（5）教师可以运用自然后果法，让幼儿通过体验违规的后果，进行自我反思，内化规则，最终学会控制自己的行为。

（6）教师在安排幼儿一日生活时，应尽量紧凑有序，减少幼儿在过渡环节过多地等候。

（7）教师要善于观察，了解每一个幼儿的特征和发展需求，及时调整教育方法，使每一个幼儿都能得到长足进步。

（8）家园携手，共生共育，达到事半功倍的教育效果。

案例导入

当了裁判　坏了规则[1]

又到"小Q马训练营"户外游戏时间了。计划环节，队员们在一起讨论游戏计划，并由队长用图画、数字等方式在计划表上记录下队员的想法。队长在画游戏搭建设计图时，涵涵指着计划表上裁判一栏说："还没有裁判呢，要先画裁判。"但队长和队员都没有以语言或行动表示让涵涵加入讨论，队员们继续画搭建图。涵涵见没人回应，感到自己不被接纳，于是退出了他们队围成的讨论小圈，在旁边无所事事地转圈。

看到涵涵面临困难，我意识到，他自己无力解决，于是我介入，抛出涵涵提出但被队员们忽视的问题："你们计划表上还有很重要的项目没有完成，刚刚涵涵提醒你们了。"我把涵涵叫过来说："你刚刚说应该先干什么？"这样，涵涵重新加入讨论。

涵涵重复了他提议先选裁判的想法。接着，队员们通过举手投票选出圆圆和天天当裁判。涵涵又没能当选。这时，涵涵望着我说："我想当裁判。"

游戏是幼儿自主参与、生成的，游戏规则当然也应由幼儿自己决定。大家以民主投票的方式选出了裁判，但涵涵仍坚持要当裁判。作为教师，我不能破坏游戏规则，只能鼓励涵涵提出诉求，学会协商和讨论。

我回应涵涵："已经选出裁判了，如果你想当，就应该和队员协商。"涵涵于是对队员们说："我想当裁判。"但天天说："裁判已经选出来了。"涵涵继续说："我也想当裁判。"圆圆听后说："那我让你当。"我问涵涵："圆圆让你当了，你开心吗？"涵涵回答："我觉得肯定有什么问题。"

圆圆的谦让行为本应让涵涵感到温暖，但他却很怀疑，这让我有点吃惊。通过长期观察，我发现无论在生活活动还是游戏活动中，圆圆都是愿意主动帮助、谦让同伴的孩子，我对圆圆的善意没有产生负向猜疑。但涵涵的话，也促使我站在他的角度思考：涵涵不止一次被拒绝，自尊心和自信心都受到一定程度的影响，还一度选择了逃避。当愿望突如其来被满足，他受伤的小心脏没法一下子欢喜接受，于是只能启动防御心理，避免再次受到伤害。

我意识到，要帮涵涵消除疑虑，放心融入，只能想办法增强他的同伴归属感。我首先以语言肯定并表扬圆圆的行为，接着对涵涵说："怎么会呢？圆圆看你想当裁判，认为你能当好，才让给你的，圆圆知道谦让，你应该感谢她呀。"涵涵听后沉默不语。然后，队长把笔给涵涵让他在裁判栏写下自己的名字。涵涵把笔递给天天说："你先写

---

[1] http：//paper.jyb.cn/zgjyb../html/2019-08/18/content_523105.htm.

吧。"虽然涵涵没有回应我的话，但当队长让他先写名字时，他表现出了谦让，表明他愿意主动传达善意。

　　这次活动结束了，但我觉得事情并没有完结：涵涵成功当上了裁判，却破坏了游戏规则。虽然涵涵这次成功当选了，那下次呢？当个人诉求与群体规则冲突时，我们要如何引导孩子科学处理呢？

　　（作者单位：四川省直属机关西马棚幼儿园）

观点评析
"当了裁判　坏了规则"

◇ 项目小结

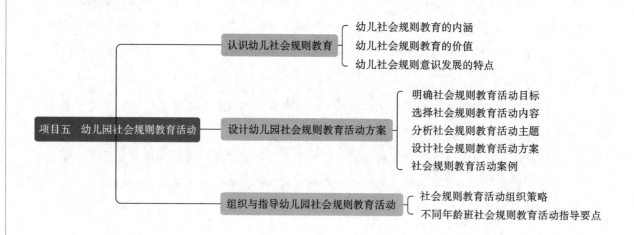

思考与练习

1. 单项选择题

（1）儿童认为规则是由有权威的人制定的，不可以经过集体协商改变。这说明儿童的道德认知处于（　　）。（选自 2021 上半年幼儿园教师资格考试笔试保教知识与能力真题）

A. 习俗阶段　　　　B. 他律道德阶段　　　　C. 前道德阶段　　　　D. 自律道德阶段

（2）幼儿园环境创设中，使用易于识别的生活行为规则标识图，其最主要的目的是（　　）。（选自2017上半年幼儿园教师资格考试笔试保教知识与能力真题）

A．美化环境　　　　　　　　　　　B．便于幼儿看图说话

C．便于幼儿认识各种符号　　　　　D．便于幼儿习得生活技能和行为准则

2．简答题

（1）请简述幼儿社会规则教育的价值。

（2）请简述选择社会规则教育活动内容的依据。

3．材料分析

李老师第一次带中班，她发现中班幼儿比小班幼儿更喜欢告状。教研活动中，大班教师告诉她说中班幼儿确实更喜欢告状，但到了大班，告状行为就会明显减少。（选自2018上半年幼儿园教师资格考试笔试保教知识与能力真题）

问题：

（1）请分析中班幼儿喜欢告状的可能原因。

（2）请分析大班幼儿告状行为减少的可能原因。

4．活动设计题

（选自2021年全国职业院校技能大赛（高职组）"学前教育专业教育技能"赛项赛卷幼儿园教育活动设计）

题目：主题活动——中班"马路上的车"（相关素材见附件）

内容：

①主题网络图设计（书面作答）。

②教学活动设计（一课时）（书面作答）。

③说课（口头作答）。

基本要求：

①根据附件提供的素材，综合幼儿发展各领域以及幼儿园活动的类型，围绕主题设计主题网络图。主题网络图绘制要具有丰富性、科学性、具体化和操作性强等特点，充分考虑到生活化、兴趣性、适宜性、幼儿的主体性和家园合作等因素。网络图至少有三个层级（包含主题名称一级），第二、三层级至少有三个活动。

②根据主题素材与年龄段，设计一课时（30分钟左右）集体教学活动的教案。教案格式完整规范，语言清晰、简洁、明了，目标设计、内容选择、方法运用符合幼儿年龄特征和领域特点。

③根据已设计的教案，就内容、目标、方法、过程设计等进行说课，说清楚"学什么、教什么""怎么学、怎么教"，以及"为什么"等问题，语言规范，条理清楚，逻辑性强，表达流畅。说课在7分钟内完成。

附件：
主题活动——中班"马路上的车"
1. 主题背景介绍

马路上的车来来往往，各式各样。在幼儿的眼中，他们对车的外形特征、声音和功用最感兴趣了。除了自行车、摩托车、小汽车、公共汽车等常见车辆之外，他们还会对特殊用途的车感到新奇，例如警车、消防车、洒水车、救护车、吊车等。也许幼儿还会对车牌标志、路上的交通规则以及组装车辆感兴趣。带着幼儿探究关于车辆的各种秘密，将会促使幼儿获得更多的学习经验，发展多种能力。

2. 主题素材

（1）儿歌：《马路上的车》。

大的车，小的车，

来来往往多少车，

"叮铃铃"，自行车，

"突突突"，摩托车，

"嘀——嘀——"，小汽车，

"嘟——嘟——"，大客车，

"唰唰唰"，扫路车，

"嘀哒嘀"，洒水车。

（2）故事：《汽车比赛》。

汽车比赛开始了！大卡车鲁鲁，消防车杰杰，救护车飞飞，小汽车嘟嘟，站在起跑线上。裁判员老猴说："咱们这次比赛不光比快，还要比谁最省油！"

突然，鲁鲁跑不动了："哎，油箱漏了。"嘟嘟停下了，把油箱给了鲁鲁。鲁鲁问："你自己怎么办呢？""没关系，我可以请太阳帮忙。"嘟嘟把车顶一翻，变成大镜子。嘟嘟变成了太阳能汽车，越开越快，就要超过杰杰了。可惜起风了，乌云已经遮住了太阳。嘟嘟越开越慢，杰杰又领先了。嘟嘟马上升起了风帆。不料风又停了。杰杰又得意起来："嘟嘟，慢慢来吧，我在前面等你！"嘟嘟不慌不忙，开到河边，伸出皮管。"你喝水干什么？"鲁鲁问。"我能把水变成氢气，用氢气做燃料，比汽油还要好呢！"真的，嘟嘟越跑越快。最后，嘟嘟第一个到达了终点。

发奖了。奖品是一大桶汽油。"不，我要喝酒。"嘟嘟调皮地说。老猴吃惊地问："开车不能喝酒呀！""我能用酒精开车呢！"老猴竖起了大拇指："你真行！"

（3）歌曲：《小司机》。

小 司 机

1=C 2/4

5 5· | 5 5· | 3 5 | 6 5 3 | 2· 3 | 5 — | 2 2 |
笛 笛! 笛 笛! 我 是 一 个 小 司 机， 开动

5 5 | 3 2 1 2 | 3 — | 3 2 | 1 2 3 5 |
汽 车 笛笛笛笛笛， 叔 叔 阿姨 上 车

6 — | 2· 3 | 6 5 3 | 2 1 — | 5 5· |
吧， 我 送 你们 上班 去。 笛 笛!

5 5· ‖
笛 笛!

参考答案
项目五思考与练习

实践与实训

实训一： 围绕幼儿园社会规则教育活动内容，设计一个社会规则教育活动方案，并制作相应的课件、教具、学具，进行模拟试教。

目的： 掌握幼儿园社会规则教育活动方案设计的方法，并能组织与指导科学、适宜的幼儿园社会规则教育集体活动。

要求： 活动方案结构完整，考虑不同年龄段幼儿社会规则认知发展的适宜性；课件、教具、学具制作精美，能激发幼儿学习兴趣；模拟试教活动关注幼儿社会性发展，目标达成度高。

形式： 小组合作。

实训二： 幼儿园见习时，观摩幼儿园社会规则教育活动，记录并对幼儿的表现以及教师的活动设计、组织与指导做出评价。

目的： 进一步掌握幼儿园社会规则教育活动的设计、组织与指导策略，并能对活动进行评析。

要求： 撰写完整的听课记录；小组讨论并进行汇报；聆听专家点评。

形式： 实地观察与分析。

项目六　幼儿园多元文化教育活动

◇ **学习目标**

素养目标：在文化自信的基础上，树立尊重文化多样性的价值观；帮助幼儿树立对本民族文化的认同感与自豪感，体验、理解和尊重多元文化。

知识目标：了解幼儿园多元文化教育的内涵及意义；掌握幼儿园多元文化教育活动目标及内容；熟悉幼儿园多元文化教育各年龄段指导要点。

能力目标：学习并运用幼儿园多元文化教育活动组织策略；能依据多元文化教育目标设计与实施多元文化教育活动。

◇ **情境导入**

春节是中华民族的传统节日，为了让幼儿更好地了解我国传统文化节日，感受多元文化教育的内涵，幼儿园开展了丰富多彩的多元文化教育主题活动，如讲解十二生肖及年兽的故事、演唱新年儿歌、说祝福语、剪窗花、包饺子等活动。在丰富多彩的教育活动中，幼儿在参与、感知、体验多元文化教育活动中萌发对中国传统文化的喜爱和自豪之情。

什么是幼儿多元文化教育？幼儿多元文化教育除了节日内容之外，还有哪些内容？幼儿园阶段应该通过怎样的方式开展幼儿多元文化教育？不同年龄段幼儿多元文化教育的目标和指导要点是什么？如何基于多元文化教育内容设计与实施多元文化主题活动……本项目将重点讨论这些关键问题。

任务一　认识幼儿多元文化教育

对幼儿开展多元文化教育，首先应正确认识多元文化、多元文化教育并充分认识到多元文化教育对幼儿发展的重要价值。文化是社会的有机组成部分，如何认识、了解、适应多元文化是幼儿社会教育的重要内容，培养幼儿的多元文化意识也是幼儿园适应时代要求的必然选择。

一、幼儿多元文化教育的内涵

多元文化最先是作为一种社会现象出现的，用多元文化描述大规模移民形成的具有族群差异和文化多样性的社会。[1] 早在20世纪20年代"多元文化"这一术语就已出现，但它作为一种社会思潮引起人们的关注则是20世纪五六十年代以后。当时，"多元文化"指的是两种文化现象：一是殖民地和后殖民地社会的文化。二是指不同的民族文化。[2] 在后现代理论的影响下，多元文化的含义由民族、种族等宏观的范畴扩展到了微观的关于文化、价值等领域。具体来讲，多元文化可以概括为人类群体之间在价值规范、思想观念以及行为方式上的差异。[3] 随着社会和人类文化的不断发展，文化在不同群体交往中逐渐打破地域的限制，不断交流、融合，当今世界任何一个民族都不可能单纯地生活在自己的民族文化中，而是生活在世界多元文化的背景下。

（一）多元文化

多元文化是指社会内部多种文化并存的状态，它是一个民族世世代代和全部财富中的生活方式之总和，它包括衣、食、住、行等物的制作方式，待人接物、举止言谈等交际方式和风度，以及哲学、宗教、道德、法律、文学艺术、风俗传统等。

社会发展的全球化趋势拓宽了人们的视野和活动范围，国家之间的交流互动越来越频繁，社会日益多元化。要使幼儿在这样的环境中成长为具有责任感的人，能够顺利适应社会的发展，我们的学前教育就应该主动应对多元的文化环境和文化价值选择，为幼儿打下理解和接纳多元文化的基础。而建立这个基础的最佳途径，就是在幼儿园对幼儿开展多元文化教育活动。

---

[1]　王建娥. 族际政治：20世纪的理论与实践 [M]. 北京：社会科学文献出版社，2011：201.
[2]　郑金洲. 教育文化学 [M]. 北京：人民教育出版社，2000：218.
[3]　A V Kelly. 课程理论与实践 [M]. 吕敏霞，译. 北京：中国轻工业出版社，2007：24-25.

(二) 幼儿多元文化教育

幼儿多元文化教育是指通过开展各类文化教育活动，促使幼儿认识国内风土人情、民间艺术、传统节日和历史，能够逐渐把握中华民族文化特色，形成对中华民族文化的归属感以及民族文化尊严，同时学会以客观、公正、开放、包容的态度对待外来文化，形成初步的文化认知与判断力的教育。

《纲要》中指出："充分利用社会资源，引导幼儿实际感受祖国文化的丰富与优秀，感受家乡的变化和发展，激发幼儿爱家乡、爱祖国的情感。""适当向幼儿介绍我国民族和世界其他国家、民族文化，使其感知人类的多样性和差异性，培养理解、尊重、平等的态度。"这为幼儿多元文化教育指明了方向和内容，幼儿多元文化教育不仅要包含中华传统文化、少数民族文化和当代文化的教育，而且还要涉及中国之外的其他国家、地区、民族的文化教育。

二、幼儿多元文化教育的价值

幼儿阶段是人一生发展的黄金时期，可塑性强，是进行文化根基教育的最佳时期。在全球化的背景下，地球逐渐成为"地球村"，多元文化教育在这种背景下显得十分的重要。联合国教科文组织指出，在多元文化教育的过程中，要让幼儿"广泛地接触文化与教育来促使个人的全面发展"。因此，实施多元文化教育既是学前教育发展的必然趋势，也是幼儿社会性发展的迫切需要，在幼儿阶段开展多元文化教育具有重要意义。

(一) 有利于丰富幼儿的社会认知

幼儿时期实施的多元文化教育是世界文化启蒙教育，即通过实施多元文化教育，帮助幼儿认识到本国文化和别国文化、本民族文化和其他民族的文化。在实施多元文化教育过程中，幼儿通过感受不同民族的习俗、特色、语言等，充分理解民族文化的丰富性和独特性，丰富了认知，拓宽了视野。不同文化的磨合与碰撞，为幼儿未来的发展提供智力支持和精神支撑。

(二) 有利于提高幼儿的社会适应能力

多元文化教育是幼儿园社会教育的重要成分，其目标在于发展幼儿的社会性，帮助幼儿建立和谐的人际关系，增强其社会适应能力。从小对幼儿进行文化启蒙教育，帮助幼儿全方位体验和感受本土文化和世界的优秀文化，引导幼儿学会包容、适应、认同、合作，增进幼儿自尊心及对社会其他人的理解、尊重和欣赏，使其愿意与不同的人交往，而且能与他们和谐相处，形成包容接纳的心态，为今后更好地应对复杂的人际关系与社会竞争奠定基础。

(三) 有利于增进幼儿对民族文化的认同感和自豪感

民族文化是民族生存发展的"文化基因",通过"文化基因"的排列组合变化,民族文化得以传承、创新、发展,推动民族存活、发展乃至壮大下去。民族文化是多元文化教育的重要内容,要让幼儿了解和认识本国本民族的文化,感知中华民族内各民族的生活方式、民族特色、民族礼仪、民族语言,能够充分感受到自己的语言、文化、民族历史的美好与伟大,从而帮助幼儿形成对本民族文化的归属感与认同感,从小树立民族自豪感和自信心,培养爱国主义精神。

三 幼儿多元文化教育的原则

设计与实施多元文化教育时应遵循时代性、本土性、适宜性、全面性与科学性原则,在实施过程中遵循趣味性、层次性和适度性原则,并善于通过环境熏陶、生活渗透、主题融合和家园共育等有效途径来实施。

(一) 遵循生活性原则

课程来源于幼儿生活,幼儿多元文化教育应从幼儿生活环境出发,依据多元文化教育内涵及幼儿年龄特点,选择时代性强,又与幼儿生活息息相关的、幼儿易于理解接受的、具有积极社会意义的多元文化教育活动,如可以围绕节日、饮食、服饰、建筑、艺术和民间游戏展开,紧密结合幼儿的吃、喝、玩、乐、衣、食、住、行开展多元文化教育活动。

(二) 遵循本土性原则

不同的民族、地域的特点、习俗、节日都有不同的特色,如北京、南京以名胜古迹著称,四川熊猫节、杭州茶文化、云南泼水节等均具有鲜明的地方特点。这些具有本土特色的教育资源,如果能够充分加以利用,不仅可以让幼儿了解家乡的风土人情,而且可培养其热爱家乡的情感。

(三) 遵循全面性原则

多元文化教育内容的种类与数量繁多,包括各个国家与民族的传统节日和新生的各种具有社会价值的节日,其中蕴含着多元文化启蒙的契机。在进行多元文化教育时,既要注重本土文化,同时又不要忽略外来文化;既要继承和发扬传统多元文化,又要关注时代性,做到与时俱进,促进幼儿全面发展。

（四）遵循体验性原则

开展幼儿多元文化教育应当遵循幼儿的学习方式和特点，以感知体验式学习为主，开展生动多样的节庆活动，充分体验各种不同的风俗习惯、饮食、服饰、建筑等，让幼儿在玩中学、做中学，在积累丰富感性经验的基础上对本土文化产生认同感和归属感，并对其他文化形成开放、接纳的态度。

（五）注重科学性原则

实施多元文化教育的实质是让幼儿在逐渐把握本民族文化特色、形成对本民族文化的归属感的同时，能以客观、公正、开放、包容的态度对待外来文化，培养其初步的文化认知感与判断力。因此，幼儿多元文化教育的实质是在立足本国文化的基础上开展世界文化的启蒙教育，以本国文化为主、外国文化为辅，培养幼儿理解、尊重、公平、公正意识。

任务二　设计幼儿园多元文化教育活动方案

一、明确多元文化教育活动目标

当前，课程改革的重要目标之一就是以幼儿为本，追求教育公平和受教育机会平等，帮助文化背景各异的幼儿获得全面发展。在确定多元文化教育活动的目标时，应充分考虑多元文化教育的要求、幼儿特点和社会发展需要，始终秉持"中华民族多元一体""和而不同"目标。为了更好制定幼儿多元文化教育目标，需要遵循我国多元文化教育的价值取向。

（一）多元文化教育目标取向

1. 促进教育公平

促进教育公平是多元文化教育活动目标的重要特征和基本表现。幼儿园的课程应当考虑幼儿所在地区的文化环境和背景，各地不同的社会文化孕育出不同的精神文明，也应该有与其相适应的教育活动和特色课程，以满足各种文化发展的需要，使得不同文化能够百花齐放，得到传承和发展。不仅如此，要让每个幼儿都有学习不同文化的机会，要让他们能够了解各个地域的特点和文化差异，也要让少数民族地区的幼儿享有平等的受教育权利。因此，多元文化教育能够很好地保障教育公平，推动文化蓬勃发展。

2. 促进文化认同

对文化的感受和了解是认同和传承的基础，多元文化教育活动能够很好地促进文化认同，从而起到文化传播的作用。幼儿园时期开展多元文化教育活动，应该帮助幼儿进行本地区文化、少数民族地区文化，乃至世界各地文化的启蒙教育，引导幼儿从身边事入手，认识自己生活的环境，了解他人生活的环境，知道所在地区的文化和他乡别国文化与我们的生活密切相关，认识到不同文化是可以碰撞和相互学习的。立足本民族文化，以多元、开放的心态去看待其他国家和民族的文化，与他人友好相处。

3. 促进文化多样性发展

多元文化教育活动是促进文化多样性发展的支架。通过实施多元文化教育，幼儿可以认识到世界上任何一个民族都不可能单纯地生活在自己的民族文化之中，而必然生活在世界多元文化的背景之下。国际21世纪教育委员会就曾明确提出："教育的使命就是教育学生懂得人类的多样性，使他们认识到地球上所有人之间具有相似性，而且相互依存。"① 更重要的是，通过实施多元文化教育活动，幼儿可以认识到，各地文化都是适应环境的产物和选择，其存在是自然而然的选择，所有文化都是平等的，能够为人类文明贡献自己力量。

（二）幼儿多元文化教育活动目标制定

在遵循多元文化教育价值取向的基础上，制定幼儿多元文化教育活动总目标和各年龄段目标。

1. 幼儿多元文化教育活动总目标

依据布鲁姆对教学目标的分类，幼儿园阶段多元文化教育活动总目标可以划分为认知目标、情感与态度、能力与方法三个维度（见表6-1）。

2. 不同年龄段幼儿多元文化教育活动目标

聚焦到各年龄段的多元文化教育活动，应该根据幼儿发展的阶段性，设立不同的目标（见表6-2），依据目标开展相对应的活动，促进幼儿对本民族文化认同和对其他民族文化的了解和尊重，培养平等、理解的观念。

二 选择多元文化教育活动内容

在幼儿园开展多元文化教育活动、选择教育内容时，教师应从幼儿的身心发展规律和学习特点出发，选择他们感兴趣的内容，从民族文化教育和世界文化教育入手，以民族文化为主，世界文化为辅，引导幼儿在热爱本民族文化的基础上，增强他们对中华民族文化的认同和自豪感，同时正确看待外来文化，从而拓展文化视野，获得有益的社会经验，更好地适应社会。

---

① 王晓玲，钱光丽. 幼儿园多元文化教育目标定位与实践策略［J］. 学前教育研究，2016（4）.

表6-1 幼儿园阶段多元文化教育活动总目标

认 知 目 标	情感与态度	能力与方法
1. 了解祖国、家乡的地理环境，初步认识祖国与家乡关系。 2. 掌握本地区基本的生活知识、生产知识和社会文化知识，了解所在区域的生活习惯和礼仪禁忌。 3. 能够学说普通话，掌握母语。喜欢儿歌、童话、故事等民间文学作品。 4. 了解各地的音乐、民族工艺、传统体育竞技、地域科技发明等知识。 5. 了解各地的节日习俗和文化。 6. 了解各地的名人、英雄人物、历史人物，知道他们的故事和贡献。 7. 知道中国是多民族国家，简单了解其他民族和地区的文化知识。	1. 关心家乡的自然环境，具有热爱家乡、热爱祖国的情感。 2. 增进民族文化认同，扩大交往交流交融，具有民族自豪感。 3. 热爱普通话，喜爱自己地方语言，消除文化隔阂。 4. 对音乐舞蹈、民族工艺美术等感兴趣，感知民族音乐、艺术品的风格和情感，热爱中华民族艺术文化。 5. 对科技发明有浓厚的兴趣，感受科学技术对生活的影响，表达对科学家的崇敬之情。 6. 培养合作与交往的能力，形成健康的生活方式和积极进取、乐观开朗的人生态度。 7. 认识国家与民族先进事迹，初步形成国家认同、民族认同，增强民族自信心，激发热爱祖国、热爱民族、热爱家乡的情感。 8. 尊重其他民族文化习俗，抱有理解、尊重、平等的态度。	1. 感知身边的地理环境，能够初步体会到生态环境与本地区生活方式的相互关系。 2. 适应本地的生活方式，并愿意体验其他国家、地区的生活方式。 3. 能够大胆地表达自己的想法和感受，在感知体验的基础上能用简单的语言表述各国各地文化特点。 4. 能够通过体验了解音乐舞蹈、民族工艺、科学技术的感性特征，尝试体验、设计和制作，体验体育运动所带来的乐趣和挑战的快乐。 5. 参与到不同节日中，感受各国、各地节庆的欢乐与祥和氛围。 6. 能从一定的渠道得知国家大事和热门事件，能对历史事件进行简单的分析和评价。 7. 能够通过外部特征、明显的行为方式区分不同地区、不同国家的人。

表 6-2　不同年龄段多元文化教育目标

3～4 岁	4～5 岁	5～6 岁
1. 逐渐通过外形、服饰等外部特征初步比较不同国家、地区的人。 2. 认识幼儿园和家庭周围的环境。 3. 能说出自己家所在街道、小区（乡镇、村）的名称。 4. 认识国旗，知道国歌。 5. 能够简单了解近期社会事件及对自己的影响。 6. 知道一些常见的节日，喜欢参加有趣的节日活动。	1. 能区分自己与其他国家和民族人民身体上的不同，如肤色、体型等，知道不随意评论、嘲笑他人。 2. 能说出自己家所在地的省、市、县（区）名称，知道当地有代表性的物产、景观、文学艺术产品等。 3. 能够习惯本地域的生活方式，会说普通话，也喜欢自己所在地方方言。 4. 了解北京的风景名胜、饮食文化等。知道北京是中国的首都，是个国际化大都市，并了解北京正在发生的大事。 5. 能用自己的形式表达对北京的热爱。 6. 知道自己是中国人。 7. 奏国歌、升国旗时能自动站好，认识并尊重国旗、国徽。 8. 能够了解近期的社会热点事件，并用自己喜欢的方式表达对热点事件的感受。 9. 初步知道节日的意义，乐于参加各国、各地的节日活动，感受节日的气氛。 10. 了解世界上其他国家和民族，知道他们有着不同的肤色、体态、服饰、语言和风俗，懂得要尊重他们的文化习俗。	1. 能够通过外在特征和行为特征对自己与他人进行群体归类，发觉群体典型特征与成员个人特征的关系，以及从群体典型特征推断其中的成员特征。 2. 正确使用群体名称来描述自己或他人，比如"南京人""东北人""南方人""汉族""黄种人""中国人"。 3. 认识自己居住的城市、省份、国家，能正确说出所在社区、城市、省份、国家名称，逐步理解国家、省份和城市之间的地理空间关系。对国家和不同省份的地理环境和人们生活有初步的了解。 4. 对本地域生活方式感到舒适和依恋，想要对本地文化有更多了解和体验。 5. 能感受到家乡的发展变化并为此感到高兴，了解和喜爱自己家乡的文化。 6. 了解中国是一个多民族、多文化的国家，了解中国主要的风景名胜、科技发明、文学艺术等知识。 7. 知道自己的民族，知道中国是一个多民族的大家庭，各民族之间要互相尊重、团结友爱。 8. 知道国家一些重大成就，爱祖国，为自己是中国人感到自豪。 9. 能够知道近期的社会热点事件。 10. 能够用自己的方式表达对热点事件的看法并能持续关注事件的发展。 11. 积极参加升旗活动，尊敬国旗，学唱国歌。 12. 知道节日的来历和意义，能够主动参与到节日准备和庆祝活动中。 13. 参加丰富有趣的节日活动，感受浓厚的习俗、文化和民俗气氛。 14. 初步认识其他国家、地区的生活方式与所处环境的关系，平等且尊重地对待其他国家、地区的习俗和文化。 15. 知道各国、各种族的人民都是平等的，不嘲笑他人，也不允许他人嘲笑、污蔑自己的民族和国家。

（一）民族文化教育

民族文化是中华文化的重要的组成部分，每个民族的文化都有各自的特色。对幼儿进行民族文化教育，有助于帮助他们产生对民族文化的认同感与自豪感，增强文化自信，促进幼儿社会性发展。

1. 民族精神

民族精神是维系我国各族人民团结的精神纽带。中华民族精神在不同历史时期有着不同的表现，并随着时代的进步而不断丰富和发展。比如新民主主义革命时期的长征精神，社会主义革命和建设时期的雷锋精神，再到改革开放时期的载人航天精神、抗疫精神等。这些民族精神，推动了中华民族的发展，促进了民族文化的繁荣。例如，以国庆节为载体，对幼儿进行爱国主义教育，让幼儿了解民族精神有助于激发幼儿的爱国主义情感，传承爱国主义精神。

2. 节日文化

1）传统节日

传统节日是民族文化的重要组成部分，记录着古代社会生活文化内容，展现着人们对美好生活的向往与热爱。如春节、元宵节、端午节、中秋节等，这些节日中承载着家庭和谐、邻里和睦、敬老敬贤的社会伦理思想。孩子们在节日里，了解各种节日的来历和习俗，探索多元饮食文化起源和礼仪，了解中国传统节日的民间习俗，感受传统文化的绚丽多姿，这些都是孩子社会发展中不可或缺的一部分。

教师可以利用节日契机，开展基于幼儿真实生活的系列主题教育活动（见图6-1、图6-2），增强幼儿社会认知，激发幼儿社会情感，形成良好社会行为。如在春节来临之际，和幼儿一起贴对联、放鞭炮、守更待岁，迎接新一年的到来；在清明节的时候，人们会扫墓祭祖，以寄托哀思。通过传统节日，幼儿可以深入了解中国传统文化，深刻理解传统节日的起源，充分了解传统节日文化的价值。

图 6-1　中秋节做月饼

（北京市朝阳区丽景幼儿园提供）

图 6-2　新年舞龙活动

（北京市朝阳区丽景幼儿园提供）

2）二十四节气

二十四节气是中华民族优秀传统文化，与人们的耕种、饮食、生活有着密切的关系。二十四节气概括了一年中四季交替的准确时间以及大自然中一些物候、气候等多方面变化，如春生、夏长、秋收、冬藏，以及日照、降雨、气温等的变化规律，经过千百年的发展，不同地区的人们已经形成了符合当地特色的节气文化。"春雨惊春清谷天，夏满芒夏暑相连。秋处露秋寒霜降，冬雪雪冬小大寒。"一首《二十四节气歌》是中华民族数千年的智慧结晶，可以作为节日文化教育内容的重要载体，可以围绕二十四节气开展各种社会教育活动，如种植活动、食育活动、户外活动、游园活动、志愿活动等，在这些活动中感受四季的变换，探索农作的规律，体验古人的智慧，激发民族自豪感和自信心；感受不同的职业，体验劳动的辛苦，激发尊重热爱之情；感受时令与食物的关系，体验顺应自然规律带来的变化，增强健康意识和观念；理解习俗的来源，体验传统习俗的文化内涵，愿意传承中国传统文化。

比如：春分时节，中国民间有放风筝、吃春菜、立蛋等习俗；冬至在民间有"冬至大如年"的说法，但不同地方习俗不同，在北方有吃饺子的习俗（见图6-3），在南方则是吃汤圆的习俗。将传统文化与幼儿教育相融合，使得幼儿在学习二十四节气相关知识的过程中，激发幼儿探索自然的欲望，引导其感悟节气文化，从而增强幼儿的民族自豪感，实现优秀传统文化的继承与发展。

图6-3　冬至包饺子

（北京市朝阳区丽景幼儿园提供）

拓展阅读
大班多元文化教育活动　我们的升旗仪式

3. 文化艺术

民间文化是不可多得的民族文化教育资源。我国多民族的特性也决定了我国的民间文化是丰富多彩的。比如：民间艺术有泥人、剪纸、国画、京剧等；民族音乐有宫、商、角、徵、羽；民间传说有《大禹治水》《愚公移山》等。民间艺术种类繁多，选择适合幼儿且有教育价值的内容引导幼儿学习（见图 6-4、图 6-5），有助于增加幼儿对中国传统文化的认识和了解，增强民族文化自信，激发民族精神及爱国主义情怀。此外，民间游戏有木头人、拉大锯、挤油渣等，有利于发展幼儿的钻爬躲闪能力，对幼儿的智力和反应能力的发展有一定作用。幼儿通过感受文化艺术的魅力，从而有利于继承与发扬中国传统文化。

图 6-4　传统文化故事表演

（北京市朝阳区丽景幼儿园提供）

图 6-5　幼儿剪纸活动

（北京市朝阳区西坝河第三幼儿园提供）

活动视频
"中国传统文化艺术教育活动"

4. 少数民族文化

1）少数民族节日

民族节日是一个民族在长期历史发展中形成的，是民族文化的生动展示。我国是一个由 56 个民族组成的统一的多民族国家，不同民族的生活习惯、风俗信仰等不同，所庆祝的节日、庆祝的方式也有所差异。比如：傣族的泼水节，是人们通过互相泼水，相互祝福；蒙古族通过举办那达慕大会来表示丰收的喜悦之情。不同民族的节日有不同的文化内涵，幼儿通过民族节日可以了解不同民族的文化、习俗，学会理解和尊重。

2）少数民族艺术

不同民族的地理位置、社会状况、文化传统、风俗习惯等不同，艺术表现的形式也有所不同。比如：蒙古族"马刀舞""筷子舞"的舞蹈节奏欢快，动作刚劲有力，以抖肩、揉臂、马步最具特色，传统乐器有马头琴、雅托噶、蒙古四弦琴等。维吾尔族的舞蹈以旋转快速和多变为主，赛乃姆是最普遍的民间舞蹈特色。都塔尔和弹拨尔是最常用的乐器。幼儿对民族艺术进行了解，有助于弘扬民族艺术，树立民族自信心。

3）少数民族服饰文化

服饰是人类特有的劳动成果，根据生活习惯、色彩爱好等原因，不同民族有着不同的服饰。比如：瑶族服饰花纹精美，色彩鲜明，常在衣襟、袖口、裤脚镶边处绣有精美的图案花纹；蒙古族长期生活在塞北草原，蒙古族人民不论男女都爱穿蒙古袍。幼儿通过欣赏民族服饰，了解民族特色，感知服饰之美。

4）少数民族饮食文化

"一方水土养一方人"，在不同的自然环境中，形成了各色各样的饮食习俗。比如：在食物选择方面，满族人尤其喜欢吃粘食和甜味食品，如饽饽、年糕等。壮族人喜食大米饭、大米粥，喜欢用糯米制成各种粽子等食品。维吾尔族的传统饮食以面食和牛羊肉小吃为主，他们喜爱水果、蔬菜、奶制品与茶点心。通过让幼儿了解不同民族的饮食文化，可以唤醒幼儿对于传统饮食文化的文化认同，推动中国传统饮食文化的传承和发展。

5）少数民族建筑文化

各民族因地制宜，建造了不同风格的建筑，反映出不同民族的社会观念及审美观念。比如：藏族的碉房多为石木结构；蒙古族的传统住房蒙古包，易于拆迁，便于游牧；哈尼族的蘑菇房状如蘑菇，由土基墙、竹木架和茅草顶组成。增加幼儿对建筑文化的了解与掌握。

（二）世界文化启蒙教育

世界文化作为多元文化教育的一部分，旨在帮助幼儿了解国外文化，增加对其他国家文化的体验与感知，引导其学会尊重、欣赏、理解、接纳他国文化，为将来形成跨文化社会中所需的价值观与态度奠定基础。在幼儿园阶段开展世界文化启蒙教育主要包括以下几个方面：

1．世界节日文化

目前比较流行的节日主要有元旦、父亲节、母亲节、感恩节等，幼儿园可以选择一些贴近幼儿生活的节日开展节日教育。还可以通过中西方节日的对比来引导幼儿正确认识各种节日，从而丰富幼儿的多元文化经验（见图 6-6、图 6-7）。

图 6-6　感恩节活动

（北京市朝阳区丽景幼儿园提供）

图 6-7　万圣节活动

（北京市朝阳区丽景幼儿园提供）

2. 世界文化艺术

（1）生活文化，主要包括服饰、饮食、建筑、交通、器用等，如西方的燕尾服，可以让孩子们在摸一摸、看一看、说一说等过程中感受不同服饰带来的不一样的感受。不同的文化背景下，饮食结构和饮食习惯大相径庭，可为幼儿提供不同国家、不同民族的炊具、餐具，幼儿制作、品尝不同国家、不同民族的食物，引导幼儿体验并尊重这种饮食传统所代表的文化。

（2）艺术文化，主要包括世界文学、音乐、舞蹈、美术等。例如，可以为我们的幼儿介绍国外的童谣、儿歌、具有民族特色的舞蹈等，重在帮助幼儿感知文化的多样性和差异性，使之学会尊重外国的文化与风俗。

3. 世界其他文化

主要帮助幼儿认识了解不同国家和地区的地理、语言等文化。如世界主要分为四大人种，分别为白种、黄种、黑种、棕色人，以及他们生活的大致范围等，以拓宽幼儿的认识，帮助幼儿学会理解尊重不同民族、种族、国家文化。

三 分析多元文化教育活动主题

多元文化教育主题活动是一种行之有效且深受幼儿喜爱的方式。它是根据幼儿的成长与生活，从幼儿需要的、感兴趣的问题出发，在一段时间内围绕一个中心内容，如关于某个节日（如春节）、某个社会热点事件（神舟载人飞船升空）等，设计与实施的教育教学活动。

活动案例

大班多元文化教育主题活动　龙的传人

◆ 主题来源：

《3~6岁儿童学习与发展指南》指出：5~6岁的幼儿应该知道自己的民族，知道中国是一个多民族的国家，知道国家的一些重大成就，为自己是中国人而感到自豪。为了让孩子进一步了解我们的国家，激发孩子爱祖国、爱家乡的情感，我们将开展主题活动"龙的传人"。通过感受祖国文化的丰富性，培养幼儿初步爱家乡、爱祖国的情感。"龙的传人"作为大班的一个核心主题，为幼儿提供了不可多得的学习与成长的机会。该主题的开展应注重情感激发，逐渐丰富幼儿对祖国的了解和认知，进而激发身为中国人的自豪感。

◆ 主题目标：

1. 了解中国悠久的历史以及多样的民族文化，认识到中国有许多值得我们骄傲的地方，体会做一个中国人的自豪感。

2. 了解我国一些代表性标志，如国旗、国歌、国庆节等。
3. 了解我国的传统节日以及历史上的名人和他们的故事。
4. 探索和体验我国的传统艺术，如剪纸、扎染、捏泥人、编织、皮影戏，等等。
5. 愿意体验和创造民间游戏玩法，体验其中的乐趣。

"龙的传人"主题活动网络图如图6-8所示。

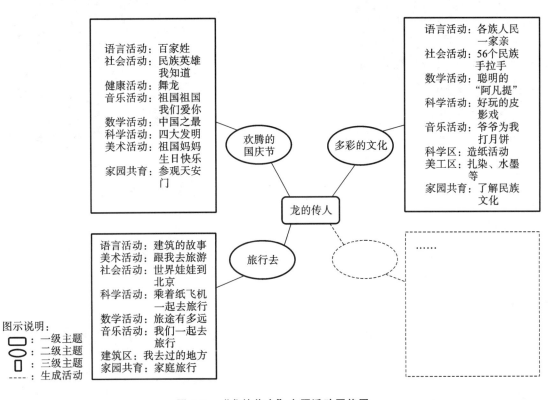

图6-8 "龙的传人"主题活动网络图

◆ 环境创设：

1. 将中国地图粘贴在主题墙上，并将有代表性的少数民族标出。
2. 创设百家姓墙面，将班中幼儿的姓氏张贴在墙面上。
3. 收集幼儿关于"中国"的问题，张贴在主题墙上，并鼓励幼儿自己搜索和记录答案。
4. 区域活动设计如下。

美工区：投放有关中国传统手工材料，如编织、水墨、拓印、泥工、剪纸等材料。作品展示区为孩子们提供手工制作的手工扎染、水墨画、传统剪纸和编织作品等（见图6-9、图6-10）。

图书区：投放有关中国传统故事（传说、节日）等书籍供幼儿阅读；并在区域中通过墙饰，结合中国传统文化和幼小衔接知识，展示文字的演变。

表演区：提供少数民族的服饰以及音乐，供幼儿在区域中进行选择和表现，除此之外，还提供中国传统"皮影戏"的材料供幼儿体验。

建筑区：提供有关中国传统建筑和搭建方式图示，供幼儿参考。

图 6-9　传统手工艺墙饰

（北京市朝阳区西坝河第三幼儿园提供）

图 6-10　幼儿制作的航天模型

（北京市朝阳区西坝河第三幼儿园提供）

◆ 家园共育：

1. 家长帮助幼儿收集关于中国的相关资料，丰富班级主题墙的内容。

2. 亲子共同阅读中国传统故事。

3. 引导幼儿欣赏剪纸、国画等中国传统艺术。

　拓展阅读
　　"多元文化教育主题活动案例"

四　设计多元文化教育活动方案

多元文化教育活动方案的活动意图、活动名称、活动目标、活动准备、活动过程和活动延伸的设计要求见项目一任务五，下面重点介绍多元文化教育活动过程的设计。

1. 导入环节

这个环节的作用主要通过设问、情境创设等方式，调动幼儿已有经验，使幼儿对所要接触的多元文化内容产生兴趣。如教师穿着维吾尔族的服饰进入活动室，为小朋友表演一段维吾尔族舞蹈，并进行提问：老师今天的穿着有什么不一样？通过表演，激发幼儿学习维吾尔族服饰的兴趣。

2．采用多种方式引导幼儿学习相关的文化内容

由于多元文化的内容容量大，活动气氛容易枯燥，所以此环节要注意让幼儿有操作的空间，在操作中进行认识和学习，避免教师说教。常采用情境创设法，并在活动中尽可能调动幼儿的多种感官体验多元文化。如讲到"哈达"代表尊敬、敬意时，可以引导幼儿模仿献哈达；讲到维吾尔族的服饰，可以请配班教师穿着维吾尔族服饰进班跳维吾尔族舞蹈，也可以让幼儿给维吾尔族娃娃穿上合适的衣服等。

多元文化教育内容不仅包括幼儿已有的知识经验，也应包含新的文化内容。如"大班 中国筷"活动，幼儿熟悉的筷子大部分是木头和不锈钢的，但筷子还有很多种，有竹、牙、骨、金属等；外观也各不相同，或方或圆，或长或短，或粗或细，有的有图案，有的没图案。筷子有悠久的历史，筷子是中国人发明的，早在几千年前，中国人已经开始使用筷子了，现在许多的外国人也喜欢上了中国的筷子，在跟咱们中国人学习使用筷子。

这一阶段活动设计要本着由易到难、由浅入深的原则，利于幼儿理解和接受这种多元文化教育。在具体组织过程的设计中可以根据活动需要灵活采取集体、小组、个别等多种灵活的形式。

值得注意的是，教师在此阶段容易出现的问题有：

（1）不熟悉多元文化知识，误导幼儿。如把"哈达"等同于围巾，把黄种人等同于中国人。

（2）活动内容太简单或太杂。活动内容太简单，蜻蜓点水，未激发出幼儿的民族自豪感；内容太多，杂乱无重点，幼儿不容易学习。

（3）把社会领域的多元文化活动当成艺术领域活动。某教师在组织"多彩的少数民族"活动中，讲到维吾尔族的舞蹈时，开始教幼儿跳维吾尔族舞蹈，一遍一遍地跳，直到活动结束。

3．组织幼儿自由表达出对文化的理解

在引导幼儿学习了文化内容后，需要组织幼儿表达出对所学文化的理解，也以此了解幼儿的学习情况。教师可以结合视频（与多元文化相关的内容介绍资源）等提问，幼儿通过口头表达、模拟体验、判断正误、游戏等多种方式自由表达对文化的理解。例如在"青藏铁路"活动中，教师通过播放视频"青藏铁路是怎样炼成的"，提出问题：青藏铁路在修建时遇到了哪些难题？你想对铁路工人叔叔说些什么？引导幼儿自由表达对修建青藏铁路和对工人叔叔的看法，幼儿加深了对青藏高原的了解，知道青藏铁路修建的不易及其对藏族人民的重大意义。

4．总结多元文化内容

总结内容要全面具体，激发幼儿的民族情感。一般通过作品展示、教师小结、同伴互相评价等方式帮助幼儿梳理经验、表达情感。如在"多彩的少数民族"活动中，师幼共同小结维吾尔族人的服饰特点、居住的地方、特产和生活习惯，让幼儿知道维吾尔族是少数民族，我们要了解他们，要和他们做朋友，我们是相亲相爱的一家人。

五 多元文化教育活动案例

活动案例一

小班多元文化教育活动 妈妈的节日
北京市朝阳区泛海幼儿园 马慧

◆ 设计意图：

父母是孩子的第一任老师，对于小班儿童来说，妈妈的角色在他们成长过程中是至关重要的。《3～6岁儿童学习与发展指南》提出，3～4岁儿童应当愿意与熟悉的长辈一起活动。成人要主动亲近和关心幼儿，经常和他一起游戏或活动，让幼儿感受到与成人交往的快乐，建立亲密的亲子关系。本次活动主要是借助母亲节的契机，邀请家长入园，帮助幼儿当面表达对妈妈的爱，给予幼儿和妈妈互动的机会，引导幼儿感受节日的温馨与快乐。

◆ 活动目标：

1. 喜欢和妈妈一起过节，感受节日的温馨和快乐。
2. 体会妈妈的辛苦，懂得感恩妈妈的爱。
3. 用语言、歌曲、亲吻的方式表达对妈妈的爱。

◆ 活动重难点：

1. 重点：愿意与妈妈一起过节，懂得感恩妈妈的爱。
2. 难点：能用自己喜欢的方式大胆地表达对妈妈的爱。

◆ 活动准备：

1. 物质准备：音乐《妈妈的吻》，音乐伴奏《我的好妈妈》，活动课件。
2. 经验准备：知道要过母亲节了，愿意为妈妈庆祝节日并提前邀请幼儿妈妈参加活动。
3. 环境准备：用粉色彩纸、轻纱布置温馨的环境，提前把幼儿制作的手工作品进行环境布置，并在邀请家长时播放轻音乐，大屏幕循环播放幼儿与妈妈的合影。

◆ 活动过程：

1. 导入环节。

(1) 欢迎妈妈的到来，家长和孩子排成半圆形落座，孩子坐在妈妈的前面。

(2) 播放音乐《妈妈的吻》。

(3) 教师提问：小朋友们，妈妈来参加我们的活动了，大家高兴吗？你知道为什么今天要把妈妈请到幼儿园来吗？

2. 基本环节。

（1）出示课件，观看小动物的妈妈和宝宝互动过程。

①这是一只刚出生的小猫，它从妈妈的肚子里钻出来，心里可高兴了，于是它对自己的妈妈说：妈妈，谢谢你带我来到这个美丽的世界。小朋友们，是妈妈把我们带到这个世界上，让我们拥有温暖的家和这么多的好朋友。现在请你把嘴巴放在妈妈的耳边，对妈妈悄悄地说一声："谢谢你，妈妈！"

②这是谁？（啄木鸟）啄木鸟在干什么？（喂它的小宝宝吃虫子）啄木鸟妈妈捉来虫子一口一口地喂着自己的小宝宝。小朋友，在你还不会吃饭的时候，你的妈妈也是这样一口一口地喂你吃，你才能一天天地长大。请小朋友伸出双手捧着妈妈的脸，轻轻地说一声："谢谢你，妈妈！"

（2）播放每个小朋友的妈妈照顾宝宝的图片，并提问：

①这是谁的妈妈，她在干什么？

②幼儿体会妈妈对自己的照顾和爱护，引导幼儿感知妈妈照顾宝宝的辛苦和不容易。

（3）集体演唱《我的好妈妈》，谢谢妈妈的爱。

教师播放音频，邀请幼儿起立，面对自己的妈妈，演唱《我的好妈妈》表达自己对妈妈的爱。

3. 结束环节。

（1）亲一亲自己的妈妈。

（2）妈妈和幼儿说悄悄话。

◆ 活动延伸：

请幼儿回家帮助妈妈做力所能及的家务劳动。

◆ 活动评析：

本次活动通过家长进校园一起参与活动，与幼儿共度母亲节的方式，让幼儿体会和回馈妈妈对自己的爱。在活动过程中，教师运用了音乐渲染、图片展示、亲子互动等方式，达到目的，调动幼儿的感官去激发他们对母亲的浓厚情感。

活动案例二

小班多元文化教育活动　过新年
北京市朝阳区泛海幼儿园　马慧

◆ 设计意图：

春节是中国传统节日，蕴含了厚重的民族文化，可以借助春节让儿童感受新年的欢乐氛围，了解基本的春节习俗。《3～6岁儿童学习与发展指南》中指出：小班儿童愿意与老师和同伴一起游戏，在集体活动中情绪安定愉快。因此，教师要经常和儿童一起参加一些群体性的活动，让他们体会群体活动的乐趣。《幼儿园教育指导纲要（试行）》中也提到：充分利用社会资源，让儿童了解祖国优秀的文化。传统节日作为文化载体，是对儿童进行文化教育的好素材。在"过新年"活动中，通过渲染新年的气氛，可以充分激发儿童过节愉快的心情。

◆ 活动目标：

1. 通过听故事，感受新年里快乐的气氛。
2. 初步了解新年贴春联、拜年等习俗。
3. 喜欢参与新年活动，体验过新年的快乐。

◆ 活动重难点：

1. 重点：喜欢参与新年活动，体验过新年的快乐。
2. 难点：初步了解新年贴春联、拜年等习俗。

◆ 活动准备：

1. 物质准备：故事《新年送祝福》音频、新年贺卡、新年图片、春联、压岁红包。
2. 经验准备：有过新年的经验。
3. 环境准备：提前准备幼儿制作的鞭炮、拉花等手工艺品，进行环境布置，并在班级门口悬挂两个红灯笼营造喜庆的新年氛围。

◆ 活动过程：

1. 导入环节。

欣赏故事《新年送祝福》，理解故事情节。

①过新年了，小狗和小猫准备去找谁呢？

②他们找到小兔了吗？大家在一起做了什么？

③小猫、小狗和小兔之间是怎样送祝福的？他们说了些什么？

2. 基本环节。

（1）师幼一起欣赏新年图片，围绕新年话题展开讨论。

①过新年的时候我们都会做些什么事情呢？

②新年的时候可以玩什么游戏？吃什么好吃的食品？做哪些有趣的事情？

（2）仔细看新年贺卡、春联和压岁红包，幼儿说说它们的用途。

①仔细看漂亮的新年贺卡，欣赏上面的图画，倾听教师朗诵里面的祝福话语。

②和幼儿一起给班级门口贴春联，将上面祝福的话语解释给幼儿听。

③出示压岁红包，请幼儿说说在哪里见过？这个小红包是装什么的？为什么过年的时候长辈会给晚辈发压岁红包？小朋友收到压岁红包应该说怎样的话呢？

（3）引导幼儿思考，如何送上新年祝福。

①小朋友可以怎样给家人送上祝福？

②在小朋友接受别人祝福的时候应该如何表示感谢呢？

项目六 幼儿园多元文化教育活动

3. 结束环节。

大家同唱一首歌《新年快乐》。

◆ 活动延伸：

为家人制作新年贺卡。

◆ 活动评析：

本次"过新年"活动，一开始就通过创设虚拟情境，让小班儿童进行故事欣赏，激发儿童参与活动的兴趣。在活动过程中师幼一起欣赏新年图片，围绕新年话题展开讨论，仔细看新年贺卡、春联和压岁红包并为家人送上新年祝福，活动结尾通过好听的音乐自然结束活动。整个活动过程调动儿童的感官，让他们去充分体验节日的美好氛围，了解蕴藏在背后的传统文化精髓。

活动案例三

中班多元文化教育活动　中国的首都——北京

北京市朝阳区丽景幼儿园　任颖

◆ 设计意图：

北京是我国首都，作为一座历史名城，承载了中华悠久的文化。《3~6岁儿童学习与发展指南》中指出：中班儿童能够说出自己家所在地的省、市、县（区）名称，知道当地有代表性的物产和景观。本次活动的设计意图在于引导成长在北京的儿童了解北京，热爱自己的家乡。

◆ 活动目标：

1. 知道中国的首都是北京，并初步了解北京的著名建筑及名胜古迹。
2. 萌发热爱北京的情感。
3. 能够和同伴商讨，尝试配合进行天安门前的拍照活动。

◆ 活动重难点：

1. 重点：通过活动了解北京的名胜古迹，萌发热爱北京的情感。
2. 难点：能够和同伴商讨，尝试配合进行天安门前的拍照活动。

◆ 活动准备：

1. 物质准备：天安门广场升国旗视频、课件、照片。
2. 经验准备：知道或去过天安门广场。
3. 环境准备：在区域放置北京的建筑模型或在活动室张贴北京小吃、建筑等图片，引导幼儿通过与环境互动提前了解北京文化。

◆ 活动过程：

1. 导入环节。

（1）谈话导入，激发幼儿参与活动的兴趣。

教师：什么是首都？我们中国的首都在哪里？你最喜欢去的地方是哪儿？

（2）出示图片：出示北京有名的景点图片（天安门、鸟巢、水立方、长城等）进行展示，让幼儿欣赏。

2. 基本环节。

（1）播放"天安门"课件，进行讨论：天安门在哪里？是什么样子的？

（2）幼儿交流各自对北京天安门的认识，了解天安门在我们的首都北京，那里有许多雄伟壮丽的建筑。

（3）观看天安门升国旗的视频，教师做介绍：

每天清晨，国旗班的战士在这里举行换班仪式和升旗仪式，奏响国歌。这是一个非常庄严隆重的仪式，也是中国的重要国家形象之一。中国人民非常喜爱去天安门旅游，登上天安门城楼观光，节日里人们在广场上开庆祝会，并来到天安门拍照留念。你们想体验一下在天安门前拍照留念吗？

（4）游戏：我和天安门合影

以课件中的天安门照片背景，自由结伴选择一个场景，摆不同造型模拟照相。从场景选择、位置安排、人物姿势等方面共同欣赏和讨论：你想和谁拍照，怎么拍照，为什么？

3. 结束环节。

分享小组照片，说说最喜欢哪张，为什么？

◆ 活动延伸：

1. 将照片布置到美工区。

2. 在建构区模拟搭建天安门。

◆ 活动评析：

北京是一座十分有名的城市，对幼儿来说，这座城市并不陌生。这次活动前，他们对中国的地图有了一定的认识，但对首都的意思不是很理解，通过本次活动大家对首都有了一定的认识。在讨论的环节中幼儿的积极性比较高，他们讲述自己在天安门前"拍照"的感受，更加深了他们对天安门的印象，萌发了热爱首都的爱国情感。

活动视频
中班多元文化教育活动"中国的首都——北京"

活动案例四

大班多元文化教育活动 设计胡同文化海报

北京市朝阳区丽景幼儿园 许馨瑶

◆ 设计意图：

"胡同文化"是老北京地域文化的显著符号之一。在主题活动"胡同文化体验馆"实施过程中，幼儿对"胡同文化"产生了浓厚兴趣，他们不由地产生想要宣传胡同的想法。大班幼儿能够在小组活动中进行合作，并与同伴协商，解决问题，坚持完成任务。《3～6岁儿童学习与发展指南》中对大班幼儿归属感培养目标中指出，"能感受到家乡的发展变化并为此感到高兴"。《幼儿园教育指导纲要（试行）》中也提到："引导幼儿实际感受祖国文化的丰富与优秀，感受家乡的变化与发展，激发幼儿爱家乡、爱祖国的情感。"通过设计"胡同文化"主题海报，让幼儿置身浓郁的文化氛围中，产生热爱北京的情感。

◆ 活动目标：

1. 进一步感受北京的"胡同文化"，产生热爱北京的情感。
2. 了解设计制作"胡同文化"的主题海报的方法。
3. 在制作胡同文化海报的过程中，能与同伴协商合作，解决问题，坚持完成任务。

◆ 活动重难点：

1. 重点：愿意与同伴一起设计主题鲜明的胡同文化海报并坚持完成任务。
2. 难点：能通过讨论、协商、分工合作等方式解决制作海报过程中遇到的问题。

◆ 活动准备：

1. 物质准备：水彩笔、胶棒、彩纸，北京胡同文化的班级环境，幼儿搜集的海报。
2. 经验准备：有制作宣传画的经验，对北京胡同文化有一定的认识和了解，知道海报的基本特点。
3. 环境准备：在活动室前方运用红色纸砖头搭建造型和牌楼，摆放一些北京小吃、北京传统摆件营造胡同氛围，活动室后面展板张贴幼儿制作的有关北京的美工作品。

◆ 活动过程：

1. 导入环节。

出示图片：回顾各小组胡同文化体验馆游戏及前期分组。

教师：小朋友们，我们的胡同文化体验馆即将开放，看一看每个组都做了什么？

教师小结：我们看到了胡同建筑组、胡同小吃组、胡同导游组和胡同游戏组，我们一会儿要通过宣传海报让更多的人了解胡同文化，请小朋友欣赏海报吧。

2. 基本环节。

（1）欣赏海报：引导幼儿观察海报，回顾海报的特点。

教师：请小朋友说一说海报有什么特点？

教师小结：海报内容的选择要突出想表达的主题；海报中的时间、地点等信息可以帮助别人更加清楚地了解海报内容，吸引别人的注意力。

（2）分组制作胡同文化海报：教师观察、指导各组制作海报。

教师：请每组小朋友分工、合作完成你们组想宣传的海报吧。

重点指导：观察幼儿在制作过程中遇到的问题，并鼓励通过协商合作来解决问题；关注幼儿在制作过程中如何突出海报主题。

（3）小组尝试介绍海报：教师到各组观察、指导，引导小组说出海报主要宣传内容。

重点指导：教师分别到各组进行倾听、观察，结合海报特点进行提问，根据幼儿作品的典型特点进行归纳小结，并鼓励幼儿协商选出本组的海报宣传员。

3. 结束环节。

作品展示：将海报展示在幼儿园公共区域，教师针对胡同文化进行小结。

教师：今天小朋友们都是"胡同文化体验馆"的小小宣传员，我们把海报展示在这里，让更多的小朋友、教师都了解我们的胡同文化。胡同文化有着悠久的历史，更是我们北京闪亮的名片，让我们一起把胡同文化传承下去吧。

◆ **活动延伸：**

区域活动中，为其他班级的小朋友、教师进行胡同文化海报的宣传介绍。

◆ **活动评析：**

主题活动"胡同文化体验馆"激发了幼儿宣传胡同文化的兴趣。具体来说，主要有三个层层递进的环节：回顾环节激发幼儿已有经验；分组设计环节引导幼儿不断发现问题、解决问题，提高其合作能力；分享环节激发幼儿自信心和表达欲望。分组活动的形式，为幼儿提供同伴合作与协商的机会，教师在其中作为支持者、参与者为幼儿提供支持；有层次的启发式提问，引导幼儿认识新问题，并在活动中鼓励幼儿解决问题，体验成功的喜悦；幼儿在教师精心创设的"胡同"中，介绍小组作品，给幼儿身临其境之感，进一步激发幼儿对北京的热爱之情。

活动视频
大班多元文化教育活动"胡同文化海报设计"

活动案例五

大班多元文化教育活动　了不起的中国

北京市朝阳区丽景幼儿园　苌静雅

◆ 设计意图：

随着班级"了不起的中国"主题活动的开展，孩子们认识了国旗和国徽，了解到我国的少数民族等知识。孩子们感受到祖国的繁荣并为此而感到自豪，我们也及时利用这个机会，让幼儿尝试用采访的形式调查了解身边的人，让他们说一说在他们心里中国最了不起的事物是什么？这些事物能够让我们说起它们就感到骄傲和自豪。《3～6岁儿童学习与发展指南》5～6岁目标中提到：知道国家一些重大成就，爱祖国，为自己是中国人感到自豪。通过上述活动可以让幼儿了解了不起的中国，从采访中感受中国的发展和成就，激发他们的民族自信心和自豪感。

◆ 活动目标：

1. 通过采访知道在周围人的心里中国最了不起的事物是什么。
2. 分享交流过程中了解中国特有的文化和特点。
3. 感受祖国的伟大和变化，增加爱祖国的情感。

◆ 活动重难点：

1. 重点：通过采访知道在周围人的心里中国最了不起的事物是什么。
2. 难点：在采访和交流过程中通过记录、倾听等方式了解中国的伟大成就。

◆ 活动准备：

1. 物质准备：采访表"了不起的中国"，记录笔。
2. 经验准备：知道自己是中国人，有过做调查的经验。
3. 环境准备：在活动室用幼儿在"了不起的中国"主题中的绘画作品进行布置，摆放中国传统建筑的模型，并在墙上张贴照片等材料。活动开始前播放传统乐器音乐供幼儿欣赏。

◆ 活动过程：

1. 导入环节。

教师提问：小朋友们学习了很多关于中国的知识，那么，现在老师想问一下，在你心中，中国最了不起的事物是什么？

（1）请个别幼儿说一说。

（2）幼儿与同伴说一说自己的想法。

（3）教师小结：说起中国最了不起的事物，小朋友们马上能够想到很多，有人说是天安门，也有人说是英雄人物……这些都是我们中国所特有的事物，世界上的人们说起这些就会立刻想到中国，我们提起这些的时候也会感到骄傲和自豪。

2. 基本环节。

（1）"了不起的中国"采访。

教师提问：小朋友们说起心目中最了不起的中国的时候，给出了各种不同的回答。今天的任务是调查其他人认为的中国最了不起的事。

①出示采访表，请幼儿说一说采访表的内容。

②按幼儿意愿进行分组采访。

（2）集体分享采访结果，并将采访结果进行分类。

教师提问：刚刚你采访了谁？他的回答和你想的一样吗？在他心目中，中国最了不起的事物是什么？为什么？你采访的结果和谁的一样？

幼儿分享采访的结果。

（3）教师小结：小朋友们采访到的结果都不一样，有的人认为兵马俑是中国最了不起的事物，有的人认为最了不起的是中国古代的四大发明，等等，这些都是我们中国所独有的，我们为拥有它们而骄傲。

3. 结束环节。

通过今天的采访，我们班的小朋友了解到更多的中国最了不起的事物，而且大家也都根据采访到的结果进行了分类，收获非常大。接下来，我们一起把采访到的结果按照分类的内容做些宣传海报，让幼儿园所有的老师和小朋友都能知道中国最了不起的事物。

◆ 延伸环节：

举办"了不起的中国"宣传海报制作活动和宣传展览活动。

◆ 活动评析：

活动通过采访的形式让幼儿了解中国最了不起的事情，激发幼儿作为中国人的自豪感和自信心，也使幼儿了解到我们国家发展的一些情况和知识。在活动过程中师幼关系融洽，互动氛围较好，幼儿对活动内容感兴趣，参与的积极性高。但教师还需要在小组活动中注意个别幼儿提出的想法，及时给予回应，关注特殊幼儿发展的需要。

活动视频
大班多元文化教育活动"了不起的中国"

项目六 幼儿园多元文化教育活动

任务三 组织与指导幼儿园多元文化教育活动

一 多元文化教育活动组织策略

　　幼儿多元文化教育主要是通过引导幼儿了解我国的文化，帮助其形成民族自尊和自豪感；通过了解世界其他国家的文化，帮助幼儿学会尊重、欣赏、理解他国文化。《指南》中指出："运用幼儿喜闻乐见和能够理解的方式萌发幼儿爱家乡、爱祖国的情感。"如：和幼儿说一说或在地图上找一找自己家所在的省、市、县（区）名称；利用外出游览收集到的信息资料、电视节目或画报、图片等，向幼儿介绍家乡、祖国各地的风景名胜、著名的建筑、独特的物产等，激发幼儿的自豪感和热爱之情；利用电视节目或参加升旗等活动，向幼儿介绍国旗、国歌以及观看升旗、奏国歌的礼仪；向幼儿介绍反映中国人聪明才智的发明和创造，激发幼儿的民族自豪感。为了更好地帮助教师设计与组织好幼儿园多元文化教育活动，教师需要掌握以下组织策略。

（一）注重"隐性环境支持"策略

　　环境，尤其是具有文化属性的特殊环境是熏陶幼儿心灵的有效刺激源，会对幼儿产生深远的影响。《纲要》中指出：创设与教育相适应的良好环境，为幼儿提供活动和表现的机会与条件。既要为幼儿营造一个丰富的、可感知的物质环境，更要为幼儿营造一个宽松、愉快的精神环境。幼儿的学习是通过"直接感知、实际操作、亲身体验"来进行的，幼儿园在进行多元文化教育活动时，环境的支持和创设是不可或缺的。

　　比如：在节日活动"欢欢喜喜过新年"多元文化教育活动中，教师可以和幼儿一起通过环境的支持和创设激发幼儿对"年文化"的认知、参与和体验，如一起制作福字、中国结、窗花、"鞭炮"等并张贴或悬挂在班级中，创设"欢欢喜喜过新年"的物质环境，同时也注重精神环境的营造，帮助幼儿感知、体验欢快的过年氛围。

（二）注重"活动内容生活化"策略

　　多元文化教育活动的内容选择应贴近幼儿的生活经验，应是幼儿比较熟悉的、感兴趣的、符合幼儿年龄特点的。从幼儿的生活环境出发，选择与幼儿生活息息相关的、幼儿易于理解与接受的内容作为多元文化教育内容。正如《指南》在社会领域的教育建议中强调的，教师应结合具体情境和生活实际，利用生活实践机会，让幼儿在亲身体验、观察模仿中获得经验，避免对幼儿简单生硬的说教。根据《指南》的精神，幼儿园的节日教育不应脱离幼儿生活的世界，而要尽可能地贴近幼儿真实的生活，关注幼儿的生活体验，整合幼儿发展的多个领域，立足于幼儿当下的兴趣和需要，选择幼儿感兴趣、愿意探究的内容，促进幼儿在认知、情感、行为等方面的发展。

如针对一些特殊的节日，可以基于幼儿的生活开展饮食文化和饮食习惯教育，可以让幼儿尝试制作本国或外国食品，学习包饺子、做汤圆、包粽子，学习制作西餐，如水果色拉、蛋糕、汉堡等，通过让幼儿品尝、制作，初步了解并比较东西方不同的饮食文化和饮食习惯。

（三）注重"活动形式多样化"策略

幼儿园一日生活皆课程，在开展多元文化教育时，教师可以将多元文化教育内容融入幼儿一日生活的各个环节里，通过生活活动、教育活动、区域游戏、户外活动各环节完成。活动形式可以是单一性的教育教学活动，也可以是综合性主题活动，除此之外，还可以通过家园共育、社会实践活动等多种方式辅助开展。

通过多种方式可以更好地帮幼儿加深对文化的感知、体验，促进幼儿从不同侧面了解不同文化的特点，了解文化的多样性与差异性，形成开放、包容的多元文化意识。

如在集体教育中开展关于多元文化的教育主题活动（见图6-11），帮助幼儿系统了解该主题下多元文化教育的内容；在生活环节向幼儿介绍不同国家和地区的餐具和进餐方式，使之学会使用刀、叉等工具，制作和品尝不同风味的特色美食，如饺子、汤圆、三明治、寿司、面包等；在户外活动环节中开展多元文化相关游戏，可以是本地区的民间游戏，如跳房子、编花篮、抬花轿等，也可以是其他地区的游戏活动，如抖空竹、跳竹竿等。

图 6-11　幼儿体验穿汉服写汉字

（北京市朝阳区丽景幼儿园提供）

（四）注重"活动主体多元化"策略

《纲要》中指出："家庭是幼儿园重要的合作伙伴。应本着尊重、平等、合作的原则，争取家长的理解、支持和主动参与，并积极支持、帮助家长提高教育能力。"而幼儿园家长工作的出发点就在于充分利用家长资源，实现家园互动合作共育。鼓励家长参与幼儿园多元文化教育活动的设计与开发，为实施多元文化教育提供支持。

如可以采用"请进来""走出去"的方式开展。教师可邀请有多元文化背景或资源的家长走进幼儿园，如给幼儿讲解有关多元文化的相关内容，丰富幼儿的文化认知，开拓幼儿的视野；还可以动员家长，充分利用家长资源，开展多元文化社会实践活动，如参观博物馆、走进本地名胜古迹、观赏民间特色及非遗文化等，在幼儿充分感知、体验的基础上丰富幼儿的认知，提升幼儿对中国传统文化的自豪感和归属感（见图6-12、图6-13）。

图6-12 亲子爬长城活动

（北京市朝阳区丽景幼儿园提供）

图6-13 亲子故宫研学活动

（北京市朝阳区丽景幼儿园提供）

专家精讲
"幼儿多元文化教育活动组织策略"

二、不同年龄班多元文化教育活动指导要点

对于多元文化教育的指导和实施，有人强调根据各自的文化背景和能力进行发现和探索，开展

合作式的学习[1]，通过语言、节日感受和学习多元文化[2]，或者利用家庭和社区资源进行多元文化教育[3]。在幼儿园中，要将多元的文化融入幼儿的一日生活，并通过主题的形式，利用节日活动开展多元文化教育活动。[4] 开展多元文化教育活动的途径是多种多样的，但归根结底，幼儿园多元文化教育活动的开展是基于幼儿年龄特点和发展水平的。不同年龄班的幼儿对于多元文化的理解水平的差异性决定教师必须从幼儿年龄特点出发，组织开展相关活动。

（一）3～4 岁幼儿年龄特点分析及多元文化教育活动指导要点

3～4 岁幼儿思维方式是具体形象思维，往往是以自我为中心，他们对于现象的感知通过感官体验获得，在和其他人的互动中喜欢模仿和跟随他人，在小班幼儿眼中，一切事物都有生命。他们具有丰富的想象力，容易把想象和现实混淆。在学习过程中易出现情绪化表现，注意力很容易转移。基于 3～4 岁幼儿这样的思维特点和学习方式，教师在多元文化教育活动的指导过程中，需要注意以下几点：

1. 多元文化教育活动的设计实施以体验为主

上面谈到 3～4 岁幼儿主要通过亲身体验，调动感官进行感知的方式认识事物，因此，"体验"对于幼儿认识多元文化是非常重要的，比如：教师可以将绘画、节日、服饰、美食等这样看得见、摸得着的作为教育内容，引导幼儿参与其中。

2. 教师指导过程中为幼儿提供具象的教具和具体可观的情境

3～4 岁幼儿多喜欢独立游戏，他们往往能够短时间对自己喜欢的事物进行探索，那么教师在开展多元文化教育的过程中，需要提供具体形象的教具，供幼儿操作和探究。比如：娃娃家具体的环境装饰要温馨、真实，激发幼儿游戏的愿望。娃娃的衣服、物品要丰富，且是家庭中幼儿熟悉的，在游戏过程中教师引导幼儿感受、参与。不仅如此，3～4 岁幼儿对于多元文化的体验感知有赖于具体可观的情境创设，要让情境能够贯穿于幼儿游戏过程中，让他们切实体验到情境是存在的。

3. 多元文化教育内容选择要从幼儿熟悉的事物入手

3～4 岁幼儿生活经验有限，因此多元文化教育内容的选择要从幼儿熟悉的事物入手，把幼儿看得见摸得着的身边人、身边事作为教育的素材。比如：参加自己所在的班级、社区的活动，体验节日的氛围，进而对这些有感性的认识和了解。

（二）4～5 岁幼儿年龄特点分析及多元文化教育活动指导要点

4～5 岁幼儿思维方式依然是具体形象思维，但相对 3～4 岁幼儿，他们经过一年幼儿园生活已

① 霍力岩，李敏谊. 多元智力理论与多元文化教育 [J]. 比较教育研究，2006 (11)：12-16.
② 雷有光，黄胜天. 美国幼儿多元文化意识培养初探 [J]. 中国科教创新导刊，2012 (6)：56-57.
③ 桂诗章. 少数民族地区幼儿多元文化课程实施研究 [D]. 重庆：西南大学，2008.
④ 柴全红. 试论幼儿园的多元文化教育 [J]. 课程教材教学研究（幼教研究），2008 (2)：2-3.

经基本适应，规则意识逐渐萌芽，理解能力逐渐增强。在活动中表现出很强的好奇心，活泼好动，喜欢接触新鲜事物。4~5岁幼儿的交往需求和交往能力增强，合作意识逐步萌芽，但缺乏交往技巧。在对4~5岁幼儿发展特点了解的基础上，教师组织开展多元文化教育活动，要本着以下几点：

1. 将体验与区域游戏结合，重视区域在多元文化教育指导中发挥的作用

在4~5岁幼儿多元文化教育活动指导过程中，教师需要以环境为依托，运用体验活动＋区域游戏的方式，辅之认知相关的内容，促进幼儿社交能力发展。比如：可以准备一些需要合作的游戏，如"开小饭馆"，多元文化可以体现在餐厅的种类，如中餐、西餐或地域美食，等等。或者在益智区投放一些民族民间游戏，教师通过必要的介绍，让幼儿通过游戏操作了解相关文化知识。

2. 教师指导过程中需要创设虚拟和真实结合的情境，让幼儿身临其境体验文化氛围

4~5岁幼儿多喜欢平行游戏，教师在进行多元文化教育活动指导的过程中可以根据具体的内容创设虚实结合的情境，让幼儿在情境中体验。比如：可以创设建筑展览馆、办画展、办小舞台、办主题运动会等，借助这种拟真的情境开展相关活动；或者让圣诞老爷爷、白雪公主这种幼儿熟悉、喜爱的虚拟角色和幼儿进行"沟通对话"；也可以在端午节包粽子，立冬包饺子，请其他民族或其他国家的小朋友介绍自己的民族和国家等，引导幼儿身处这样的真实的情境创设和互动中。

3. 教师在多元文化教育活动中出主意、想办法，与幼儿一起游戏

4~5岁幼儿生活经验很有限，交往技能有待提升。在多元文化教育活动的指导过程中，教师应该以游戏参与者、活动指导者的身份加入活动当中，提醒幼儿遵守规则，观察、分析幼儿游戏中的行为表现，进行总结梳理和必要的提问、示范等互动，引导幼儿接受和喜欢多元文化。

（三）5~6岁幼儿年龄特点分析及多元文化教育活动指导要点

5~6岁幼儿交往能力提高，与人交往的主动性增强，他们已经有了较强的任务意识，在活动中喜欢挑战，喜欢参加有"竞争性"的活动，追求活动中的成就感，能够主动遵守规则并能和同伴一起商讨制定规则，能够在活动中主动发起合作。这时的幼儿逻辑性增强，有较强推理能力，抽象思维开始萌芽。在多元文化教育活动中，教师要把握以下要点：

1. 注重幼儿情感态度的培养

5~6岁幼儿已具有初步认识事物和进行判断的能力，抽象思维开始发展并且乐于主动思考。这个阶段开展多元文化教育活动时可以多关注一下建构区，让孩子主动去搜寻有特色的建筑照片再具体进行搭建，并引导孩子欣赏不同文化下的建筑的美。不仅如此，教师多元文化教育的关注点应该放在对幼儿文化认同、文化尊重的情感态度培养上来。在游戏体验过程中去激发幼儿对于本民族文化、习俗的认同，并让幼儿在了解其他国家、地区文化的基础上，通过体验、调查等手段去寻找原

因，形成认识。教师可以发起有意义的对话，帮助幼儿理解和尊重其他文化，了解文化的多元性，培养开放、包容、接纳的思维模式。

2. 创设具有任务性的真实情境

大班以合作游戏为主，幼儿喜欢在合作中竞争和挑战自我。那么，在真实的情境中满足幼儿完成任务的成就感是教师进行多元文化教育活动指导的另一个要点。比如：在每周一的升旗活动中，可以安排幼儿做护旗手，完成升国旗的小任务，在这个任务情境中激发幼儿爱护国旗、热爱国家的民族自豪感。

3. 教师将更多的自主选择权交给幼儿，让他们尽情感受多元文化活动的魅力

随着年龄增长，幼儿的规则意识、计划合作能力可以支持他们在活动中进行自主的选择、设计并大胆实施自己的计划。教师在多元文化教育活动指导中可以和幼儿一起进行环境布置，通过"你们想怎么办？""你们还有其他办法吗？"引导幼儿在活动中想办法解决问题，并且在活动中给予他们自主选择时间、空间和同伴的自由，让他们尽情感受多元文化活动的魅力。

◇ 项目小结

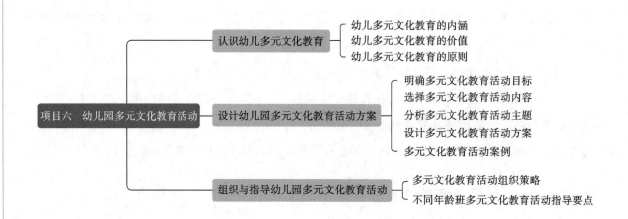

思考与练习

1. 单项选择题

(1) "祖国妈妈孩子多，民族服装大展览"所属的教育内容是（　　）。

A. 多元文化　　　B. 社会交往　　　C. 社会环境　　　D. 自我意识

(2) 针对幼儿多元文化教育的叙述，不正确的是（　　）。

A. 幼儿多元文化教育主要包括民族文化教育和世界文化教育

B. 开展多元文化教育有利于增进对中华民族文化的认同和自豪感

C. 幼儿多元文化教育应全面立足本土文化，拒绝外来文化

D. 开展多元文化教育是落实国家教育方针政策的基本要求

2. 活动设计题

（选自2022年全国职业院校技能大赛（高职组）"学前教育专业教育技能"赛项赛卷幼儿园教育活动设计）

序号：第3卷

题目：主题活动——中班"祖国是个大家庭"（相关素材见附件）

内容：

（1）主题网络图设计（书面作答）。

（2）教学活动设计（一课时）（书面作答）。

（3）说课（口头作答）。

基本要求：

（1）根据附件提供的素材，综合幼儿发展各领域以及幼儿园活动的类型，围绕主题设计主题网络图。主题网络图绘制要具有丰富性、科学性、具体化和操作性强等特点，充分考虑到生活化、兴趣性、适宜性、幼儿的主体性和家园合作等因素。网络图至少有三个层级（包含主题名称一级），第二、三层级至少有三个活动。

（2）根据主题素材与年龄段，设计一课时（25分钟左右）集体教学活动的教案。教案格式完整规范，语言清晰、简洁、明了，目标设计、内容选择、方法运用等符合幼儿年龄特征和领域特点。

（3）根据已设计的教案，就内容、目标、方法、过程设计等进行说课，说清楚"学什么、教什么""怎么学、怎么教"，以及"为什么"等问题，语言规范，条理清楚，逻辑性强，表达流畅。说课在7分钟内完成。

附件：

主题活动——中班"祖国是个大家庭"

1. 主题背景介绍

中华民族是一个血脉相通的共同体，是一个温暖的大家庭。在这个大家庭中，汉族离不开少数民族，少数民族也离不开汉族。国家的统一，人民的团结，各民族的大团结，是中华民族的根本利益所在。

我国是各族人民共同缔造的统一的多民族国家，中华各民族之间互相交流、融合，中华人民共和国成立以来民族政策得到贯彻实施，各民族地区繁荣发展、和谐稳定，56个民族展现风采，高举各民族大团结的旗帜，巩固发展平等团结互助和谐的社会主义民族关系，坚定自觉地维护国家统

一。作为一名幼教工作者，教师应引导幼儿了解各民族的服饰、建筑、节日等文化及风俗习惯，尊重各民族的习俗，从小树立汉族离不开少数民族、少数民族离不开汉族、各少数民族之间也相互离不开的思想观念，为巩固发展平等团结互助和谐的社会主义民族关系，维护国家统一和民族团结，促进改革发展和社会和谐做出自己的努力。

2. 主题素材

（1）小知识。

在世界的东方、太平洋的西岸，有一个具有5000多年悠久历史的国家，那就是我们伟大的祖国——中国！她是世界陆地面积第三大的国家。我国是一个多民族的社会主义国家，由56个民族组成，其中汉族人口数量最多，其他55个民族人数较少，习惯上称为少数民族。中华民族在漫长的历史发展中和睦相处、团结互助，用自己的辛勤劳动，共同开拓了祖国的大好河山，共同创造了灿烂的中国文化，共同推动了人类社会的进步！

（2）儿童诗：《我们的祖国真大》。

我们的祖国真大，

北方，有冬爷爷的家。

十月就飘雪花。

我们的祖国真大，

南方，有春姑娘的家。

一年四季盛开鲜花。

啊！伟大的祖国妈妈，

东西南北中的孩子们，

在同一个时候，

有的滑雪，有的游泳，

有的围着火炉吃西瓜。

（3）小知识：几个少数民族的服饰特点。

中国是一个多民族国家，具有绚丽多彩的民族服饰文化。服饰是人类特有的劳动成果，生活习俗、审美情趣、色彩爱好，以及种种文化心态、宗教观念，都积淀于服饰之中。

藏族：藏族传统穿用藏袍，是敞领口、长袖、右大襟、系宽腰带的大袍。妇女冬穿长袖长袍，夏着无袖长袍，内穿各种颜色与花纹的衬衣，腰前系一块彩色花纹的围裙。男子穿袍时习惯褪右袖以便活动，配穿靴，戴礼帽或皮帽。藏族同胞特别喜爱"哈达"，把它看作是最珍贵的礼物。"哈达"是雪白的织品，一般宽二三十厘米、长一至两米，用纱或丝绸织成，每有喜庆之事，或远客来临，或拜会尊长，或远行送别，都要献哈达以示敬意。

维吾尔族：花帽，是维吾尔族服饰的组成部分，也是维吾尔族美的标志之一。早在唐代，西域男性多戴卷檐尖顶毡帽，款式像当今的"四片瓦"。冬用皮，夏用绫，前插禽羽。女帽皆用金银线绣花点缀与装饰，喀什干的四楞花帽脱颖而出几乎成了维吾尔族花帽的主流而延续至今。经过各地维吾尔族人民的不断创新，花帽做工愈益精细，品种更为繁多。但主要有"奇依曼"和"巴旦姆"两种，统称"尕巴"（四楞小花帽）。

蒙古族：首饰、长袍、腰带和靴子是蒙古族服饰的四个主要部分，妇女头上的装饰多由玛瑙、珍珠、金银制成。蒙古族男子穿长袍和围腰，妇女衣袖上绣有花边图案，上衣高领。妇女喜欢穿三件长短不一的衣服，第一件为贴身衣，袖长至腕，第二件外衣，袖长至肘，第三件无领对襟坎肩，钉有直排闪光纽扣，格外醒目。

回族：回族服装圆顶无檐白帽，是男子服饰的标志，白帽用白布缝制而成。帽口比帽顶略大，边缘浅，以能戴到上耳根部为宜，一般为里、面双层。盖头和鸠尾式包头，是回族妇女穿戴中区别于其他民族的特殊标志。少女及新婚妇女戴绿色的，中年妇女戴黑、青色的，老年妇女戴白色的。回族男子在节日或遇有红白喜事时，喜戴白色小帽，妇女则戴披搭式巾帕，巾帕前端遮到下巴，后面披垂于肩头。

壮族：壮族男子多穿对襟上衣，纽扣以布结之，胸前缝一个小兜，与腹部的两个大兜相配，下摆往里折成宽边；下裤短而宽大，有的缠绑腿，扎绣花纹的头巾。妇女穿藏青色或深蓝色矮领、右衽上衣，特别喜欢在鞋、帽、胸兜上用五色丝线绣上花纹、人物、鸟兽、花卉，衣领、袖口、襟边都绣有彩色花边；下着黑色宽肥的裤子，也有穿黑色百褶裙，上有彩色刺绣，下有彩色布贴，色彩绚烂耀眼。扎布贴、刺绣的围腰，戴绣有花纹图案的黑色头巾。节日穿绣花鞋，披戴绣花垫肩。

朝鲜族：朝鲜族喜穿素白衣服，一般为短衣长裤。男子上衣斜襟无扣，用布条打结外加坎肩，下衣裤裆肥大，裤脚系带。妇女短衣斜襟无纽扣，以彩带为结，长裙分缠裙、筒裙（只限婚前）。老年妇女多穿白色长裙，中年妇女多穿缠裙，长及脚跟。年轻妇女的裙幅多为色彩鲜艳的绸缎。

苗族：苗族姑娘喜戴银饰，制作精美的银花冠，花冠前方插有六根高低不齐的银翘翅，上面大都打着二龙戏珠图案。有的地区，银冠上除插银片外，还插高约一米的银牛角，角尖系彩飘。银冠下沿，圈挂银花带，下垂一排小银花坠，脖子上戴的银项圈有好几层，多以银片打制花和小银环连套而成。前胸戴银锁和银压领，胸前、背后戴的是银披风，下垂许多小银铃。耳环、手镯都是银制品。只有两只衣袖才呈现出以火红色为主基调的刺绣，但袖口还镶嵌着一圈较宽的银饰。苗家姑娘盛装的服饰常常有数公斤重，有的是几代人积累继承下来的，素有"花衣银装赛天仙"的美称。苗家银饰的工艺，华丽考究、巧夺天工，充分显示了苗族人民的智慧和才能。苗家姑娘的裙子叫百褶裙，但实际上一条裙子上的褶儿有500多个，而且层数很多，有的多达三四十层。这些裙子从纺织布到漂染缝制，一直到最后绘图绣花，都是姑娘们自己独立完成，再加上亲手刺绣的花腰带、花胸兜，异彩纷呈，美不胜收。

(4) 歌曲：《五十六个民族五十六朵花》。

(5) 歌曲：《大中国》。

（6）制作民族娃娃。

教师提供泥、泥工板、湿抹布、白纸、各色彩纸、剪刀、民族娃娃的图片、课件等，幼儿可以选择做民族娃娃泥工或民族娃娃服饰绘画。

3. 简述题

（1）幼儿多元文化教育的价值与特点有哪些？
（2）简要论述大班多元文化教育活动的指导要点。
（3）简要论述多元文化教育活动目标的特征。

 参考答案
项目六思考与练习

实践与实训

实训一： 结合任务二设计幼儿园多元文化教育活动方案的内容，尝试设计一课时大班多元文化教育活动。

目的： 掌握幼儿园多元文化教育活动方案设计的要点，并能在实践中设计适宜幼儿发展的多元文化教育活动方案。

要求： 从活动意图、活动名称、活动目标、活动准备、活动过程和活动延伸六个方面，结合幼儿年龄发展特点进行方案设计。

形式： 活动设计。

实训二： 参观所在地一所民族幼儿园，观摩和了解该幼儿园多元文化活动开展的情况。

目的： 领会幼儿园多元文化教育活动开展的理论依据，并将科学的多元文化教育理念运用于实践过程中。

要求： 以小组为单位，结合所参观民族幼儿园的多元文化教育情况进行评析，说一说对你有什么启示。

形式： 实地观察与分析。

项目七 幼儿园社会教育资源的开发与利用

◇ **学习目标**

素养目标：具备开发民族性、本土性社会教育资源的观念，具有社会责任感，能够激发幼儿爱国主义情感；

知识目标：了解幼儿园社会教育资源的内涵，理解幼儿园社会教育资源的开发与利用的意义，掌握幼儿园社会教育资源的开发与利用的原则和途径；

能力目标：能够充分挖掘幼儿园家庭教育资源和社区教育资源中所包含的多元素材。

◇ **情境导入**

在秋游前期，班主任邀请家委成员一起开家委会议，商讨秋游计划和具体实施的内容。秋游活动会邀请家长作为志愿者（7个名额左右，家长自主报名），其中一位家长自带单反，专门负责拍照记录，一部分家长志愿者提前去秋游地点进行环境布置（材料由教师和家长准备），另外一部分则跟随班级大部队出发，在路上保护幼儿安全。

秋游活动开始，幼儿分为几队，一名家长带一队，开启秋游的探索游戏，家长带领同队的幼儿一起寻找不同树叶的形状和颜色，拍照打卡新发现，等等。游戏结束后开始野餐，幼儿自行准备食物，大家一起分享，野餐结束，稍事休息，整顿队伍回园。

在这次秋游活动中，幼儿园都利用了哪些社会教育资源呢？周边其实有很多宝贵的教育资源等着我们一起去开发与利用。幼儿社会教育离不开幼儿园、家庭与社区三者之间的密切配合、协调一致，那么，如何利用家庭资源，让家长参与到幼儿社会教育活动中？怎样利用社区资源，让社区更好地为幼儿社会教育服务？这些关键问题将在本项目进行论述，学完本项目你就会知道答案了！

任务一 认识幼儿园社会教育资源

《纲要》中提出,幼儿社会教育要与家庭、社区合作,引导幼儿了解自己的亲人以及与自己生活有关的各行各业人们的劳动,培养其对劳动者的热爱和对劳动成果的尊重。幼儿园应充分利用社会资源,引导幼儿实际感受祖国文化的丰富与优秀,感受家乡的变化和发展,激发幼儿爱家乡、爱祖国的情感。因此,幼儿园开发和利用家庭资源和社区资源,不仅可增长幼儿的智慧,还可以引导幼儿跟上社会发展的节奏,扩大幼儿的视野,培养幼儿的创新意识和创造能力,激发幼儿爱家乡、爱祖国的情感,引导幼儿更好地适应社会和时代的发展。

一 幼儿园社会教育资源的内涵

幼儿园社会资源是一种长期有效的资源仓库,为幼儿园社会活动提供源源不断的资源。幼儿园社会教育资源一般是指幼儿园所在区域或者临近区域中的人、物、环境、设施以及社会组织等所有的自然空间的资源和社会空间的资源,也有与社会存在关系却又摸不到的无形资源。社会教育资源包括社区资源与家庭资源,家庭是家庭教育的优质资源,对幼儿知识积累与身心成长具有重要作用。①《纲要》中提出:"充分利用自然环境和社区的教育资源,扩展幼儿生活和学习的空间","幼儿园应与家庭、社区密切合作,与小学相互衔接综合利用各种教育资源,共同为幼儿的发展创造良好的条件"。②

在幼儿周围的生活中有哪些社会教育资源呢?其实,家庭、社会都是宝贵的教育资源,要充分发挥它们的教育作用。而且幼儿的身心发展是多方面因素交互作用的结果,幼儿园应学会整合家庭、社区因素,争取到它们的支持和配合。比如:教育资源存在于幼儿的生活中,在家庭、教育机构、街道、市场、田野中,在看电视、听广播、交流、游戏、旅游等各种活动中,都存在着丰富的教育资源,对幼儿的发展有着巨大的影响,其广泛性、灵活性、多样性、即时性,是学前教育机构难以比拟的。如果闭门进行幼儿教育,不仅会造成教育自身的封闭、狭隘,也是对教育资源的极大浪费。可见,对幼儿园社会教育资源进行开发与利用十分重要。

---

① 黄蓉. 幼儿园社会资源的开发与利用 [J]. 新智慧,2021:17-103.
② 教育部基础教育司.《幼儿园教育指导纲要(试行)》解读 [M]. 南京:江苏教育出版社,2002.

二 开发与利用幼儿园社会教育资源的意义

幼儿园社会教育资源的有效利用与开发，对幼儿园的发展以及幼儿的发展至关重要。有效利用各种社会资源，为幼儿创设真实场景，既能促进幼儿社会性的发展，又能提升幼儿园保教水平。尤其是在幼儿教育越来越强调整体性的今天，幼儿园有效开发与利用社会教育资源是一种必然趋势。

（一）充分利用幼儿园资源，提高幼儿动手能力

幼儿园内既有显性资源，又有融入幼儿一日生活中的隐性资源。幼儿园所拥有的人、财、物是显性资源，信息、幼儿园文化是幼儿园的隐性资源。活动室是幼儿学习、生活的主要场所，以活动室环境创设为例，过去，从主题的确定到具体的布置，几乎都是由教师策划、完成，而开学后幼儿却对教师精心布置的环境不太感兴趣。随着幼教的发展，主题活动的深入开展，幼儿园教师活动室的环境创设有了新的内涵。

对班级主题活动墙面的创设，教师特意在设计和布置墙面时留出一块地方让幼儿和教师共同完成，随着主题活动的自然展开和不断深入，主题活动的动态网络图、教师和幼儿收集的各种资料、幼儿创作的各种手工作品、记录幼儿的活动过程的照片等，将原本了无生气的墙面装饰得琳琅满目、生气勃勃。而更能引起孩子兴趣的是活动室内的区角，教师根据主题的发展和幼儿的需要，在各活动区投放相应的操作材料，使幼儿在操作中获得丰富的体验。例如：在"各种各样的鱼"的主题活动中，幼儿对各种漂亮的鱼产生了浓厚的兴趣，教师及时捕捉幼儿的这一兴趣，除了在活动室准备了很多有关鱼的图片和实物外，还提供各种材料来制作鱼，如橡皮泥、彩纸、塑料、蜡笔等，供幼儿操作。捏、画、折各种各样的鱼，不仅使幼儿的探索兴趣非常浓厚，而且还提高了幼儿的动手能力。

（二）充分利用家庭资源，培养幼儿学习兴趣

家庭是幼儿成长发展的第一环境，父母是幼儿最早的老师，家庭教育是终生的，它对幼儿的影响是幼儿园不可替代的，同时对幼儿的教养质量是一个不容忽视的影响因素。家庭教育资源如家庭文化、成员职业、经济条件、教育和信息水平，成员与幼儿间的沟通、交流，对幼儿的指导和教养方式以及家庭设备等一切因素都在影响幼儿发展。因此，挖掘和利用家庭资源，为幼儿的生活、运动、学习和游戏提供更多的、更丰富的物质和精神资源。

（三）充分利用社区资源，促进幼儿的社会性情感发展

社区是幼儿生活和学习的环境，社区中大量的教育资源能让幼儿在实践中获得知识经验，提高

动手操作能力，促进社会性情感发展。社区教育资源可以是有形的公共设施，包括公园、超市、博物馆、体育场等，也可以是无形的文化资源，包括社区居民的文化素质、价值理念、社会规范等。

幼儿是社会生态环境的一分子，周边的社会生态环境为幼儿提供了潜在的发展机会。幼儿园可以利用节假日，开展传统教育。传统的节日、国内外的重大事件都是对幼儿进行教育的最佳时机。一般来说，幼儿都喜欢过节，丰富多彩的节日活动，使幼儿对传统节日及传统文化有浓厚的兴趣。例如：每年的正月十五，教师可以带幼儿看灯展，指导幼儿亲手制作彩灯，不仅能让幼儿了解了人们正月十五闹元宵的习俗，而且还学会了自制彩灯的方法。[①] 在具有纪念意义的"三八国际妇女节"，幼儿园可以特意邀请的妈妈或奶奶、姑姑等人来园，让幼儿表演各种各样的节目，还给她们戴上孩子们最爱的红花，以此来祝贺她们妇女节日快乐，同时也初步培养了幼儿尊敬父母和关心长辈的情感。

（四）充分利用自然资源，促进幼儿全面和谐的发展

自然资源指人类可以直接从自然界获得，并用于生产和生活的物质和能量。它既是自然环境的重要组成部分，又是自然环境和人类活动的联系纽带。一般可分为土地资源、水资源、气候资源、生物资源、矿产资源等。大自然赋予幼儿取之不尽的天然材料，自然界中的一草一木、一土一石都可以成为激发幼儿创作灵感的有用之才，一片叶子、一根树枝、一把细沙、一颗石子，是幼儿认识、探索世界的凭借，也是他们进行操作和创造的绝好材料。不同的天然材料具有不同属性、质感，以及不同的肌理效果，能给幼儿带来不同启示。我们可以和幼儿一起收集周围环境中的天然材料，如石头、树叶、贝壳……让幼儿动手动脑进行操作、创造。

大自然是养育人类生命的摇篮，也是养育幼儿生命的摇篮。大自然不但可以开阔幼儿的视野，丰富幼儿的经验，更可以陶冶幼儿的情操，提升他们的审美情趣。认识自然，可以帮助他们适应自然，培养他们热爱自然、保护自然的情怀，从而身心和谐地健康成长。例如，幼儿园有丰富的自然资源，一年四季幼儿都可以通过大自然来了解、学习不同的事物。带领孩子走向自然，体验自然，是对自然资源最好的利用（见图7-1、图7-2）。春天，万物复苏，绿草如茵，百花齐放，百鸟争鸣；夏天，绿树成荫，生机盎然，既有雷鸣电闪后的倾盆大雨，也有雨过天晴时显现天边的彩虹；秋天，天高云淡，秋风乍起，落叶翩翩飞舞，大地铺满了金色的毯子；冬天，雪花飘舞，银装素裹，大地沉浸在洁白的世界中。教育者要抓住时机，引领孩子们走向大自然，让他们用自己的眼睛、心灵发现世界，认识世界，吸取天地自然的精华。

---

① 幼儿园教育资源的开发和利用［EB/OL］．（2020-5-18）［2023-4-5］．https：//mp.weixin.qq.com/s/Dl4BxvVuyWK6V85xJtU6Bw．

图 7-1 幼儿园户外野餐

（杭州市滨江区奥体中心幼儿园提供）

图 7-2 幼儿园组织亲子爬山活动

（杭州市滨江区奥体中心幼儿园提供）

三 开发与利用幼儿园社会教育资源的原则

幼儿园社会教育资源的开发与利用是指幼儿园充分挖掘社区资源、家庭资源中所包含的多元素材，对其进行开发利用、重组建构，使其成为符合幼儿认知发展规律和年龄特点的课程资源。有效开发与利用社会资源，可以从社区资源和家庭资源两个方面入手，通过走进生活、迁移资源等方法和途径有效利用社会资源，为幼儿发展创造良好的条件。

在实际生活中，幼儿园教师应不断扩展教育教学资源，从社会实际入手，将具有教育意义的社会资源充分引入幼儿的教学实践中，开发与利用幼儿园社会教育资源，从而在幼儿园时期对幼儿进行综合素质的培养，促进其全面发展。开发与利用幼儿园社会教育资源的原则如下。

（一）因地制宜性原则

开发幼儿园社会教育资源要立足本园实际，根据各个幼儿园具体的情况来进行活动，适合自己的才是最好的。在空间上，应该尽量选择幼儿园周边的社会教育资源。在内容上，应该选择与课程主题紧密相连的或有本区域文化特色的社会教育资源。在对社会资源的实际应用和教学时，幼儿园应从实际生活入手，无论是将社会教育资源引进幼儿园，还是组织幼儿走出幼儿园大门去社会教育资源所在地进行文化学习，都应按照就近原则将幼儿的安全放在首要位置，选择幼儿园周边的社会教育资源，从而确保幼儿的健康和安全。教师应对相关的教育资源进行整体考核，在组织外出时更要与家长进行沟通，组织家长从旁协助，从而确保幼儿的人身安全。

信阳市盛产茶叶，幼儿园在教育内容中可以选择将茶文化进行融合，相对应地开展茶文化的资源教学规划，选择适合幼儿学习和发展的教育内容，以幼儿平时接触不到的物品作为教学资源，引发幼儿的学习兴趣，使其能直观地感受茶文化的博大精深，为其生活带来正面影响。[①]

季节也是探索大自然奥秘的一把钥匙。在开展教育教学活动时，还可以从当地的实际出发，开展踏青春游、观赏繁花、收集落叶、堆雪人打雪仗等活动，引导幼儿亲近大自然，感受时令特点，探索季节的变换更迭。形象生动的环境能和幼儿进行对话，这比课堂上书本里的语言和文字更加引人入胜，更具有说服力。

（二）全面整合性原则

在开发与利用社会教育资源的过程中，我们既要考虑其能涵盖社会性教育的方方面面，让幼儿获得更多的直接体验，又要注重挖掘其独特的教育意义，具有明确的目的性和指向性，还要以幼儿现有的知识和已有的经验为基础，多元整合，使教育意义更加深远。

在开发与利用社会教育资源之前，教师要充分考虑其可利用性，由于幼儿阶段教育的特殊性，在幼儿的教育教学中不能存在着一丁点的疏忽。应考虑此资源是否涵盖着社会教育的性质，涵盖多少，是否有对其进行开发的价值，资源的应用是否有利于幼儿的教育与发展。因此，教师在对社会资源进行开发时，更注重对其独特性和教育意义的挖掘，并将其进行整合，使其具有明确的教育性和指向目的，配合幼儿掌握的知识和社会学习经验，将社会资源在具体使用过程中的方方面面考虑透彻，进行多元化的整合和处理，让幼儿能够获得直接的教学体验，并在体验中有所领悟、有所成长，使其在情感和技能上能够得到提升。

可以将社区资源和家庭资源整合起来，组织系列活动。如对大班幼儿开展防火安全教育时，不仅可以组织幼儿去消防中队开展实践活动，还可以请消防中队辅导员走进幼儿园，分别向幼儿和教师宣传消防知识，并邀请家长一同参与，让家长也掌握家庭中防火、灭火的基本常识。还可以将节日教育与社会教育资源相结合，既营造了节日的氛围，又寓教于乐。如："五一"劳动节，从事各行各业的家长和社区人员走进了课堂；清明节，中大班幼儿分别来到烈士陵园祭扫；重阳节，小班幼儿邀请自己的爷爷奶奶来园同庆，中班幼儿邀请社区老人来园同庆，大班幼儿则来到社区老年服务中心开展爱心传递和慰问等活动。

（三）实践体验性原则

在对社会教育资源进行筛选时，教师一定要根据幼儿的实际情况入手，根据幼儿的年龄特点和实际认知，选择适合幼儿发展需要和实际情况的社会教育资源，在此过程中要坚持让幼儿在教学之中获得实践、获得感受、获得体验，最终在此过程中获得知识和文化修养。选择的社会教育资源一定要符合幼儿年龄特点和认知需要，坚持实践第一、感受第一和体验第一，强调在体验中获得知识

---

① 刘娟娟. 利用社会资源拓宽教育途径——以"茶文化"资源融入幼儿园教育为例. 福建茶叶 [J]. 2021 (5).

经验，在实践中发现问题、解决问题，拓宽幼儿生活和学习的空间，让幼儿通过直接感知体验，通过和环境的对话获得自身发展。要坚持以幼儿的发展需要为教育的根本，将幼儿的评价作为有效的教学反馈。

在确定社会教育资源后，教师应按照教学标准选择能够增进幼儿园内外联系并且能够落实课程目标的教学内容，从而达到培养幼儿基本生活能力，促进幼儿产生积极情感体验的目的。

丰富的自然材料可以作为孩子的玩具和教具。在不同的季节，带领孩子走进大自然，探索自然资源。在春天带领孩子走进河边，走进田间，让孩子亲近小动物、植物，探索春天的生机，感受春天的气息。夏天可以走进瓜果蔬菜园，感受采摘的喜悦，可以走进树林，倾听故事。秋天观看农民伯伯收获玉米、花生，感受田间秋收的喜悦。冬天去田野发现不同的景色，看银装大地，体验堆雪人的快乐。同时，我们可以利用自然中的天然材料，如石头、树叶，做一些手工粘贴画来激发幼儿的创造灵感，同时让幼儿认识和探索世界，从创作中体验乐趣并获得感性的经验。

（四）趣味性原则

趣味性指幼儿园在开发与利用社会教育资源时，应生动有趣，丰富多彩，以激发幼儿学习的积极性和求知欲，使幼儿在愉快的气氛中全身心地投入活动。幼儿园教育活动的主要对象是幼儿，而新奇有趣是幼儿探究和加入活动的最直接的理由。因此，幼儿园对家庭资源、社区资源进行开发与整合时，要寓教于游、寓教于乐，幼儿能在轻松、愉快的气氛中，潜移默化地吸取知识，发展技能，从而提高能力。

教师在组织亲子"袋鼠跳"的体育游戏时，先给家长讲解孩子动作发展的特点，再向家长示范如何和孩子一起学"袋鼠跳"，这样就能在欢快的情境中，增强孩子的跳跃能力，使亲子关系更加密切。活动要迎合幼儿的天性，唤起幼儿的热情，引发幼儿的探究欲望。

拓展阅读

幼儿园附近的环境资源

有统计表明，在城市里，幼儿园附近可利用的物质和文化资源：

(1) 超市、食品店、小卖部、公交车站、银行；

(2) 饭店、小吃部、书报亭、理发店；

(3) 学校、服装店、邮局、医院、保健站、公园；

(4) 图书馆、加油站，等等。

专家精讲
"开发与利用社会教育资源的原则"

任务二　开发与利用幼儿园社会教育资源的途径

幼儿园是专门的幼儿教育机构，会针对幼儿的年龄特征创设教育环境，收集一定的教育资源，如家庭中的显性和隐性的教育资源，社区中的自然环境、人文环境。而社会生活，更是取之不尽用之不竭的宝贵教育资源。1981年，联合国教科文组织指出，幼儿教育必须从学校这个封闭的范围中解放出来，扩展到家庭与社区，这一精神现已成为世界幼儿教育共同发展的方向。[①] 只有最大限度地发挥这些资源的教育价值和作用，才能实现幼儿园、家庭、社区一体化，促进幼儿的社会性发展。

一　合理开发与利用家庭教育资源

家长是孩子的第一任教师，在幼儿教育中起着重要的作用。同时，家长从事的职业各不相同，家长的学历不同，每位家长的优势、兴趣也不同，对于幼儿园来说，这些都是重要的教育资源，我们应该加大家园合作的力度，充分利用家长资源，更好地为幼儿服务。[②]《纲要》中明确指出："家庭是幼儿园重要的合作伙伴。应本着尊重、平等合作的原则，争取家长的理解、支持和主动参与，并积极支持、帮助家长提高教育能力。"幼儿园引导家长挖掘自身潜在的教育价值，有效地实现内部资源的整合，是幼儿园利用家庭教育资源、开展家长工作的出发点与归宿。

（一）开通交流渠道，了解家长需求

家长是家庭教育资源的创造者和实施者，家长育儿观念的转变会直接影响幼儿教育的整体发展，所以幼儿园要与家长进行沟通交流，引导幼儿家长形成正确的育儿观念，间接获取有价值的教育资源。比如通过幼儿在园活动的影像宣传、班级qq群、微信群、入园家访、家长约谈、家长问

---

① 蔡东霞，韩妍容. 幼儿园对社区教育资源的开发与利用 [J]. 学前教育研究，2008 (11)：55.
② 裘指挥. 幼儿园社会教育与活动指导 [M]. 北京：高等教育出版社，2014：308-310.

卷调查、家长助教、致家长一封信等形式有效地建立沟通联系，了解家长的育儿经验、育儿背景，知己知彼，才能更好地服务于幼儿。

（二）创建合作平台，传达先进理念

幼儿园可通过各种途径帮助家长了解幼儿在幼儿园的活动，并让他们懂得家长配合各项工作的重要性，让家长主动、积极地参与幼儿园的各项工作。幼儿园应搭建合作平台，开展多种形式的活动，丰富幼儿园与家庭之间的联系，充实家庭教育资源的内涵。幼儿园可以搭建家长学校、家长沙龙、育儿教育论坛等平台，提升家长育儿能力，补充家庭教育资源。比如，针对新入园的幼儿家长，开展"新生家长课堂"，不仅让家长了解幼儿园管理理念、伙食管理和卫生保健等内容，还让家长了解幼儿的年龄特点、入园焦虑、良好习惯的养成等；家长课堂的开办，可以帮助家长建立正确的教育观，知道如何与幼儿园、教师密切合作，实现家园共育。

（三）利用专业资源，多种形式请进来

家长中不乏各个专业领域的权威人士，幼儿园以开放的形式，利用家长的专业资源，让家长了解并参与幼儿园的各项活动，既密切家园联系，又弥补幼儿园某些专业知识的不足，家园合力共同促进幼儿发展。比如，通过家长会、家长开放日、家长委员会等形式，让家长参与到幼儿园的管理中，定期征求家长意见，为幼儿园发展献计献策；开展传统菜肴征集活动，由家长提供菜谱和具体做法，组织家长开展幼儿伙食品尝会，邀请家长参观食堂，观看幼儿食品制作流程，既让家长放心，也让家长提出宝贵建议，以便改进；幼儿园利用家长委员会资源，让家长参与到接送幼儿时间段的执勤工作中，提高家长对幼儿园工作的参与度。

活动案例一

家长开放日活动：赴爱之约　共育美好

◆ 活动背景：

为了进一步增强幼儿园和家长之间的双向互动，积极营造家园健康、和谐的教育发展环境，让家长更好地了解孩子在幼儿园的学习、生活情况，帮助家长不断获取新的教育理念，本园将开展以"赴爱之约　共育美好"为主题的家长开放日活动，结合"亚运会"主题，设计多样态的活动形式，邀请家长朋友们走进幼儿园，零距离地感受孩子的成长。

◆ 活动对象：

小班家长与幼儿

◆ 活动时间：

2023年4月16日上午8：40点至12点

◆ 活动地点：

各班教室及操场

◆ 活动流程：

活动时间	活动地点	活动内容
8：40—9：20	班级活动室	区域活动
9：20—9：40	班级活动室	生活活动＋点心活动
9：40—9：45	班级活动室	集体教学
9：45—10：45	前操场	早操及晨间锻炼
10：45—11：10	后操场	"逐梦之星"亲子游戏活动
11：10—11：40	班级活动室	午餐活动
11：40—12：00	班级活动室	家长反馈

活动案例二

家长助教教案-手工活动　自制香薰蜡烛

◆ 活动目标：

1. 认识制作香薰蜡烛所需要的材料。
2. 乐意参加活动，对自制香薰蜡烛产生浓厚的兴趣。

◆ 活动准备：

制作香薰蜡烛所需的材料人手一份（蜜蜡、精油、玻璃瓶、锅子、灯芯等）

◆ 活动过程：

1. 直接导入，了解香薰蜡烛。

教师（家长）：今天老师带来一个东西，是什么呢？（出示香薰蜡烛）

教师（家长）：你知道制作香薰蜡烛需要哪些材料吗？

2. 出示制作材料。

教师出示并介绍材料：蜜蜡、精油、玻璃瓶、锅子、灯芯等。

3. 讲解制作过程。

（1）将蜜蜡放入耐热容器加热。

（2）把融化的蜜蜡倒进玻璃瓶搅拌。

（3）滴入精油及喜欢的花草做装饰。

(4) 蜜蜡凉后放入灯芯。

(5) 打包香薰蜡烛。

4. 幼儿操作。

幼儿操作，家长陪同并指导。

活动案例三

杭州市滨江区奥体中心幼儿园家长助教系列活动
家长助教内容汇总

活动名称	活动内容
趣味游戏"无敌风火轮"	亲子合作进行风火轮挑战。
阳光足球	××爸爸在幼儿园操场上与孩子们一起感受足球运动的快乐，在活动中还与另外几位爸爸展开了一场"爸"气十足的足球赛，获得了孩子的阵阵掌声。
红色的中国	××妈妈结合国庆节主题与孩子们一起认识祖国的大好河山，同时铺展画布，和孩子们一起完成长卷的绘画，用小手为祖国庆生。
中华武术	中华武术博大精深，为弘扬中国武术、传承亚运精神，××爸爸带领大二班的孩子们在冬日的操场上一起练习武术，感受中华传统文化的魅力。
最亲爱的人	××妈妈组织了一场冬日里的温暖相聚活动，请孩子们最亲爱的人来到班级中，和孩子们共同度过半天的学习、游戏、生活，感受情感的传递。
自理小达人	进入大班，孩子们的自理能力有了明显提升，表现欲望也更加明显。基于此，××妈妈组织了"自理小达人"比赛，包括折桌布、整理书本、卷跳绳等一系列活动，孩子们都踊跃参与。
绘本欣赏《尼尔森老师不见了》	教师节马上就要到了，邀请了××爸爸给大一班的孩子讲一讲绘本故事。故事是关于教师节的，孩子们都听得非常认真。
足球游戏"猫和老鼠"	××爸爸今天为孩子们准备了足球游戏"猫和老鼠"，××爸爸先用一场追逐赛让孩子们进行了热身，热身后向孩子们讲解了游戏规则，孩子们分组进行了游戏。
自制三明治	今天，××妈妈带来了丰富的食材，和孩子们一起制作三明治。孩子们分组将自己喜欢的食材加入三明治，选好食材到××妈妈那里制作。完成后，孩子们都吃得不亦乐乎。
体育游戏"我是勇敢兵"	××爸爸为孩子们带来了有趣的、有挑战性的"我是勇敢兵"体育小游戏，孩子们钻过山洞、匍匐穿越火线、跳跃高台等，体验军人训练的辛苦，并产生对军人的敬意。

续表

活动名称	活动内容
体育游戏"智勇大闯关"	××爸爸今天为孩子们带来了"智勇大闯关"游戏。孩子们先自主在器械上探索尝试，接着××爸爸一步步加大难度，激发孩子们强烈的挑战兴趣，孩子们完成后都感到非常满足、高兴。
足球游戏"机械战警"	××爸爸今天为孩子们准备了足球游戏"机械战警"。××爸爸向孩子们讲解了游戏规则，先向孩子示范，然后孩子们自主选择伙伴开始游戏。
晨间动起来	大班幼儿马上就要上小学了，所以开展了一次"最想要爸爸陪你们做什么"的话题。很多小朋友回答想要爸爸陪自己早上运动，于是请来了××爸爸作为代表带着小朋友一起晨间锻炼。
一起来跳舞	大班小朋友马上就要毕业了，教师问女生有什么心愿，女生都说想要和爸爸跳一支舞。××爸爸作为家长助教，带着班里面的爸爸，一起和自己的小公主来了一曲"爱的华尔兹"，是不是还不错呢！
绘本《长大真好》	大班幼儿马上就要上小学了，所以开展了一次长大的话题：①感受绘本中各种梦想的美好，勇敢说出自己的梦想；②懂得每个梦想都值得被认真对待，要为追求自己的梦想做出努力；③能够将生活中的对话应用到绘本的朗读中。
体育游戏"大脚和小脚"	天气慢慢变暖，小朋友可以在户外尽情地运动了。今天××妈妈带着××一起来教给小朋友一个新游戏——大脚和小脚，我们一起来看看吧！
制作饺子	今天，××阿姨来幼儿园带孩子们制作水饺，准备好饺子馅、饺子皮，让孩子们一起动手包饺子。孩子们看着自己包出来各种各样的饺子，都很激动。下锅煮一煮，真香呀。
机长爸爸助教——飞机飞飞	孩子们对各种交通工具都非常感兴趣，特别是对在天上飞翔的飞机有强烈的好奇心，于是××的飞行员爸爸来到幼儿园给孩子们介绍关于飞机的故事。
恐龙的秘密	××爸爸出示恐龙模型进行导入，引导幼儿进行讨论、探索恐龙外形与食性关系。
交通安全知识宣讲	作为警察的××妈妈，将交通安全知识融入一个个小游戏中，孩子们在游戏中学会了交通安全知识。
机场探秘活动	小朋友们进入警犬基地，与这些平日里承担着重任的"特殊警员"来了一次近距离接触，实地了解到了一只出色的警犬到底是怎样炼成的！参观完警犬基地，爸爸团和小朋友们来到了第二站机场大厅和第三站飞机指挥台。

（资料来源：杭州市滨江区奥体中心幼儿园提供）

拓展阅读
"神兽爸道团"湘湖行活动方案

二 合理开发与利用社区教育资源

社区是幼儿社会化的第三课堂，教育要培养、造就符合社会需要的人才，就必须走向社会、融入社会。为此，幼儿园应充分利用社区中的人力资源、物质环境等拓展幼儿学习的空间。社区环境本身就是一部大教材，社区中的博物馆、纪念馆、图书馆、邮局、医院、超市、青少年宫、名人故居、名胜古迹，以及一些公共设施、各种社会机构等都是儿童社会教育的资源。教师要有意识地利用这些教育资源，通过让儿童参观、访问、参与某些活动等方式，引导儿童认识社会及其发展，激发儿童对社会生活的兴趣以及参与社会生活的愿望。①

家庭是幼儿教育的基础，幼儿园是幼儿教育的主体，社会教育是幼儿园和家庭教育的继续延伸。社区是幼儿生活和学习的环境，社区中大量的教育资源能促使幼儿在实践中获得知识经验，提高动手操作能力，促进社会性情感发展。社区教育资源可以是有形的公共设施，包括公园、超市、体育场等，也可以是无形的文化资源，包括社区居民的文化素质、价值理念、社会规范等。社区中蕴含的教育资源是十分丰富宝贵的，它为教师开展社会性教育活动提供了广阔的平台，我们应该继续深入挖掘社区中可用的各种教育资源，为幼儿园的教育教学工作服务，为幼儿园的教育教学开辟新的领地。

（一）走进周围生活，亲身感知体验

社区是一个巨大的资源储存库，可以源源不断地为幼儿园输送有助于幼儿发展的资源。② 社区本身又是幼儿生活的空间，作为自己熟悉的生活环境，幼儿会对社区活动产生巨大兴趣和好奇心。所以幼儿园要把社区资源作为一个"活"的资源基地，作为幼儿园活动的一个重要组成部分，随时带领幼儿走进社区，与不同群体的幼儿和人员共同活动，让幼儿在良好的社会环境及文化熏陶中学会遵守规则，形成良好的道德品质和行为规范。

比如，可以通过带领幼儿走进小学、邮局等不同的场所，让幼儿真实体验不同环境中的职业角色，了解并逐步掌握基本的社会公共规则，形成初步的社会公德意识，主动地表现出亲社会性行

---

① 陈秉龙，高陪仁. 幼儿园活动教育设计［M］. 武汉：华中师范大学出版社，2018：99-101.
② 王庆，宋林双. 幼儿园社会资源有效利用的实践探索［J］. 林区教学，2019（1）.

为，能够区分自己与他们的不同观点，并能按照社会规范做出准确的推断，获得对社会角色和社会规范的认知，从而不断发展自己的社会性，提升生活能力。

（二）迁移社区资源，模拟相关情境

社区资源丰富多样，但要考虑安全因素、交通问题等实际难题，幼儿园要采取有效措施，探索新的资源，将这些幼儿无法近距离体验的资源进行迁移，将幼儿不能实践参与的情境，在幼儿园中进行演习，模拟情境，让幼儿在体验中获得经验和知识。

比如，将传统文化引入幼儿园，邀请有传统手艺的老艺人、民间艺术家、戏曲表演家走进幼儿园，现场再现泥人、糖画、皮影戏、地方戏曲等，让幼儿真切感受民间艺术的巧夺天工以及传统艺术的魅力。

（三）为和谐社会奉献，实现合作双赢

幼儿园作为社区中的专门教育机构，要发挥自身的教育优势，向社会传达教育功能。要搭建平台，寻找与社区合作的途径，共同协商，与社区共同开展活动，实现资源共享、合作共赢。

比如，带领幼儿走进社区福利院，和福利院的小朋友一起唱歌、游戏、讲故事，也可以邀请福利院的小朋友走进幼儿园过"六一"，一起联欢、共度节日，浸润幼儿的爱心、善心；带领家长和幼儿代表走进贫困小学，为留守儿童送去图书、文具、玩具等物品，为重病患儿捐款；在自然灾害发生时，为灾区捐款、捐物等；到公园捡落叶，为环卫工人献爱心等。幼儿在帮助别人的同时也给自己带来了快乐和满足，学会关心帮助别人的同时，也在活动中提高了和别人交往的能力。

活动案例一

杭州市滨江区奥体中心幼儿园 "毅行" 打卡方案 杭州宝石山

◆ 活动内容：

当前正是登高的好季节，天高云淡，又赏秋色美景，又锻炼身体。若运气好，宝石山上可看攀岩高手飞墙走壁，孩子们也登高望远，看层林尽染，看水光烟波，看白堤人来人往，看湖面舫船穿梭。从古老遗迹看西湖变化沧桑，从历史烟波里叹时代变迁，宝石山上步步是美景，处处是故事。

◆ 宝石山介绍：

宝石山位于杭州西湖的北里湖北岸，是北山有名的风景区。其山体属火成岩中的流纹岩和凝灰岩，含氧化铁，呈赭红色，在日光映照下，如流霞缤纷，熠熠闪光，似翡翠玛瑙一般，因此取名宝石山。

◆ 活动时间地点：

时间：某个周日上午

景点开放时间：24小时免费开放

爬山路上初步设定如下，如果小组内有更好的路线，在协商后可适当调整。

◆ 活动安排：

1. 早上9点在黄龙洞门口集合。

2. 开始爬山（见图7-3）。

3. 在宝石山上欣赏西湖全景（见图7-4）。

图7-3 亲子爬山画面　　　　　　　　　图7-4 宝石山顶参观图

4. 宝石山上看白堤（见图7-5）。

5. 下山，参观保俶塔（见图7-6）。保俶塔是宝石山上最主要的景点。

图7-5 宝石山上看白堤　　　　　　　　　图7-6 参观保俶塔

6. 活动结束。开车去黄龙洞的，可以在参观完保俶塔后原路返回；不开车的，可以选择从保俶塔前山路直接下山，到达北山街。

（资料来源：杭州市滨江区奥体中心幼儿园提供）

活动案例二

主题活动教案　美丽日月-甲骨文[①]

◆ 设计意图：

相关学者指出：幼儿园教育改革应注重开发蕴涵本土文化的课程，应对幼儿进行本土的启蒙教育。陈鹤琴先生的"活教育"思想中也强调，学前教育就是要扎根中国社会，关注生活，浸润优秀文化。正是在这样的背景下，近年来，全国涌现出许多具有本土文化特色的幼儿园，河南安阳北关区区直幼儿园，一所从"活教育"里面走出来、极具地域文化特色的"甲骨文幼儿园"。通过甲骨文来让孩子接触汉字，产生对汉字的兴趣，从而将传统文化根植于孩子内心，帮助孩子从小树立民族自信和文化自尊。

◆ 活动目标：

小班

1. 初步感知甲骨文字（日、月）。

2. 知道白天有太阳，晚上有月亮。

3. 产生对自然现象的兴趣。

中班

1. 了解甲骨文字（日、月）的外形特征。

2. 乐于对太阳、月亮进行科学观察，知道太阳、月亮的作用。

3. 热爱大自然，激发对科学现象的观察兴趣。

大班

1. 掌握甲骨文字（日、月）的特征和含义。

2. 了解太阳、月亮的相关知识。

3. 通过观察太阳、月亮，养成主动探索自然科学的兴趣。

◆ 活动准备：

"美丽的日月"PPT课件，甲骨文字（日、月）图片，活动主题音乐《找朋友》，等等。

◆ 活动过程：

1. 谜语导入。

教师：小朋友们，请你们猜个谜语——天上有位老公公，圆脸庞红面孔，天一亮就出工，直到

[①] 张红霞. 好玩的甲骨文[M]. 上海：复旦大学出版社，2019：55-58.

傍晚才收工（幼儿猜出谜底，引发认识甲骨文字（日、月），如图7-7所示）。

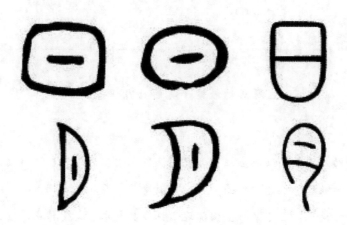

图 7-7　甲骨文字

2. 认识甲骨文字（日、月）。

（1）猜想甲骨文字（日、月）。

教师：请小朋友来描述一下太阳是什么样的？我们来看看甲骨文字（日、月）（教师给予适当提示）。

（2）了解甲骨文字（日、月）。

播放PPT课件，初步了解甲骨文字（日、月）的变化过程。

（3）老师讲述《嫦娥奔月》的故事。

3. 分组讨论。

教师：太阳、月亮和我们生活息息相关，你知道它们对我们的生活有哪些作用吗？

4. 体验文字游戏。

（1）体验游戏。

教师：刚才我们认识了甲骨文字（日、月），现在来玩一个好玩的游戏。

幼儿分组戴上（日、月）文字头饰，播放《找朋友》音乐，幼儿开始找出自己的好朋友两两配对，音乐停止游戏结束。

（2）多次尝试。

教师提醒幼儿游戏时注意躲避同伴，避免碰撞。

5. 总结分享。

教师：今天我们不仅认识了甲骨文字（日、月），还了解了和太阳、月亮有关的科学知识，我们把学到的知识告诉其他小朋友吧！

◆ 活动延伸：

美工区：投放甲骨文字（日、月），让幼儿进行临摹、绘画。

语言区：投放与（日、月）相关的甲骨文字图书，并向小伙伴讲述。

益智区：投放相应的拼图卡片，幼儿尝试拼甲骨文字（日、月）。

表演区：投放相应甲骨文字头饰道具，幼儿尝试表演故事。

 拓展视频
安阳市北关区区直幼儿园——甲骨文为主题的幼儿园[①]

 整合社区、家庭资源，系统制订社会教育工作计划

（一）建立社区、家庭社会教育资源库，进行辐射性开发

幼儿园可成立"教育资源调查小组"。首先，以幼儿园为圆心，对周边容易获得的社区资源进行普查，了解社区内各类企业、事业单位的分布，了解它们的所属领域、服务类型和其他情况，对附近社区、公园、学校、医院等设施进行统计，对社区中物质资源、人文资源的情况充分了解。其次，设计"家庭情况调查表"，对与幼儿密切相关的教养对象的工作单位、专业背景、兴趣特长及联系方式进行调查和统计；最后，对社区和家庭教育资源进行汇总和分类，建立完善的可用资源库，为社会教育活动提供信息支持，为资源的有效利用提供坚实的保障。

（二）寻求社区、家庭长期联系与支持，进行动态生成开发

幼儿园在建立社区、家庭教育资源库以后，还要重视与园外团体和个人建立长期联系，寻求支持。[②] 根据幼儿园社会教育课程需要，对已有资源进行筛选，一方面，与社区企事业单位等组织联系"共建单位"，如烈士陵园、蔬菜基地等；另一方面，与社区工作人员、不同职业的家长联系，建立"幼儿导师组"。经过优化后，可让"共建单位"和"幼儿导师组"参与幼儿园社会教育课程建设中，作为主要参与者，为幼儿社会教育提供多元的视角，出谋划策，同时发挥监督和评估的作用。

---

① https：//mp.weixin.qq.com/s/slgxTfGGmOTpA5Q5ZBscpQ.

② 沈丽华. 幼儿园课程开发中社区资源的整合［J］. 学前教育研究，2010（5）.

（三）制订社会教育工作计划

在拟订幼儿园、家长、社区协作的社会教育工作计划时，不论是学年计划、学期计划，还是日计划、周计划、月计划，都要遵循系统考虑、全面考量、协作设计三大原则。

由于不同的社区资源从属于不同的社会机构并承担着不同的社会功能，有些资源具有长效性，可直接用于幼儿园课程的实施，如社区的各种公共设施和场地等，只需要提前与相关单位或个人协调安排；有些资源具有即时性和计划性，如元宵灯会、端午龙舟赛等大型的社区活动，若要使用这些资源，需要在制订计划时，就与相关部门沟通；有些资源具有不可重复性，有些资源则可以反复使用，等等。因此，在制定社会教育计划时，应当遵循系统考虑的原则，从资源的特性出发，充分利用已建立的社区与家庭教育资源库，把各种教育资源巧妙地渗透进去。制订社会教育计划时，还需要与社区人士和家长协作，共同商定，使计划更具体。在具体实施方案部分，参考其他领域的专业意见，使活动更具可操作性。在制定具体社会教育方案时，要从社会认知、社会情感、社会技能的培养三个方面来全面考量，在追求教育性的同时，还应当注意活动的娱乐性、趣味性，要能激发参与人员的积极性、主动性和创造性。

拓展阅读

社区资源分类情况及可利用情况[①]

类别			资源	可利用情况
	自然物质资源		阳光、江河、泥土、石头、矿藏、花草、树木等。	观察自然界中的各类事物，或带回幼儿园运用于活动中。
地质资源	社会物质资源	公共场所	步行街、广场、游乐园、球馆、运动场、火车站、汽车站、飞机场、超市、蛋糕店、菜场、农贸市场、餐厅等。	为幼儿园教育开拓了更为广阔的活动空间，不仅可以在其中收获可利用的活动材料，更丰富了幼儿的生活体验、人际交往经验等。
		社会机构与组织	学校、医院、部队、警察局、消防队、银行、广播电视台、报社、杂志社、孤儿院、敬老院、福利院、法院等。	

---

① 武文斯. 幼儿园主题活动中社区资源的选择与利用研究 [D]. 桂林：广西师范大学，2015：23.

项目七　幼儿园社会教育资源的开发与利用

续表

类　别		资　源	可利用情况
人力资源		家长、居民、医生、护士、军人、警察、司机、消防队员、教师、离退休干部、厨师、会计、演员、艺术家、设计师、主持人、销售员、工人、农民、裁缝等。	邀请不同职业的家长或社区人士来园分享他们的工作，或带领幼儿参观工作场所，使幼儿通过亲身体验，了解各种职业的义务、责任和价值，感受社会中的人和事。
文化资源	文化场所	景区、图书馆、艺术馆、博物馆、科技馆、展览馆、少年宫、影院剧院等。	各类文化场所为幼儿提供了活动空间，能让幼儿扩大知识面、增长见识。
	行为文化	语言：普通话、方言。 生活习惯：公园广场内老人每天晨练，练习太极拳、太极剑、柔力球、广场舞等。 养生活动：民间艺人及老人在公园内自发进行弹唱表演等。 节日活动：端午节龙舟大赛、重阳节慰问活动、大型文艺活动等。 娱乐活动：节日组织的游园活动等。	各类文化场馆为幼儿学习提供了各种文化空间和课程资源，让幼儿感受不同地区人们的文化特点，培养幼儿的审美及文化鉴赏能力。

活动视频
小班社会活动"节约用水我知道"

◇ 项目小结

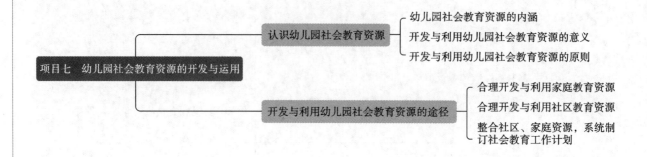

思考与练习

1. 多项选择题

幼儿园社会教育资源开发的原则有哪些（　　）？

A. 全面整合性　　B. 实践体验性　　C. 因地制宜性　　D. 趣味性

2. 论述题

开发与利用幼儿园社会教育资源的途径有哪些？

 参考答案
项目七思考与练习

实践与实训

实训： 幼儿园社区资源开发与利用的实地调查

目的： 了解并记录幼儿园社区资源开发与利用的现状，提出幼儿园社区资源开发与利用实际可行的对策。

要求： 拟定好调查问卷和访谈提纲；调查三所幼儿园，了解幼儿园社区资源开发与利用的现状。

形式： 实地调查。

参考文献

[1] 中华人民共和国教育部. 幼儿园教育指导纲要（试行）[M]. 北京：北京师范大学出版社，2001.

[2] 中华人民共和国教育部. 3~6岁儿童学习与发展指南[M]. 北京：首都师范大学出版社，2012.

[3] 时蓉华. 现代社会心理学[M]. 3版. 上海：华东师范大学出版社，2013.

[4] 周世华，王燕娟. 学前儿童社会教育[M]. 北京：高等教育出版社，2019.

[5] 周世华，学前儿童社会教育[M]. 北京：高等教育出版社，2013.

[6] 陈芝蓉. 学前儿童社会教育活动设计与指导[M]. 北京：机械工业出版社，2022.

[7] 张明红. 学前儿童社会教育与活动指导[M]. 上海：华东师范大学出版社，2014.

[8] 朱家雄. 幼儿园教育活动设计与实施[M]. 北京：高等教育出版社，2015.

[9] 马乔里·克斯特尔尼克，等. 儿童社会性发展指南理论到实践[M]. 邹晓燕，等译. 北京：人民教育出版社，2009.

[10] 桑标. 当代儿童发展心理学[M]. 上海：上海教育出版社，2003.

[11] 杨丽珠. 试谈儿童自我意识的发展[J]. 辽宁师范大学学报（社会科学版），1985.

[12] 周梅林. 学前儿童社会教育活动指导[M]. 上海：复旦大学出版社，2019.

[13] 李贵希. 幼儿社会教育与活动指导[M]. 北京：北京师范大学出版集团，2013.

[14] 彭海蕾. 学前儿童社会教育与活动指导[M]. 北京：教育科学出版社．2012.

[15] 周宗青. 幼儿园社会教育活动指导[M]. 武汉：华中师范大学出版社，2012.

[16] 张明红. 幼儿社会教育与活动指导[M]. 上海：华东师范大学出版社，2015.

[17] 萧美华，谢莹慧，吴雅玲. 幼儿社会教材教法[M]. 2版. 台北：华腾文化股份有限公司，2010.

[18] 蔡伟忠，戚晓琼. 幼儿园30个大主题活动精选[M]. 北京：中国青年出版社，2022.

[19] 李焕稳，焦敏，毛秀芹. 幼儿社会教育与活动指导[M]. 3版. 北京：北京师范大学出版社，2021.

[20] 杨莉君. 体验与探究幼儿学习活动资源教师用（大班上）[M]. 长沙：湖南教育出版社，2017.

[21] 教育部基础教育司. 《幼儿园教育指导纲要（试行）》解读[M]. 南京：江苏教育出版社，2002.

[22] 李季湄，冯晓霞. 《3～6岁儿童学习与发展指南》解读[M]. 北京：人民教育出版社，2013.

[23] 刘晶波，等. 幼儿园社会领域教育精要：关键经验与活动指导[M]. 北京：教育科学出版社，2015.

[24] 邢莉莉，等. 幼儿社会教育与活动指导[M]. 武汉：武汉大学出版社，2015.

[25] 张明红. 学前儿童社会教育与活动指导[M]. 上海：华东师范大学出版社，2020.

[26] 胡娟，高曲，李慧. 学前儿童社会教育与活动指导[M]. 长沙：湖南师范大学出版社，2020.

[27] 张岩莉，等. 学前儿童社会教育[M]. 2版. 上海：复旦大学出版社，2016.

[28] 邵巧云，李倩，粟艺文. 幼儿园社会教育与活动指导[M]. 北京：北京师范大学出版社，2017.

[29] 钱玉燕. 儿童性别角色差异及其教育[J]. 陕西师范大学学报（哲学社会科学版），2002.

[30] 王子恩，学前儿童社会教育与活动指导[M]. 北京：清华大学出版社，2018.

[31] 裘指挥. 幼儿社会教育与活动指导[M]. 北京：高等教育出版社，2014.

[32] 王小郢，蔡珂馨. 主题活动与幼儿成长[M]. 长春：东北师范大学出版社，2008.

[33] 王建娥. 族际政治：20世纪的理论与实践[M]. 北京：社会科学文献出版社，2011.

[34] 郑金洲. 教育文化学[M]. 北京：人民教育出版社，2000.

[35] Kelly A V. 课程理论与实践[M]. 吕敏霞，译. 北京：中国轻工业出版社，2007.

[36] 裘指挥. 幼儿园社会教育与活动指导[M]. 北京：高等教育出版社，2014.

[37] 陈秉龙，高陪仁. 幼儿园活动教育设计[M]. 武汉：华中师范大学出版社，2018.

[38] 张明红. 3～6岁儿童人际交往能力及其发展[J]. 幼儿教育，2015（16）.

[39] 李生兰. 学前儿童社会领域教育中地理资源透析[J]. 早期教育（教师版），2006（5）.

[40] 林莉. 主题活动：上小学，准备好了吗[J]. 学前教育，2019（12）.

[41] 梁邦福. 论规则教育[J]. 景德镇高专学报，2007（3）.

[42] 杨威. 道德认知发展学派的道德教育观评析[J]. 思想理论教育，2005（10）.

[43] 刘国雄，李红. 儿童对社会规则的认知发展研究述评[J]. 华东师范大学学报（教育科学版），2013，31（3）.

[44] 陈央儿. 用隐性规则引导幼儿有序活动[J]. 学前教育研究，2004（6）.

[45] 吉亚玲. "自然后果法"在幼儿惜物感培养中的作用[J]. 早期教育，2002（9）.

[46] 廖贻. 幼儿园社会认知教育的重要性及其目标与内容[J]. 学前教育研究，2010（1）.

[47] 霍力岩，李敏谊. 多元智力理论与多元文化教育[J]. 比较教育研究，2006（11）：12-16.

[48] 雷有光，黄胜天．美国幼儿多元文化意识培养初探［J］．中国科教创新导刊，2012（6）：56-57．

[49] 柴全红．试论幼儿园的多元文化教育［J］．课程教材教学研究（幼教研究），2008（2）：2-3．

[50] 王晓玲，钱光丽．幼儿园多元文化教育目标定位与实践策略［J］．学前教育研究，2016（4）．

[51] 周智慧．多元文化背景下幼儿园课程文化适宜性支持系统研究［J］．河北师范大学学报：教育科学版，2013（15）12．

[52] 邓亚玲．基于多元文化视野浅谈幼儿园社会教育［J］．河南教育（幼教），2020（4）．

[53] 黄蓉，幼儿园社会资源的开发与利用［J］．新智慧，2021：17-103．

[54] 刘娟娟．利用社会资源拓宽教育途径——以"茶文化"资源融入幼儿园教育为例［J］．福建茶叶，2021（5）．

[55] 蔡东霞，韩妍容．幼儿园对社区教育资源的开发与利用［J］．学前教育研究，2008（11）．

[56] 王庆，宋林双．幼儿园社会资源有效利用的实践探索［J］．林区教学．2019（1）．

[57] 沈丽华．幼儿园课程开发中社区资源的整合［J］．学前教育研究，2010（5）．

[58] 甘建梅．学前儿童社会教育的内涵、性质与课程地位［J］．学前教育研究，2011（1）：53-59．

[59] 嵇珺．我国幼儿园社会领域教学活动的内容现状与分析［J］．学前教育研究，2012（3）．

[60] 幼儿园教育资源的开发和利用［EB/OL］．（2022-8-27）［2023-4-5］．https：//www．gwyoo．com/lunwen/jylw/yejylw/201508/606619．html．

[61] 毛尼娜．3—6岁儿童对经济学知识理解的发展研究［D］．上海：上海师范大学出版社，2007．

[62] 房玮．社会科中的规则教育研究［D］．上海：华东师范大学，2010．

[63] 周颖．新时代幼儿园爱国主义教育研究［D］．乌鲁木齐：新疆师范大学，2021．

[64] 武文斯．幼儿园主题活动中社区资源的选择与利用研究［D］．桂林：广西师范大学，2015．

[65] 桂诗章．少数民族地区幼儿园多元文化课程实施研究［D］．重庆：西南大学，2008．

版 权 声 明

为了方便学校课堂教学，促进知识传播，便于读者更加直观透彻地理解相关理论，本书选用了一些论文、电影、电视、网络平台上公开发布的优质文字案例、图片和视频资源。为了尊重这些内容所有者的权利，特此声明，凡在本书中涉及的版权、著作权等权益，均属于原作品版权人、著作权人等。

在此向这些作品的版权所有者表示诚挚的谢意！由于客观原因，我们无法联系到您，如您能与我们取得联系，我们将在第一时间更正任何错误或疏漏。

与本书配套的二维码资源使用说明

本书部分课程及与纸质教材配套数字资源以二维码链接的形式呈现。利用手机微信扫码成功后提示微信登陆，授权后进入注册页面，填写注册信息。按照提示输入手机号码，点击获取手机验证码，稍等片刻收到4位数的验证码短信，在提示位置输入验证码成功，再设置密码，选择相应专业，点击"立即注册"，注册成功。（若手机已经注册，则在"注册"页面底部选择"已有账号立即注册"，进入"账号绑定"页面，直接输入手机号和密码登录。）接着提示输入学习码，需刮开教材封底防伪涂层，输入13位学习码（正版图书拥有的一次性使用学习码），输入正确后提示绑定成功，即可查看二维码数字资源。手机第一次登录查看资源成功以后，再次使用二维码资源时，只需在微信端扫码即可登录进入查看。